한국도시의 역사

정경연 · 변병설

박영사

서문

　역사적으로 도시는 인류문명의 발상지다. 도시가 형성된 곳에 문명이 발달하고, 문명이 집적된 곳에 도시가 발전하게 되었다. 도시는 오랜 시간 동안 사람들의 활동이 켜켜이 쌓인 현장으로서 인류의 지혜가 모여 있는 곳이다. 사람이 살기에 평안한 정주지를 택해 마을을 형성하고 나아가 도시를 만들었을 것이다. 인류의 지성이 찬란한 도시문화를 꽃피우게 한 것이다.

　도시를 연구하는 도시계획가로서 우리나라 도시가 어떻게 발달해 왔는지 그 과정을 이해하는 것이 필요하다고 생각한다. 도시의 현재 모습을 이해하기 위해서는 과거의 도시를 이해하는 것이 필요하다. 과거의 도시와 현재의 도시는 서로 연결되어 있기 때문이다. 도시역사를 탐구하는 것은 도시의 뿌리를 찾는 과정이기도 하다. 도시가 어떻게 시작되었는지 그 근원을 파악하는 것이다. 그 터전에 우리 선조들의 삶의 흔적과 긍지가 담겨있을 것이다.

　대학에서 도시계획을 가르치며 논의했던 주제는 대부분 서양의 도시계획 제도와 도시형태였던 것 같다. 직선으로 뻗어있는 바둑판 모양의 효율적인 교통체계, 각각의 기능을 존중해 용도지역을 나누는 기능적인 토지이용체계 등 서양의 이론을 바탕으로 한 도시계획 주제가 주를 이루었다. 서양도시에 치중하여 학습하다 보니, 우리나라 도시는 과연 어떤 모습일까 의문이 들었다. 우리 선조들이 만든 도시는 서양의 도시와 어떤 차이가 있을까? 우리나라 도시의 기원을 찾아보는 것은 의미 있을 것이다.

이왕 우리나라 도시의 역사를 파악하는 일이니, 상고시대부터 살펴보고자 하였다. 배달국시대부터 고조선, 삼한, 부여시대를 거쳐 한사군시대를 고찰한다. 이어서 고구려 백제 신라의 고대시대를 살펴보고 남북국시대와 고려시대의 도시를 살펴본다. 이후 조선시대의 도시를 살펴보는데, 한양천도 과정과 한양으로 천도, 화성신도시 건설, 조선시대의 지방도시를 고찰한다. 이어서 개항기와 일제강점기의 도시를 다룬다. 마지막으로 현대도시로서 해방이후의 도시, 1960년대 도시, 1970년대 도시, 제1기 신도시, 제2기 신도시, 제3기 신도시를 살펴본다.

상고시대의 도시부터 현대도시까지 살펴보면, 도읍지를 중심으로 도시가 발전하였고 천도로 도시가 발달하기도 하였다. 또한 도시가 자연발생적으로 형성되기도 하였지만 최고 의사결정자의 정책결정에 의해 인위적으로 만들어진 도시가 있다. 도시를 새롭게 계획하든, 기존 도시를 재생하든 도시의 원래의 역사와 문화를 이해하는 것은 필요하다. 도시의 역사자원을 잘 살리는 것이 도시의 가치를 높이는 것이고 도시의 경쟁력을 향상시키는 일이라 사료된다.

본서는 도시역사에 대한 이론을 담은 것으로서 국토교통부가 시행한 「도시재생 전문인력 양성사업」으로 지원되었다. 국토교통부에 특별한 감사를 드린다. 또한 도시역사를 강의하기 위해 정리한 내용을 한 권의 책자로 발간해 준 박영사에 깊은 감사를 드린다. 도시역사의 내용을 이해하는 데 조금이라도 도움이 되면 좋겠다.

인하대학교 연구실에서 저자 드림

차례

제1장 상고시대의 도시

제3장 남북국시대의 도시

제4장 고대시대의 도시

제6장 개항기와 일제강점기의 도시

제7장 현대 도시

제1장

상고시대의 도시

제1장

상고시대의 도시

1. 배달국시대

1) 배달국의 첫 도시 신시

문헌으로 전하는 우리나라 최초의 도시는 배달국의 도읍지 신시(神市)이다. 상고시대 역사를 기록하고 있는 ≪환단고기(桓檀古記)≫에 의하면 BC 3,897년 환웅(桓雄)이 북방 환국(桓國)에서 풍백(風伯)·우사(雨師)·운사(雲師) 등 3천명의 무리를 이끌고 태백산 꼭대기 신단수(神檀樹: 박달나무) 아래로 내려와 배달국을 세우고 그 도읍을 신시라고 한 것이다. 태백산은 백두산을 말하며, 신시는 신단수 아래 도시라는 의미다.

≪환단고기≫는 우리 역사의 뿌리인 환국부터 배달국, 고조선, 북부여까지를 설명하고 있다. 환국은 지금의 천산산맥 동쪽 알타이산맥과 바이칼호를 포함한 시베리아와 몽골지역에 있었던 많은 부족국가 중 하나였다. 지도자를 환인(桓因)이라 불렀으며 토템으로 하늘과 태양을 섬기었다. 당시는 빙하기로 대륙 대부분이 빙하로 덮였으나 이 지역만은 기후가 따뜻하고 아무르강(흑룡강)을 젖줄로 물이 풍부해 많은 사람이 모여 살았다. 백성들은 대부분 부유하였으며 신석기와 빗살무늬토기 문화를 꽃피웠다.

그러나 BC 15,000년경부터 기후변화로 간빙기가 시작되었다. 빙하가 녹아 해수면이 높아지고, 육지가 바다에 잠기는 등 커다란 지각변동이 일어났다. 몽골과 시베리아 땅도 지표면이 상승하여 고원이 되더니 날씨가 추워지고 대지는 말라 사막으로 변해갔다. 이곳에 살던 사람들은 더 살기 좋은 땅을 찾아 떠나는 이른바 몽골리안 대이동이 시작되었다. 환국의 지위리 환인은 아들 환웅에게 제왕의 표지인 천부인(天符印)을 주며 태백산으로 내려가 나라를 세우고 널리 인간을 이롭게 하라고 하였다.

신시에 도읍을 정하고 나라 이름을 배달(倍達)이라 한 환웅은 세상을 이치로 교화하여 토착 부족들을 복속시켰다. 당시 백두산 지역은 곰 토템을 믿는 맥족(貊族)과 호랑이 토템을 믿는 예족(濊族)이 세력을 형성하고 있었다. 장백산맥과 백두대간을 사이에 두고 맥족은 서쪽 요하·압록강·대동강·한

예맥 영토와 신시 추정지

강 일대에 분포하였고, 예족은 동쪽 두만강·송하강·흑룡강·동해안 일대에 분포하였다. 두 부족은 오래 살면서도 화합하지 못하고 반목하였다.

맥족과 예족은 환웅 세력을 천손이라 부르고 경쟁적으로 동맹을 맺으려 하였다. 환웅은 맥족과 혼인관계로 결합한 후 예족을 복속시켜 배달민족 형성의 근간을 이루었다. 우리가 흔히 알고 있는 곰이 여자가 되어 환웅과 결혼하였다는 신화는 이러한 역사를 내포하고 있는 것이다. 배달이란 이름에 대해서 ≪규원사화(揆園史話)≫는 신단수 즉 박달나무에서 비롯된 말로 박달이 배달이 된 것으로 추정하고 있다.

배달국은 1대 환웅천황(BC 3,897~3,804)부터 18대 거불단천황(BC 2,381~2,333)까지 모두 18명의 천황이 재위했으며 1,565년 동안 이어졌다. 이 중 14대 치우천황 때 청동기문화가 크게 발전하였는데 이는 중국보다 빠르다. 치우천황은 영토를 크게 확장하였고 도읍을 청구(靑丘)로 옮겼다.

◎ **천부인(天符印)**

환인이 환웅에게 제왕의 표지로 전한 세 개의 보인(寶印)을 말하며, 그 형태를 언급한 것 없이 여러 설만 전한다. 청동검·청동거울·청동방울이라는 설, 원(○)·방(□)·각(△)이라는 설, 천(天)·지(地)·인(人)이라는 설 등이다. 또 이를 해석하여 동그라미(○)는 둥근 하늘과 성품의 모양인 성상(性相), 네모(□)는 평평한 땅과 목숨의 모양인 명상(命相), 세모(△)는 위가 홀수이고 아래가 짝수인 사람과 정기의 모양인 정상(精相)을 뜻한다고 한다.

청동거울

청동검   청동방울

〈청동 천부인〉   〈지리산 삼성궁의 천부인 도형〉   〈영화 오징어게임의 도형〉

2) 치우천황의 도읍 청구

치우(蚩尤)는 배달국 14대 천황으로 자오지환웅(慈烏支桓雄)이라고도 불렀다. 자오는 까마귀를 뜻한다. 치우는 태양에 산다는 세 발 달린 까마귀인 삼족오(三足烏)를 토템으로 믿는 부족 출신으로 배달국에서 치안과 국방을 담당하였다. 배달시대는 장자 상속이 원칙이었지만 능력과 신망이 있는 사람이 추대되어 천황이 될 수 있었다. 치우는 하늘을 돌게 하는 힘과 바람·구름·안개·번개 등 기상을 예측하고 이용하는 능력이 있었다.

천황에 즉위한 치우는 토지를 개간하고 구리와 쇠를 캐어 산업을 일으켰으며 군사를 훈련하여 배달국을 강국으로 만들었다. 또한 최초로 청동기로 창과 방패 등 무기를 만들고 청동으로 만든 투구를 쓰고 다녔다. 당시 청동기 제조는 첨단기술로 청동기를 보지 못했던 서토(중국) 사람들은 치우를 쇠이마에 구리 머리를 가진 인물이라고 표현했다. 치우에게는 81명의 형제가 있었다고 하는데 이는 그가 거느렸던 부족수를 나타낸 것으로 해석된다.

치우는 염제(炎帝) 신농(神農)의 나라가 쇠해가는 것을 보고 자주 서쪽으로 군사를 일으켜 그 영토는 회대(淮岱) 사이까지 넓혔다. 회대는 회하(淮河)와 대산(태산)을 말하며 중국에서도 비옥한 땅이다. 영토가 지금의 중국 산동성 일대까지 확장되자 치우는 도읍을 신시에서 청구(青邱) 옮겼다. 청구의 정확한 위치는 알 수 없으나 중국에서 우리나라를 지칭할 때 도읍 이름을 따서 청구라고 호칭한 계기가 되었다.

우리나라 ≪규원사화(揆園史話)≫는 "고시씨의 후손들은 남동쪽의 땅에 봉해졌는데 산하가 빼어나고 수려하며 초목이 번성하고 우거져 있어 청구국이라 하니 이들은 낙랑홀에 살고 있다"고 기록하고 있다. BC 3~4세기 경 저작으로 중국에서 가장 오래된 지리서로 알려진 ≪산해경(山海經)≫의 <해외동경>편에도 청구에 대한 기록이 있다. "청구국은 조양곡(朝陽谷) 북쪽에 있고, 청구국 백성은 오곡과 잡곡을 먹고 살며, 비단실로 짠 옷을 입는다. 그곳에는 삼수(三壽) 또는 왕수(王壽)라고도 하는 꼬리가 9개 달린 구미호가 산다."

≪산해경≫ 기록을 따라가 보면 "조양곡은 군자국(君子國) 북쪽에 있고, 군자국은 대인국 북쪽에 있으며, 대인국은 차구 북쪽에 있는데 차구는 동해를 바라보는

데 두 산 사이에 있다.”고 기록하고 있다. 이로 보아 차구는 지금의 태산이 있는 산동성 일대일 것 같고, 청구는 그 북쪽의 북쪽에 있으므로 지금의 요하(遼河) 또는 그 서쪽을 흐르는 대릉하(大凌河) 일대로 추정된다.

한편 군자국을 우리나라를 지칭한 것이라는 주장도 있다. ≪산해경≫은 “이 나라 사람들은 의관을 정제하고 다니며 짐승을 잡아 그 고기를 주식으로 한다. 그들이 다닐 때는 좌우에 큰 호랑이 2마리를 시종으로 데리고 다닌다. 그들은 서로 존중하고 양보하며 싸우지 않는다. 그곳에서는 훈화(薰華)라는 식물이 자라는데, 이 풀은 아침에 자라나서 저녁에 시들어 죽는다.”고 기록하고 있다. 우리나라가 동방예의지국이며, 산신도에 호랑이 그림이 있는 점, 훈화가 무궁화를 뜻하는데 이를 국화로 삼은 점 등을 근거로 삼고 있다.

치우의 영토와 도읍 청구

　　사마천의 ≪사기(史記)≫ <오제본기(五帝本紀)>에는 "신농씨(神農氏) 자손들의 덕이 쇠퇴하여 제후들이 서로 침탈하고 백성들은 살기가 어려워졌다. 이에 황제(黃帝) 헌원씨(軒轅氏)가 무기 사용법을 익혀 신농씨에게 조공을 바치지 않는 제후들을 토벌하였다. 제후들은 모두 헌원에게 복종하게 되었는데, 다만 치우는 세력이 막강해 정벌할 수 없었다."라고 기록하고 있다.

　　≪산해경(山海經)≫에는 "치우가 병력을 이끌고 황제를 치자, 황제는 응룡으로 하여금 기주야에서 그를 공격하게 하였다. 응룡이 물을 가두어 모아 둔 것을 치우가 풍백과 우사에게 청하여 폭풍우로 거침없이 쏟아지게 하였다."

　　치우와 황제는 여러 차례 전쟁을 벌였다. 특히 탁록(涿鹿) 들판에서 싸움이 유명한데 결과에 대해서는 우리의 기록과 중국의 기록이 다르다. 중국 기록인 ≪사기≫는 탁록 전쟁에서 헌원이 치우를 잡아 죽이자 제후들 모두가 헌원씨를 천자로 추대했으니 그가 곧 황제(黃帝)라는 것이다. 반면에 우리의 기록인 ≪규원사화≫는 치우가 황제와 탁록에서 전쟁을 벌여 승리한 후 여러 제후의 땅을 빼앗았다고 기록하고 있다.

　　우리나라는 물론 중국에서도 치우는 전쟁의 신으로 모셔졌다. ≪사기≫는 유방이 항우와의 마지막 해하 전투를 앞두고 치우에게 제사를 지냈고 그 전투에서 이겼다고 한다. 고려와 조선시대에 군영을 대표하는 대장기의 문양이 치우 형태라고 한다. 또 임금 주관 아래 사냥하며 무예를 닦는 강무(講武) 행사 전에는 치우에게 제사를 지냈다. 강무는 한양에서는 1년에 네 번, 지방에서는 두 번 이루어졌다.

　　전쟁에 나갈 때 무섭게 보이도록 뿔 달린 투구를 쓴 치우의 형상은 민간신앙에서 도깨비로 등장하기도 하였다. 도깨비는 무서운 형상과는 달리 인간과 친숙한 이미지를 가지고 있으며 악귀로부터 지켜준다는 의미도 가지고 있다. 궁궐이나 민간주택, 사찰의 기와지붕에 치우의 형상인 귀면와를 만들어 놓은 것은 악귀들의 재앙으로부터 보호받고자 하는 의도다. 2002년 월드컵 때 대한민국 축구 대표팀 공식 응원단인 붉은악마의 문양은 연전연승의 군신인 치우천황을 형상화한 것이다.

치우상
(산동성 하택시
거야현)

치우총
(산동성 제녕시 문상현 남양진)

경주 안압지에서
출토된 귀면와

2002년 월드컵
붉은악마 문양

2. 고조선 시대

1) 단군왕검과 수도 아사달

《환단고기》 <단군세기>에 따르면 왕검(王儉)은 신묘년(BC 2,370) 5월 2일 인시에 단목(檀木: 박달나무) 밑에서 배달국 18대 거불단 천황과 어머니 웅씨(熊氏) 사이에서 태어났다. 나이 14세 때부터 큰 읍의 국사를 맡아보다가 오가(우가·마가·구가·저가·양가)의 우두머리가 되었다. 마침내 무진년(BC 2,333) 10월 3일 무리 800명을 거느리고 단목 있는 곳에 와서 삼신에게 제사 드리고 왕위에 올랐다. 고조선의 시조인 단군 왕검이며, 10월 3일을 개천절로 정한 이유다.

단군(檀君)은 박달나무 군장이란 뜻으로 임금을 지칭한다. 신시의 옛 법을 다시 회복하고 도읍을 아사달에 정하고 나라 이름을 조선(朝鮮)이라 하였다. 이 시대를 고조선으로 부르는 것은 후에 이성계가 세운 조선과 구분하기 위해서다. 아사달은 지금의 송화강 유역으로 왕검의 옛집이 남아 있어 왕검성이라고 불렀다. 단재 신채호는 《조선상고사》에서 왕검성의 위치는 송화강가의 하얼빈 지역이라고 하였다. 당시 지배자들의 유물인 고인돌과 비파형동검이 그 지역에 많이 분포된 점이 이를 뒷받침 해준다고 하였다.

《규원사화》에서는 왕검성의 위치를 구체적으로 설명하고 있다. "여러 고을 땅의 길흉을 판단하여 도읍을 태백산(백두산) 서남쪽 우수하(牛首河) 들에 세우고 임검성(왕검성)이라 했다. 임검은 임금이란 뜻이며, 지금의 만주 길림 땅 속말강(涑末江) 남쪽의 소밀성(蘇密城)이다." 이곳은 신라 때에 말갈이라 불렀던 곳이다. 이후 고조선의 도읍지는 요동을 비롯해서 몇 차례 천도하였다.

≪사기≫의 <조선열전>에 "요동에 험독현이 있는데 그곳에 왕검성(王儉城)이 있다"고 기록하고 있고, ≪한서(漢書)≫에도 "요동군 험독현은 조선왕의 옛 도읍이다"는 기록이 있다. 험독현은 지금의 랴오닝성(遼寧省) 안산시(鞍山市) 하이청시(海城市)에 해당한다. 이곳은 요동반도의 중심에 위치하며, 동서남북으로 교통로가 발달한 교통의 중심지이며, 동쪽의 산지와 서쪽의 평지가 만나는 군사적 요충지다.

고조선 왕검성의 위치

2) 고조선의 발전

단군이 통치했던 조선을 고조선(古朝鮮)으로 처음으로 기록한 것은 일연의 ≪삼국유사≫다. 일연은 조선을 단군조선, 기자조선, 위만조선으로 구분하였다. 조선 이후로는 이성계가 세운 조선과 구분하기 위해서 고조선이라 하였다. 고조선은 BC 2,333년부터 BC 108년까지 2,226년 동안 유지되었다.

단군조선은 초대 단군 왕검(BC 2,333년)부터 마지막 단군 47대 고열가(BC 233년)까지 2,096년 동안이다. 고열가 단군이 왕위를 버리고 산속으로 들어가자 6년 동안 오가들이 함께 나라를 다스렸다. 이후 38년 동안 기자의 후손으로 알려진 부왕과 준왕이 통치했는데 이를 기자조선이라 한다. BC 194년 연나라에서 망명한 위만이 준왕을 몰아내고 왕이 된 후 BC 108년 한무제의 침략으로 고조선이 망할 때까지 76년 동안을 위만조선이라고 한다.

청동기를 기반으로 한 고조선은 요령지방을 중심으로 주변지역의 여러 성읍을 통합하면서 세력을 확장하였다. 성읍의 지도자를 제후로 삼으면서 거대한 연맹왕국으로 발전하였다. 당시 고조선의 세력범위는 비파형동검과 고인돌 분포를 통해 알 수 있다. 이것들은 중국 중원 지역에선 거의 나타나지 않고 중국 동북부와 한반도에 집중적으로 나타나고 있다.

고조선은 중국과 영토를 접하고 있기 때문에 이들과 수많은 교류와 전쟁을 치렀다. 같은 시기 중국은 오제의 요순시대(?~BC 1988), 하나라(BC 1988~BC 1579), 상나라(BC 1579~BC 1066), 주나라(BC 1066~BC 771), 춘추시대(BC 770~BC 403), 전국시대(BC 403~BC 221), 진나라(BC 221~BC 206), 한나라(BC 202~AD 220)등 많은 왕조의 변화가 있었다. 이러한 주변국들의 변화는 고조선의 역사에 많은 영향을 주었다.

상나라가 주나라의 무왕에게 멸망하자 기자(箕子)가 망명을 해왔다. 그는 상나라의 폭군 주왕에게 불만을 품어 투옥되었다가 무왕에 의해 석방되었다. 그러나 자신이 모셨던 주왕을 몰아낸 무왕을 섬길 수 없다며 동쪽 조선으로 망명을 하였다. 그의 후손인 부왕(否王)과 준왕(準王)이 다스렸는데 기자조선이다. 주나라가 춘추(BC 770~BC 403)시대를 거쳐 전국시대(BC 403~BC 221)로 접어들며 진(秦)·초(楚)·연(燕)·제(齋)·한(韓)·위(魏)·조(趙)의 7개 나라가 치열하게 싸웠다.

진나라가 연나라를 멸망시키자 위만이 무리 천여 명을 이끌고 고조선으로 망명하였다. 그가 상투를 틀고 만이(蠻夷) 복장을 하고 온 것으로 보아 본래 조선인으로 추정하기도 한다. 처음은 변방을 지키며 옛 연나라와 제나라의 망명자들을 복속시켜 세력을 키웠다. 그리고는 BC 194년 군사들을 이끌고 왕검성에 입성하여 준왕을 몰아내고 왕이 되었는데 이 시대를 위만조선이라 한다. 그는 진번과 임둔을 복속시켜 영토가 사방 수천 리에 이르렀다. 왕위는 아들에 전해졌고 손자 우거까지 이어졌다.

　한편 진을 멸망시킨 한나라의 무제는 동방진출을 본격화 하면서 BC 108년 육군 6만과 수군 7천을 동원해 고조선을 공격하였다. 고조선의 우거왕은 성을 굳게 지키고 총력으로 저항하였으나 주화파인 니계상이 보낸 자객에 의해 암살당하고 만다. 주전파인 재상 성기(成己)가 성안의 주민들을 규합해 항전을 계속했으나 암살당하고, 결국 왕검성은 BC 108년 함락되어 고조선은 멸망하고 말았다.

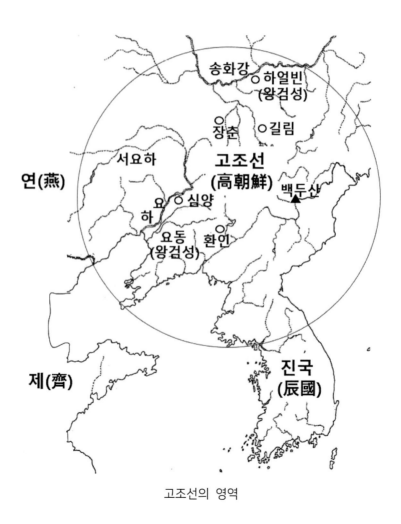

고조선의 영역

한은 위만조선의 영역과 복속되었던 지역에 낙랑군(樂浪郡), 임둔군(臨屯郡), 진번군(眞番郡), 현도군(玄菟郡) 4군을 설치하여 통치하였다. 그러자 고조선의 많은 사람들이 한반도의 진한(辰韓)으로 이주하여 삼한(三韓: 마한, 변한, 진한)의 형성에 영향을 주었다. 이때 철기문화가 한반도에 전래된 것으로 추정된다. 한사군 중 임둔군과 진번군은 BC 82년 낙랑군과 현도군에 합쳐지고, 현도군은 BC 75년 축출되었으며, 낙랑군은 기원 후 313년 고구려 미천왕에 의해 소멸되었다.

3) 왕검성의 구조

우리나라에 언제부터 성곽이 나타났는지는 분명히 밝혀지지 않고 있다. 고조선의 왕검이 도읍을 아사달에 정하고 성을 쌓고 궁궐을 세웠다는 기록으로 보아 이때부터 성을 쌓은 것으로 추정된다. 본래 성은 왕을 비롯한 지배계층을 보호하기 위하여 쌓은 것으로 이를 성(城), 내성(內城), 궁성(宮城) 또는 왕성(王城)이라 부른다. 당시 일반백성은 성 밖에서 농사를 짓다가 적이 쳐들어오면 성내로 들어와 싸웠다.

그러나 성이 포위되면 식량과 물자 등의 부족으로 오랫동안 버틸 수가 없었다. 이에 농경지와 생산지를 같이 보호하기 위하여 외곽을 둘러 성을 쌓았다. 이를 가장자리란 뜻으로 곽(郭) 또는 외성(外城)이라 부른다. 이처럼 대개의 도읍은 내성(內城)과 외곽(外郭)으로 구성되며 둘을 합쳐 성곽이라 한다. 성곽 안에서는 물자의 자급자족이 어려우므로 필연적으로 시장이 형성되기 마련이다. 성곽을 뜻하는 도(都)와 시장을 뜻하는 시(市)를 합하여 도시(都市)라 하였고, 이를 성곽도시, 성읍도시, 도시국가, 중국의 경우 성시(城市)라 불렀다.

왕검성의 구조에 대해서는 후에 고구려가 차지한 요동성으로 짐작할 수 있다. 평안남도 순천시 용봉리에서 발견한 고구려 고분벽화에는 요동성이라 표시한 성곽도가 그려져 있다. 이 벽화에는 방형(方形)의 내성이 있고, 이를 외성이 ㄱ자 모양으로 둘러싸고 있다. 내성 안에는 이층 기와집과 삼층 누각이 그려져 있어 주성임을 알 수 있다. 성벽마다 성문을 설치하였고, 내성과 외성의 중심부에 이층 누각의 성문을 설치하였다. 각 모서리마다 망루를 세웠고, 성벽 중간에는 치(雉)를 설치하였다.

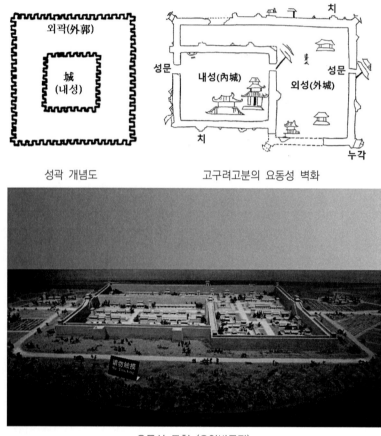

성곽 개념도   고구려고분의 요동성 벽화

요동성 모형 (요양박물관)

4) 한반도 남쪽의 진국

고조선이 북방에서 활동하고 있을 무렵 한반도 중부와 남부에는 진(辰)이라 부르는 진국(辰國)이 있었다. 진국은 삼한(마한·진한·변한)이 들어서기 전 청동기문화를 바탕으로 하는 많은 소국들의 연합체다. 대부분 신석기시대부터 터전을 이루고 살았던 토착 부족들의 나라다. 규모가 큰 부족은 1만호를

거느리는가 하면, 작은 부족은 6~7백호에 불과한 것도 있었다. 이중 목지국의 세력이 가장 컸다. 따뜻한 기후와 풍부한 물자, 삼면이 바다로 둘러싸인 지리적 조건은 외부의 침략을 막아주어 평화롭게 살게 해주었다.

≪한서(漢書)≫ <조선전(朝鮮傳)>에는 진국이 한의 천자에게 글을 보내 교류를 원했으나 고조선이 계속 가로막아 교통하지 못했다는 기록이 있다. ≪후한서(後漢書)≫에는 "한(韓)에는 세 종류가 있는데 첫째는 마한이고, 둘째는 진한이고, 셋째는 변한이며 모두 78국으로 전부 옛날의 진국이다"라는 기록이 있다. ≪삼국지(三國志)≫ <위서(魏書)> 동이전(東夷傳)은 "진한고지진국(辰韓古之辰國)" 즉 진한은 옛 진국이라고 기록하고 있다. 이는 삼한 이전에 한반도에 진국이 존재하였음을 설명하고 있다.

진국은 여러 성읍국가들의 연합체로 맹주인 목지국의 왕을 대표로서 진왕이라 칭하였다. 목지국의 도읍 위치는 여러 설이 있지만 대체로 지금의 충청남도 천안시 서북구 직산읍 군동리 일대로 비정한다. 이곳 성산(城山)에는 사산성(蛇山城)이 있는데 목지국 왕이 쌓았다고 전해지고 있다. 테뫼식 산성과 포곡식 산성이 혼합된 형태로 테뫼식 산성의 규모는 동서 길이 300m, 남북 길이 150m, 들레는 내성 750m, 외성 1,030m이다. 동문 입구에는 토지신과 곡식신에게 제를 올리는 사직단(社稷壇)이 있었다. 사직은 종묘와 함께 왕을 상징하는 것으로 진왕의 왕도였음을 추정케 한다.

진국과 목지국 위치

목지국 성터
(충남 천안시 직산읍 군동리)

3. 삼한시대

1) 마한과 도시

마한의 형성

평화롭던 진국에 큰 변화가 일어났다. BC 198년 경 고조선의 위만이 정변을 일으켜 왕위를 찬탈하자 준왕이 수천의 무리를 이끌고 바다를 건너 망명해 왔다. 준왕은 지금의 전라북도 익산시 금마면의 건마국(乾馬國)에 정착하여 목지국을 포함한 주변 54국과 연합하여 한(韓)으로도 지칭되는 마한(馬韓)이라는 부족연맹체를 만들었다.

마한은 고조선 세력이 유입되면서 철기가 전래되었다. 이는 청동기문화가 철기문화로 바뀌는 시대의 변화를 가져왔다. 철기의 유입은 농기구의 발달과 농업 기술의 발전을 가져왔다. 농경지 개간 및 저수지 축조와 같은 대규모 토목건설도 가능케 했다. 농업 생산력이 급증하자 이를 기반으로 부를 축적한 세력은 철제 무기로 무장한 강력한 군사력도 가지게 되었다. 경제력과 군사력을 가진 집단의 출현은 부족사회에서 국가사회로의 발전을 가능케 했는데 마한은 그 과도기적 성격을 띠고 있다.

마한의 세력권은 지금의 경기도, 충청도, 전라도 지역에 걸쳐 펼쳤다. ≪삼국지≫ <위지> 동이전은 마한의 전체 호수는 10여만 호이고, 큰 고을은 1만여 호, 작은 고을은 수천 호로 구성되어 있다고 기록하고 있다. 지배자의 명칭은 진국과 마찬가지로 규모가 큰 부족은 신지(臣智), 작은 부족은 읍차(邑借)라고 불렀다. 마한 연맹체의 첫 주도권은 준왕 세력의 건마국이 잡았으나 성장하는 단계에서 목지국으로 넘어 간 것으로 보인다.

마한의 도읍지 익산

마한의 도읍지였던 익산지역은 2004년에 통과된 '고도보존에 관한 특별법'에 의해 경주, 부여, 공주와 함께 4대 고도(古都) 중 하나로 지정되었다. 고도란 과거 우리민족의 정치와 문화의 중심지로서 역사상 중요한 지위를 가진 지역을 말한다. 익산은 평양, 경주와 함께 한반도 3대 청동기문화권으로 알려진 지역이다. 이 지역에 있었던 건마국은 인구가 1~2만 명 정도로 54소국 중에서 규모가 큰 편이다.

마한의 궁궐터는 정확하게 밝혀지지 않았으나 익산시 금마면 금마산(115.6m) 자락으로 비정한다. 북쪽에는 미륵산(430m)·용화산(321.2m)·천호산(501.1m) 등 높은 산이 있고, 남쪽에는 우리나라에서 가장 넓은 만경평야가 펼쳐져 있으며, 그 가운데로 만경강이 동에서 서로 흐르는 곳이다. 비옥한 토지에서 나오는 농업생산성과 만경강과 금강을 통한 편리한 교통은 마한이 성장하는 원천이 되었다.

마한은 궁궐을 둘러싼 성곽은 없었다. 자연 지세를 활용하여 성곽을 대신한 것으로 보인다. 금마산 남쪽 자락을 야트막한 산들이 원을 그리듯 감싸고 있고, 그 밖을 좀 더 높은 산들이 둘러싸고 있어 이중의 성곽 역할을 하고 있다. 그러나 유사시를 대비해서 산성을 쌓았다. ≪신동국여지승람≫ 익산군편에는 "기준(箕準)은 기자의 41대 손인데, 위만의 난을 피하여 바다를 건너 남쪽으로 내려가 한지(韓地)에 가서 나라를 세우고 마한이라 하였다. 용화산 위에 기준성이 있다. 기준이 쌓은 것이기 때문에 그 이름을 땄다고 하며, 둘레는 3천9백자이고 높이는 8자이며 시내와 우물이 있다"고 소개하고 있다.

참고로 한(韓)은 '크다' '높다' 등의 뜻을 지닌 우리말 '한'이 한자로 표기된 것이다. 몽고어에서는 군장이나 대인을 한(汗)이라 했고 이것이 '칸'으로 불리게 되었다. 우리나라 성씨 중 한씨(韓氏)들은 기준의 후손으로 알려져 있으며 스스로를 삼한갑족(三韓甲族)이라고 한다. 한씨 종친회에서는 익산 쌍릉의 대왕릉 주인이 마한의 1대 왕인 무강왕 즉 기준왕이라고 주장하고 있다. 그러나 익산시에서는 백제 무왕의 묘라고 주장하고 있어 논란이 계속되고 있다.

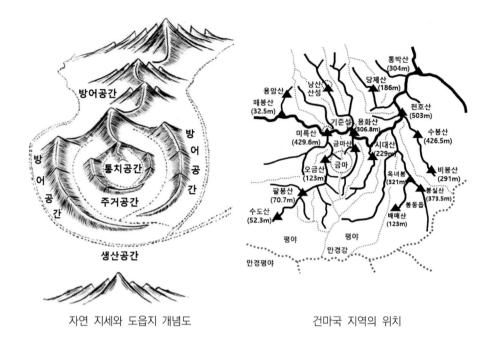

자연 지세와 도읍지 개념도　　　　　　건마국 지역의 위치

2) 진한과 도시

진한 12소국

진한(辰韓)은 마한의 동쪽 지금의 경상도 지역에 형성된 부족연맹체다. 12개의 소국으로 구성되었으며, 규모는 ≪후한서≫에 '진한자…유십이소국 각만호칭국(辰韓者…有十二小國 各萬戶稱國)'으로 기록하고 있어, 각각 1만호 정도로 보인다. 진한 12소국의 명칭과 위치는 기록마다 차이가 있다. ≪삼국지≫ <위지> 동이전을 근거로, 기저국(안동), 호로국(상주 함창읍), 여담국(군위), 군미국(칠곡), 마연국(경산), 주선국(경산 지인), 우유국(청도), 불사국(창녕), 난미리미동국(밀양), 사로국(경주), 근기국(포항), 염해국(울산)으로 비정해보지만 정확하지는 않다. 이 중 맹주는 사로국(斯盧國)이다.

지금의 경주 분지에 위치한 사로국에는 6촌이 있었다. 알천의 양산촌(楊山村), 돌산의 고허촌(高墟村), 취산의 진지촌(珍支村), 무산의 대수촌(大樹村), 금산의 가리촌(加利村), 명활산의 고야촌(高耶村)이다. 청동기문화를 형성하였으며 지금의 구(區)정도의 면적인 직경 10km정도의 영역을 차지하고 있었다. 이들은 하나로 통합하지는 않았지만 서로 연합하여 6촌장들이 국가의 중대사를 만장일치제로 의결하였다.

고조선의 멸망은 진한 사회에도 커다란 영향을 주었다. 고조선 멸망 1년 전 조선상(朝鮮相: 고조선 재상) 역계경(歷谿卿)은 우거왕에게 한나라와의 화의를 건의했으나 받아들이지 않았다. 그러자 전쟁으로 발생한 유민 2천여 호(戶)를 이끌고 진국으로 망명해왔다. 역계경이 처음 정착한 곳이 어디인지는 정확하게 밝혀지지 않았지만 한강유역으로 추정하고 있다. 이들의 일부가 점차 경상도 지역으로 이동하며 진한(辰韓)을 성립시킨 것으로 보인다. ≪삼국사기≫ <신라본기>에 "일찍이 조선 유민들이 산골짜기 사이사이에 분산 거주하면서 6촌을 이루었다"고 기록하고 있다. 이때 북방의 발전된 철기문화가 사로국을 비롯한 진한으로 전래된 것으로 보인다.

사로국은 시간이 지나면서 진한 내 다른 소국을 복속하여 신라(新羅)로 발전하였다. 사로가 사라를 거쳐 신라로 되었다는 설, 사로가 서라벌이 되었다는 설이 있다. 이는 사로라는 도시 이름이 곧 나라 이름이 되었다는것을 의미다. 로마라는 도시가 로마 제국이 된 거와 마찬가지라 하겠다. 신라의 시조 박혁거세가 6촌장들의 추대로 왕이 되었다는 설화는 철기문화를 가진 고조선 유민들이 진한의 지배층으로 성장했음을 추정케 한다.

사로국의 도읍 경주

사로국인 경주는 낙동정맥 동쪽에 위치한다. 북쪽은 침곡산(725m)과 비학산(762m), 서쪽은 운주산(806m)과 단석산(827m), 남쪽은 백운산(892m)과 치술령(603m), 동쪽은 조항산(695m)과 토함산(745m) 등 큰 산맥이 사방을 넓게 둘러싸며 분지를 형성하였다. 산세가 마치 이중삼중의 견고한 성벽과도 같아서 외적이 쉽게 넘을 수 없는 천혜의 요새이다. 역사적으로 경주는 왜구의 소소한 노략질은 있었지만 대규모 외침을 당한 적이 없었다.

분지 가운데로는 형산강이 남천·북천·서천 등 모든 골짜기의 물을 모아 남에서 북으로 흐르다가 동해로 흘러나간다. 경주 분지의 물이 외부로 나가는 제산과 형산 사이는 폭이 좁아 우기 때는 강물의 범람을 야기한다. 이 과정에서 유기질이 풍부한 토사가 퇴적되며 드넓은 안강평야를 형성하였다. 형산강을 따라 동해로 이어지는 수로는 외부로 통하는 교역로가 되었다. 이러한 지형적인 특성은 사로국과 후에 신라의 경제적 기반이 되었다.

6촌의 입지에 대해서 다음과 같이 비정하고 있다. 알천 양산촌은 경주시 내 월성 부근과 남산 서북쪽 일대로 보고 있다. 돌산 고허촌은 남천 서쪽의 선도산 주변 일대로 보고 있다. 무산 대수촌은 건천과 모량리 일대로 보고 있다. 취산 진지촌은 조양동 황룡사 부근으로 보고 있다. 금산 가리촌은 명활산 부근 천북면 일대로 보고 있다. 명활산 고야촌은 명활산 부근이나 보문리 일대로 보고 있다.

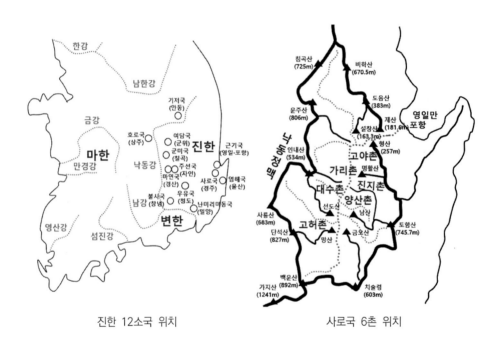

진한 12소국 위치　　　　　　　　　사로국 6촌 위치

3) 변한과 도시

변한 12소국

변한(弁韓)은 지금의 경상북도 일부와 부산과 경상남도 지역으로 서쪽은 마한, 동쪽은 진한, 남쪽은 남해와 접해 있다. 마한과는 섬진강, 진한과는 낙동강을 사이에 두고 있었다. 변진(弁辰)으로도 표기되었던 변한은 12개의 부족연맹체로 구성되었다. ≪삼국지≫ <위지> 동이전은 "변진은 진한과 잡거하고 또한 성곽이 있다. 의복과 법속이 서로 비슷한데 제사 지내는 것은 다른 점이 있다"고 기록하고 있다. 이로 보아 변한과 진한은 생활권이 겹치는 곳이 있고 서로 교류를 했던 것으로 보인다. 제사 풍속이 다른 것은 진한은 고조선 유민들의 유입으로 지배계층이 외래인인 반면 변한은 토착민이므로 그 문화적인 차이로 추정된다.

≪삼국지≫ <위지>에 의한 변한 12국은 감로국(김천 개령면), 주조마국(김천 조마면), 반로국(성주 성산), 미오야마국(창원), 미리미동국(밀양), 악노국(하동 악양면), 고순시국(진주), 접도국(함안 칠원읍), 안야국(함안), 구야국(김해), 독로국(부산 동래), 고자미동국(고성)이다. 규모가 큰 것은 4~5천 가(家), 작은 것은 6~7백 가(家)로 총 4~5만 호(戶)라고 소개하고 있다. 이 중 맹주국은 김해에 위치한 구야국(狗倻國)이며 후에 변한 12국은 가야 연맹체로 발전하였다.

변한은 낙동강 수로를 따라 진한, 육로를 따라 마한, 남해안 해로를 통해 중국, 대한해협을 건너 일본과 통하는 교차점에 위치한다. 변한은 지리적 이점을 활용하여 국제무역의 중간지로 중국·일본과도 교역했던 것으로 보인다. 이 과정에서 발달된 철기문화가 유입되었다. 마한과 진한은 외부 지배세력에 의해 철기가 유입되다보니 규제로 인해 산업화 되지는 못했다. 그러나 변한은 교역을 위한 산업이 이루어져 철 생산지로 유명해졌다. 변한에서 생산된 철은 마한, 한사군, 동예, 중국의 군현, 일본에 수출되었고, 쇳덩이가 화폐처럼 사용되었다.

구야국의 도읍 김해

구야국은 지금의 경상남도 김해 지방에 위치하며 변한 12소국 중 가장 큰 나라였다. 지리적으로 낙동강을 따라 경상도 각 지역과 통하고, 해상으로 중국과 일본으로 이어져 중개무역을 통해서 한반도 초기철기문화의 중심지로 발전하였다. 이 지역의 양동리 고분군에서 철단검·철두겁창·쇠화살촉·쇠손칼 등의 다량의 무기류와 쇠도끼·쇠낫·쇠스랑 등 농기구를 비롯하여 한반도에서는 생산되지 않는 유리구슬 목걸이가 출토되어 이를 증명해 준다.

고대사회에서 철기는 최첨단 기술이자 무기였다. 이를 통해 주변을 정복하며 영토 확장을 하기 마련이다. 그러나 구야국은 전쟁 대신 철을 매개로 다른 나라와 교역을 하면서 사회를 발전시켜 나갔다. 경제력으로 주변 소국들을 주도하는 위치에 있었지만 고대국가로 발전하지는 못했다. 서기 42년 김해김씨의 시조인 수로가 왕이 되어 구야국을 가야(가락국, 금관국으로 불림)로 계승하여 가야연맹체의 맹주가 되었지만 중앙집권적 고대국가로는 발전하지 못했다.

구야국의 도읍지는 김해시 봉황동유적과 대성동고분군이 연결된 구릉지

변한 12소국 위치   구야국 봉황대 위치

역으로 추정하고 있다. 봉황대를 중심으로 판 너비 2.5m의 해자, 말뚝을 박아 설치한 목책, 동편 평지에 바닥시설을 갖춘 지배계층의 대형주거지, 오랜 세월 소비한 패류를 모아 설치한 400m의 패총 성곽 등이 확인되었다. 이곳을 ≪삼국유사≫에서 언급한 궁궐과 나성을 갖춘 궁성지역인 신답평(新畓坪)으로 추정하기도 한다. 봉황대를 둘러싸고 조성된 1.5km의 봉황토성은 4~5세기에 축조된 것으로 보고 있다.

1914년 촬영된 김해 봉황동유적 전경

출처: 한국학중앙연구원

4. 부여시대

1) 북부여와 도시

≪환단고기≫에 따르면 고조선의 47대 단군(왕)인 고열가는 어질고 순하기는 했지만 결단력이 없어 명을 내려도 시행되지 않는 일이 많았다. BC 239년 조상들이 고리국 출신인 해모수(解慕漱)가 웅심산(熊心山)에 내려와 군사들을 동원하여 정변을 일으켰다. 그러자 고열가 단군은 오가들에게 어진 사람을 골라 추대하라는 말과 함께 재위를 버리고 산에 들어가 도를 닦았다. 단군이 없는 6년 동안 오가들이 나라를 함께 다스렸다.

해모수는 옛 도읍 백악산(白岳山)을 점령하고 웅심산 난빈(蘭濱)에 궁을 짓고 부여(夫餘)를 세웠다. 이를 북부여라고 하는 것은 후에 해부루가 세운

동부여와 구분하기 위해서이다. 해모수가 천왕랑(天王郞)에 올라 오가들이 함께 다스리던 정치를 끝내자 온 백성들이 추대하여 왕이 되었다. 그는 하늘에 제사 지내고 오가의 병력을 나누어 둔전제를 실시하였다.

옛 도읍지였던 백악산은 지금의 길림성(吉林省)의 장춘(長春) 지역, 웅심산의 난빈은 길림성 서란(舒蘭) 지역으로 비정한다. 이 지역은 백두산 산줄기가 이어진 곳으로 천지에서 발원한 송화강이 눈강과 만나 형성한 드넓은 송눈평원(松嫩平原)이 펼쳐져 있다. 평원과 야트막한 구릉 지형은 농사와 목축에 알맞아 부여의 경제적 기반이 되었다. 또한 교통이 사통팔방으로 이어지는 요지였다.

부여는 영토를 윷판처럼 네 개로 나누어 마가(馬加), 우가(牛加), 저가(豬加), 구가(狗加)를 배치하여 각 부족장이 다스리게 했다. 그 가운데에는 대가(大加)를 배치하여 왕이 직접 다스렸다. 각 부족은 수천 호씩을 거느렸으며 부족 명칭이 가축 이름인 것은 농업보다는 목축을 중요시했기 때문으로 보인다. 풍속 중에는 추수감사제로 영고(迎鼓)라는 제천행사가 있었고, 노래와 춤을 즐겼다. 법률은 매우 엄정하여 살인, 간음, 부녀자의 투기 등에 대하여 극형에 처했고, 도둑질은 물건 값의 12배를 배상하게 했다.

2) 졸본부여와 도시

북부여는 1대 해모수, 2대 모수리, 3대 고해사, 4대 고우루까지 이어졌다. 고우루는 위만조선의 우거왕이 쳐들어오자 이를 물리쳤고, 고조선을 멸망시킨 한무제가 이곳에 사군을 설치하려하자 공격하여 내쫓았다. 그가 죽자 아우인 해부루(解夫婁)가 BC 86년 왕위에 올랐다. 그러나 고열가의 후손인 고두막이 반란을 일으켜 졸본(卒本)에서 즉위하여 동명(東明)이라 하였다. ≪환단고기≫ <북부여기>는 동명왕을 북부여의 5대 왕으로 기록하고 있다. 졸본에 도읍이 있었으므로 이 시대를 졸본부여라고도 한다.

동명왕은 몸소 장군이 되어 한나라 군대와 싸웠고 그때마다 승리하여 영토를 옛 고리국 땅인 요동 서안평까지 넓혔다. 그러자 북부여의 온 성읍이 항복하고 그로 하여금 지켜주기를 원했다. 북부여를 장악한 동명왕은 해부루 왕의 직급을 낮추어 제후로 삼고 분릉(坌陵)으로 옮기게 하였다. 동명왕이 죽자 유언대로 졸본천에 장사지내고 태자 고무서가 6대 왕에 즉위하였다. 그러나 고무서는 즉위 2년 만에 후사 없이 세상을 뜨고 말았다.

3) 동부여와 도시

해부루가 왕위에 올랐으나 고두막이 반란을 일으켜 북부여를 장악하였다. 이에 국상 아란불이 "통하(通河) 물가에 가섭원(迦葉原)이 있는데 땅이 기름지고 오곡을 키우기에 적당하니 도읍할만한 곳이다"고 아뢰자 도읍을 옮겼다. 이를 가섭원부여 또는 동부여라고 한다. 가섭원의 위치에 대하여 이론이 있으나 북부여의 동쪽에 위치한 흑룡강성 하얼빈시 통하현으로 보는 견해가 많다. 통하현은 송화강과 분림하(坌林河)가 만나는 지점이 있는데 분림하가 곧 분릉이다. 이 지역은 단군 왕검이 고조선을 건국한 아사달 일대로 추정되는 곳이기도 하다.

BC 86년 가섭원에 도읍을 정한 해부루는 졸본부여의 고두막과 마찰을 피하기 위해 속국으로 지배를 받았다. 가섭원 땅은 밭농사가 잘되고, 때맞추어 비가 내려 땅을 윤택하게 하였다. 또한 범·표범·곰·이리 등 사냥감이 풍부해 몇 해 안되어 나라가 부강해지고 백성들은 번성하였다. 그러나 해부루는 늙도록 뒤를 이을 아들이 없어 걱정이었다.

어느 날 산천에 아들이 있게 해달라고 빌자 이때 타고 있던 말이 곤연(鯤淵)에 이르러 큰 돌을 보고 눈물을 흘렸다. 왕이 이상하게 여겨 사람을 시켜 그 돌을 굴리게 하였더니 조그만 아이가 있었는데 금빛 개구리 모양이었다. 왕은 하늘이 내려준 아이라며 기뻐하였다. 거두어 길러 이름을 금와(金蛙)라 하였는데 자라서 동부여의 2대 왕이 되었다. 그는 하백의 딸로 북부여의 황손 고모수와 사사로이 정을 통하여 임신한 유화를 둘째 왕비로 삼았다.

금와왕이 41년간 통치하다 세상을 뜨자 태자 대소(帶素)가 3대 왕에 올랐다. 대소왕은 28년간 재위하면서 동북지역의 패권을 놓고 고구려와 다투었다. BC 7년 고구려의 유리왕에게 아들을 볼모로 수교할 것을 청하였으나 거절당하자 군사 5만을 거느리고 졸본성을 공격하였다. 그러나 겨울인지라 큰 눈이 내려 얼어 죽는 군사가 많아 대패하여 퇴각하고 말았다. 서기 22년 고구려의 3대 왕인 대무신이 쳐들어왔다. 왕이 직접 나가 싸웠으나 말이 진창에 빠져 못나오는 바람에 고구려 장군 괴유에게 죽음을 당하고 말았다. 이로서 동부여는 108년 만에 멸망하고 고구려에 복속되었다.

4) 갈사부여와 도시

대소왕이 죽자 그의 막내아우는 장차 나라가 망할 것을 예감하고 자기를 따르는 수백 명과 함께 압록곡에 이르렀다. 마침 해두국의 왕이 사냥을 하고 있었는데 그를 죽이고 땅과 백성을 빼앗아 갈사수(曷思水) 가에 도읍을 정하고 왕이 되었다. 이를 갈사부여라 한다. 갈사부여는 3대 도두왕이 고구려가 날로 강해지는 것을 보고 스스로 항복하여 47년 만에 없어지고 말았다. 고구려는 도두왕을 우태(于台)라 하고 혼춘(琿春)을 식읍으로 주어 동부여후로 삼았다.

갈사부여가 세워지자 대소왕의 사촌동생은 부여 백성 만여 명을 이끌고 고구려에 투항하였다. 고구려 대무신왕은 그를 연나부(椽那部)에 살게 하고 왕으로 봉하였다. 이를 연나부부여 또는 서부여, 락씨 성을 하사 받았다 하

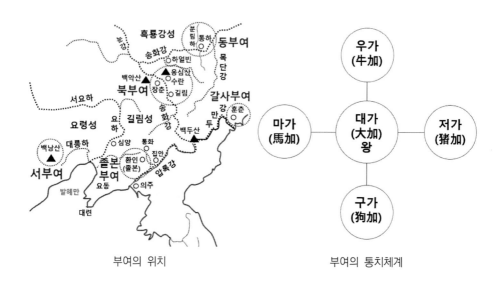

부여의 위치   부여의 통치체계

여 낙씨부여라고 한다. 그 위치는 연나라와 가까운 요령성 대릉하 서쪽 백낭
곡이다. 서부여는 서기 494년까지 이어졌다.

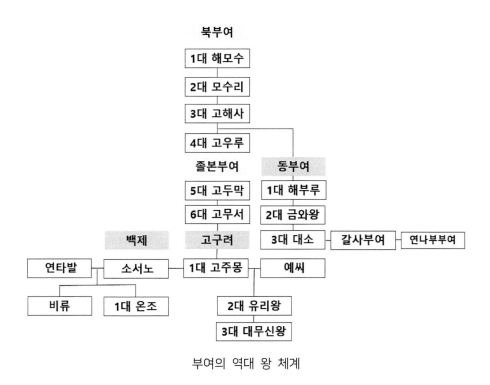

부여의 역대 왕 체계

5. 한사군 시대

1) 한사군의 위치

한나라 7대 왕 무제(BC 156~BC 87)는 군현제(郡縣制)로 상징되는 중앙집
권체제를 확립하고 흉노를 비롯한 주변국을 정복하였다. 그는 점령지마다
군(郡)과 현(縣)을 설치하고 군대를 주둔시켜 다스렸다. 북쪽 오르도스 지방
에는 삭방군, 황하 서쪽 서역지방에는 돈황군, 서남쪽 운남 지방에는 익주
군, 남쪽 해남도 지방에는 주애군, 월남지방에는 일남군을 설치했다. 고조선
지역에는 낙랑군, 임둔군, 진번군, 현도군을 두었는데 이른바 한사군(漢四郡)

이다. 군에는 관할 현을 설치하고 관리로 군은 태수, 현은 현령을 중앙정부에서 파견하여 직접통치를 하였다.

한사군의 위치에 대해서 과거부터 많은 논란이 있다. 낙랑군은 지금의 평양 대동강 유역, 진번군은 자비령 이남에서 한강이북, 임둔군은 함남지방, 현도군은 압록강 중류 동가강 유역에 위치했다는 주장이다. 그러나 이는 일제에 의해 왜곡된 것으로 한사군은 한반도가 아닌 요서와 요동 지역에 있었다는 주장이다. 단재 신채호는 낙랑군은 한반도에 없었고 사실은 요동군을 갈라서 만들었다고 주장했다. 위당 정인보는 한사군은 랴오닝(요령) 지역에 있었으며, 고구려의 낙랑 공격은 곧 요동과 요서 공격이라고 하였다.

≪사기≫ <태강지리지>에는 "낙랑군 수성현에는 갈석산이 있으며 장성이 여기서 시작한다"고 기록하고 있다. ≪후한서≫에는 "낙랑군은 옛 조선국으로 요동에 있다"고 기록하고 있다. 이는 한이 위만조선을 멸망시키고 그 사리에 한사군을 설치했는데 핵심인 낙랑군은 수도인 왕검성에 설치했을 가능성이 높다고 하겠다. 또 ≪후한서≫ <군국지>에는 낙랑군은 한의 수도인 낙양에서 동북쪽 5천리에 있고, 현도군은 4천리에 있다고 기록하고 있다. 이 거리는 한반도에 미치지 못한다.

후한 말 현도군의 하급관리였던 공손탁이 동탁의 도움으로 요동태수가 되었다. 조정의 통치 질서가 붕괴되자 각지에서 군벌세력이 준동하면서 중국은 혼란에 휩싸였다. 이 틈을 이용하여 공손탁은 요동군을 중심으로 독립적인 세력을 갖추고 낙랑군 및 현도군을 지배하였다. 공손탁의 세력권이 산동반도를 비롯하여 요동과 요서였음을 감안하면 낙랑군도 요동에 위치했다는 것을 의미한다.

2) 고조선 유민의 저항

한사군이 설치되자 많은 고조선의 유민들이 한반도 남쪽 진한으로 이주하였고, 남아 있는 토착민들은 한나라의 식민통치에 저항했다. 고조선 멸망 20년 후인 BC 87년 한무제가 죽자 저항은 더욱 강력해졌다. BC 82년 한은 진번군과 임둔군을 폐지하고 진번군은 낙랑군에 임둔군은 현도군에 각각 병합시켰다. BC 75년 현도군도 고조선 영역 밖으로 쫓겨나고 최종적으로는 낙랑군만 남게 되었다.

한나라는 8대 소제와 9대 선제가 내정 안정에 힘을 썼으나 10대 원제 때 황제 측근들이 실권을 잡으면서 급속히 약화되기 시작했다. 외척인 왕망이 13대 평제를 독살하고 AD 8년 스스로 왕이 되어 국호를 신(新)으로 바꾸었다. 강력했던 한나라가 세력이 약화되자 고조선 땅에서는 새로운 정치세력이 등장하기 시작했다. 바로 부여와 옥저이다. 이들은 급속하게 전파된 철기문화를 바탕으로 사회구조에 일대 변화를 초래하였다. 이전까지 씨족공동체사회에서 친족공동체사회로 변화하면서 고대국가로 발전하기 시작했다.

한사군의 위치 추정

참고문헌

경주시사편찬위원회, ≪경주시사Ⅰ≫, 2006.

고동영 역, ≪규원사화≫, 한뿌리, 2005.

_____, ≪환단고기≫, 한뿌리, 2005.

김용만·김준수, ≪지도로 보는 한국사≫, 수막사, 2005.

김재홍, <문헌으로 본 가야제국의 궁성과 성곽>, 제14회 대가야사 학술회의 ≪대가
　　야의 도성발표 자료집≫, 2020.10.

김태식 편역, ≪알기쉬운 삼국사기≫, 바르사, 1999.

노종국, <마한의 성립과 변천>, 마한백제문화 Vol 10, 1987.

반정환, ≪한국의 성곽≫, 대원사, 1995.

박대재, <변진사회의 분화와 구야국의 성장>, 한국고대사연구 (94), 2019, 87-126.

박미정, <금관가야 토성에 관한 일고찰>, 문물연구 39호, 2021.

부산대학교 박물관, ≪김해봉황동유적≫, 1998,

신채호, ≪조선상고사≫, 일신서적출판사, 1995.

예태일·전발평 편저, ≪산해경≫, 안티쿠스, 2013.

이강근, ≪한국의 궁궐≫, 대원사, 2001.

이덕일·김병기, ≪고조선은 대륙의 지배자였다≫, 역사의 아침, 2006.

이병도, ≪수로왕고(首露王考)≫, 한국고대사연구, 박영사, 1981. 314-322.

이야기한국역사 편집위원회, ≪이야기 한국역사≫, 풀빛, 2006.

익산시 시사편찬위원회, ≪익산시사 상권≫, 2001.

임효택, <김해양동리 제162호 토광목관묘 발굴조사 개요>, 발굴지도위원회 현장보
　　고자료, 1991, 3.

_____, <낙동강 하류의 가야의 토광목관묘 연구>, 한양대학교 박사학위논문, 1993,
　　21-26

장명수, ≪성곽발달과 도시계획연구≫, 학연문화사, 1994.

전옥연, <고고자료로 본 봉황동유적의 성격>, 봉황동 유적 인제대 가야문화연구소
　　편, 2013, 125.

중앙일보사, ≪성씨의 고향≫, 중앙일보사, 1995.

한국고환경연구센터, <김해 가야 왕궁지 및 토성 확인을 위한 학술조사보고서>,
　　2009.
허경진, ≪한국의 읍성≫, 대원사, 2001.

제2장

고대시대의 도시

제2장

고대시대의 도시

1. 고구려

1) 고구려 시조 주몽

《환단고기》와 《삼국사기》는 주몽의 출생에 대한 설화를 소개하고 있다. 주몽의 어머니는 유화로 하백의 딸이다. 어느 날 유화가 나가 놀다가 북부여의 황손 고모수(高慕漱)의 꾐에 빠져 강제로 끌려가 압록 강가에 있는 방에서 사사로이 정을 통하였다. 고모수는 그 길로 가서는 돌아오지 않았다. 마침 동부여의 금와왕이 백두산 남쪽 우발수에서 유화를 만나 이상이 여겨 수레에 싣고 궁으로 돌아왔다. 유화는 임신을 했었고 얼마 후 큰 알을 낳았다.

왕이 그 알을 돼지에게 주었지만 먹지 않았고, 길가에 버렸지만 말과 소가 밟지 않았다. 들에 버렸는데 새들이 날아와 날개로 덮어 주었다. 왕이 알을 쪼개려고 했으나 쪼개지지 않았다. 유화는 알을 싸서 따뜻한 곳에 두었는데 얼마 후 알을 깨고 한 사내아이가 나왔다. 골격과 용모가 영특하고 남달랐다. 일곱 살에 활과 화살을 만들어 백 번 쏘면 백번 맞추었다. 부여 사람들은 활 잘 쏘는 사람을 주몽이라 했으므로 아이 이름을 주몽이라 하였다.

주몽이 늠름하게 자라자 금와왕이 총애하였다. 태자 대소와 그의 형제들이 시기와 질투를 하였다. 대소는 주몽 때문에 자기의 위치가 위태롭게 될까봐 주몽을 헤치려고 하였다. 신변의 위협을 느낀 주몽은 22살 때 어머니와 임신한 아내 예씨를 남겨둔 채 부하 오이, 마리, 협부와 함께 부여를 탈출하였다. 그리고 지금의 라오닝성(遼寧省) 번시시(本溪市) 환란만족자치현(桓仁満族自治縣)에 위치한 졸본부여에 터를 잡았다. 이곳에서 소서노(召西努)를 만나 결혼하였다.

주몽보다 8살 위인 소서노는 졸본사람 연타발의 딸로 북부여왕 해부루의 서손인 우태와 결혼하여 비류와 온조 두 아들을 둔 미망인이었다. 주몽은 소서노의 정치적 기반과 많은 재산, 헌신적인 내조를 바탕으로 왕업의 기틀을 다졌다. 이것이 고구려의 시작이다. 이에 대해 ≪환단고기≫는 주몽이 도망하여 졸본에 이르렀는데, 졸본부여 왕이 딸만 셋이 있었고 뒤를 이을 아들이 없었다. 왕은 주몽을 둘째 사위로 삼고 왕위를 잇게 했다고 기록하고 있다.

주몽의 졸본 이주

2) 고구려 첫 도읍지 졸본성

졸본성이 위치한 오녀산성

고구려의 첫 도읍지에 대해 ≪삼국사기≫는 BC 37년 "부여를 탈출한 주몽 일행이 졸본천에 이르러 땅이 기름지고 산천이 험한 것을 보고 그곳에 도읍을 정했다"고 기록하고 있다. ≪삼국유사≫는 "주몽이 오이, 마리, 협부 세 동무와 함께 졸본주까지 와서 드디어 여기에 초막을 짓고 살면서 나라 이름을 고구려라 하고 나라 이름을 따라서 고씨로 성을 삼았다"고 기록하고 있다. ≪삼국지≫ <위서> 고구려전에는 "주몽이 흘승골성(紇升骨城)에 이르러 마침내 거주하여 국호를 고구려라 하였다"라고 기록하고 있다. 여기서 흘승골성은 홀본 즉 졸본성을 가리킨다.

졸본성의 위치는 오늘날 라오닝성 환인현 동북쪽에 있는 오녀산성(五女山城)으로 추정한다. 광개토왕비 비문에는 "비류곡 홀본 서쪽 산 위에 성을 쌓고 도읍을 삼았다"고 기록하고 있다. 비류곡은 혼강(渾江)을 말하며 장백산맥에서 발원하여 바이산, 백산시, 통화시, 환인시를 지나 압록강으로 흘러가는 압록강의 가장 큰 지류이다. 현재는 환인댐을 막아 큰 호수로 변했다. 환인 지방은 사방으로 높은 산이 겹겹으로 감싸고 있는 분지로 방어에 유리하고, 넓고 기름진 들판이 있어 식량이 풍부하며, 혼강을 이용한 편리한 교통 등 고대 도읍지의 조건을 두루 갖춘 지역이다.

오녀산성은 해발 820m의 산꼭대기에 있으며, 동쪽·남쪽·북쪽이 100~200m의 깎아지른 절벽으로 쉽게 오를 수가 없다. 서쪽으로 난 입구는 사람 하나 겨우 지나갈 만큼 좁아 어떠한 적이라도 쉽게 접근할 수 없다. 현재는 가파른 999개의 계단을 통해 오르고 있다. 계단이 끝나는 지점에 있는 서문은 옹문의 형태를 하고 있다. 오녀산성은 고대 그리스의 도시국가인 아테네의 아크로폴리스(Acropolis)와 같은 형태다. 오녀산성이란 이름은 고구려 이후에 지어진 것으로 다섯 선녀가 성을 지켰다는 전설에서 비롯된 것이다. 1996~1998년 진행된 발굴조사에서 약 2,000점에 달하는 고구려시대의 유물이 발굴되었으며, 2004년에 다른 고구려 유적들과 함께 유네스코 세계유산으로 등재되었다.

산성 내부는 길이 1,000m, 너비 300m 정도 되는 넓은 평지와 사시사철 마르지 않는 샘물과 그 물이 모여서 만든 길이 12m, 너비 6m, 깊이 2m가 되는 천지(天池)라 부르는 연못이 있다. 천지 옆에는 저수조를 만들어 빨래나 청소, 목욕 용도로 사용한 흔적이 있다. 또 여러 곳에 건물과 창고 터가 있다. 동쪽 완만 지대에는 석성을 쌓아 방어를 강화했고, 정상에는 점정대가 있어 혼강과 환인 시내 전체를 관망할 수 있다.

성문은 모두 3개로 동문, 남문, 서문이 있으며, 북쪽은 수직에 가까운 벼랑이 성벽을 대신하므로 성문이 없다. 동문은 직접 공격할 수 없도록 성벽이 서로 엇갈리면서 한쪽 벽이 다른 쪽 벽을 에워싸는 옹성의 형태를 이루고 있다. 점장대에서는 넓은 평야와 굽이굽이 흐르는 혼강을 한 눈에 내려다 볼 수 있다. 1968년 혼강댐을 건설하면서 고구려의 많은 유적이 수몰되었다. 당시 중국은 댐 건설을 하면서 2,000여 기에 달하는 고구려 고분을 그대로 둔 채로 물을 채웠다고 한다.

고구려 졸본성이었던 오녀산성

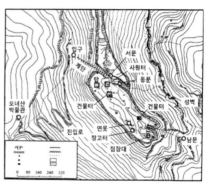
오녀산성 배치도

고구려의 평지성 하고성자성

주몽이 처음 고구려를 세웠을 때는 수세적 입장이었기 때문에 방어에 유리한 오녀산성에 도읍을 정했다. 그러나 세력이 커져 공세적 입장으로 돌아섰을 때는 산성이 불편하므로 평지에 성을 세웠다. ≪삼국사기≫에 주몽이 재위 4년(BC 34)에 비류천가에 성곽을 쌓고 궁실을 지었다는 기록이 있다.

이로 보아 주몽은 평상시에는 평지성에 생활하다가 전쟁이 나면 산성으로 옮겨 전쟁을 한 것으로 보인다. 이후 고구려 도읍은 평시에 거주하는 평지성과 전시에 농성할 수 있는 산성을 함께 갖추는 것이 특징이 되었다. 이는 백제에도 영향을 주었다.

오녀산성 아래 단동과 심양으로 갈라지는 육도하자향(六道河子鄕) 하고성자촌(下古城子村)에는 고구려 평지성으로 추정되는 하고성자토성이 있다. 환인시 서북쪽 3km 지점으로 오녀산성과는 10km 정도 떨어져 있다. 성터는 혼강 서안의 수면보다 5m 정도 높은 지대에 자리하고 있다. 성은 황토와 진흙을 층층이 다져 쌓는 판축법을 이용하였다. 이는 고구려와 백제의 토성과 같은 축성법이다.

현재는 성벽 대부분이 유실되고 바닥면만 남아 있다. 1987년 요령성박물관 발굴조사 자료에 의하면 동벽 226m, 서벽 264m, 남벽 212m, 북벽 237m로 평면상 방형에 가까운 형태다. 성문은 동문과 남문이 있었는데 홍수로 유실되었다. 성터 위로 마을 집들이 들어서 서북쪽 귀퉁이 기단부를 제외하고는 흔적을 찾기가 어렵다. 다만 마을 안쪽에 하고성자성지(下古城子城址)라는 표지석이 있다. 이곳에서 북쪽으로 1.8km 떨어진 상고성자촌에는 고구려의 무덤 양식인 적석묘들이 있다. 또한 성안에는 고구려 시기 유물이 다량 출토되어 고구려 도읍의 평지성으로 추정하고 있다.

하고성자촌 위치도

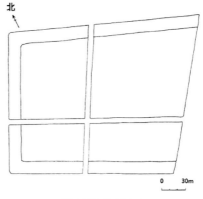

하고성자성 평면도
(출처: 동북아역사넷)

다만 왕이 거주했던 궁성이었던지는 확인되지 않고 있다. 평지성에 별다른 방어시설이 없는 점이다. 또 광개토왕비에 주몽이 '비류곡 홀본 서쪽 산정상에 성을 쌓고 건도하였다'고 기록하고 있다. 이 경우 홀본은 산성에서 보았을 때 동쪽에 위치해야 하는데 하고성자성은 오녀산성의 서남쪽에 위치하고 있다. 이로보아 고구려의 궁성으로 비정하기는 어렵지만 고구려의 중요한 평지성 중의 하나라는 것은 분명하다.

환인(환런) 지역

환런(桓仁)은 많은 물줄기들이 혼강으로 합류하는 곳에 위치한다. 교통이 편리하고, 수원이 풍부하여 농사가 잘 되는 지역이다. 오늘날에도 농업생산물이 풍부한 고장으로 소문나 있다. 이로 미루어 고대에도 생산력이 높은 지역이었을 것으로 짐작된다. 또한 집안의 국내성에서 심양 등 요동으로 가기 위해서는 반드시 거쳐야 하는 전략적 요충지이다. 대체로 교통로는 혼강을 따라 발달되었다. 그러므로 혼강으로 진입로만 차단하면 환인 분지를 방어

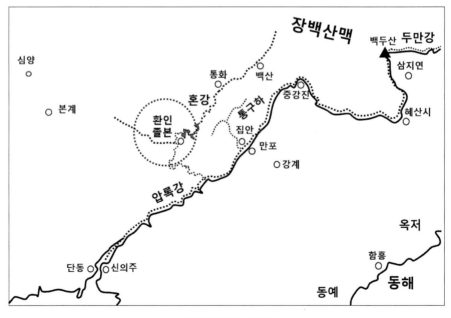

환인과 주변 지역

하기에 용이하였다.

주몽은 환인을 거점 삼아 비류국 등 여러 부족들을 제압하며 그 세력을 키웠다. ≪삼국사기≫에 따르면 비류수에 채소 잎이 떠내려 오는 것을 보고 상류에 사람이 산다는 것을 안 주몽은 사냥을 하며 그곳을 찾아가니 ·비류국이 있었다. 주몽은 비류국의 왕 송양과 활쏘기로 재주를 겨루었는데 송양이 항거하지 못하였다. 이듬해 송양이 항복해오자 비류국을 다물도(多勿都)로 개칭하고 송양을 우두머리로 삼았다.

주몽은 태자 유리를 송양의 딸과 결혼하도록 하여 동맹을 맺었다. 세력이 커지자 본격적인 정복 전쟁을 시작하였다. 재위 2년(BC 36) 백두산 동남쪽 행인국(荇人國)을 쳐서 그 땅을 성읍으로 삼았다. BC 28년 북옥저를 공격하여 멸망시켰다. 압록강유역과 두만강유역을 확보한 주몽은 영토를 개마고원 넘어 동해안까지 확장하였다.

2) 두 번째 도읍지 국내성

유리왕의 국내성 천도

BC 19년 주몽이 재위 18년만인 40세의 나이에 중병에 걸리자 고구려는 태자 책봉문제로 한 차례 정쟁을 치렀다. 유리를 지지하는 세력과 소서노의 아들 비류와 온조를 지지하는 세력들 사이에 팽팽한 권력 싸움이 전개되었다. 유리는 주몽이 부여에 있을 때 혼례를 치른 예씨에서 난 아들이다. 주몽이 부여를 탈출할 때 예씨부인은 임신 중이었다. 주몽은 떠나기 전 자신의 칼을 두 동강 내 하나는 자신이 갖고 하나는 집의 기둥과 주춧돌 사이에 감추어 두었다. 그리고 "만일 이것을 가지고 찾아온다면 분명 내 아들이다"라고 말하였다.

주몽은 졸본에 도착하여 정치·경제적 기반이 탄탄한 소서노와 결혼하였다. 그녀는 우태와의 사이에서 비류와 온조 두 아들을 둔 미망인이었다. 소서노의 적극적인 도움으로 고구려를 건국한 주몽은 그녀를 극진하게 대접했고, 비류와 온조도 자신의 소생과 같이 여겼다. 한편 유리는 대소가 부여 왕에 오르자 생명의 위협을 느끼자 어머니 예씨와 함께 동강 난 칼을 가지고 졸본으로 도망쳐 왔다. 주몽을 찾아가 칼을 보여주며 주몽의 것과 맞추어 보니 온전한 칼이 되었다. 아들임을 확인한 주몽은 유리를 태자에 봉하였다.

그러자 고구려 조정은 유리계파와 비류·온조계파로 갈리었다. 유리계파는 주몽과 함께 망명한 오이·마리·협보를 비롯한 무장들이 많았다. 반면에 비류·온조계파는 소서노의 지지 기반인 졸본과 계류부 출신의 문관들이 많았다. 두 파의 대립은 유리 지지파의 승리로 끝났다. 유리가 태자에 책봉되고 5개월 후 주몽이 세상을 떠났다. 유리는 주몽을 졸본 땅 용산에 장사 지내고 시호를 동명성왕(東明聖王)이라 했다.

유리가 고구려의 제2대 왕으로 즉위하자 소서노와 그의 세력들은 비류와 온조를 데리고 남쪽으로 떠났다. 유리왕은 지지기반을 닦는 등 민심을 안정시키려는 노력을 하였다. 그러나 본래 졸본 땅은 소서노의 땅이었으므로 쉽게 민심을 사로잡을 수가 없었다. 더구나 졸본은 부어로부터 전쟁 위협에 시달렸다. 유리왕은 부여와 화친을 맺어 전쟁을 피하고 싶었지만 탁리와 사비 등 강경론자들의 반대에 부딪쳤다.

더구나 태자 도절마저 강한 자세로 자신의 화친정책을 반대하고 나섰다. 마침내 유리왕은 강경파들을 제거하고, 아들마저 죽음에 이르게 했다. 이 때문에 졸본의 민심은 유리에게서 더욱 멀어졌다. 유리왕은 더 이상 졸본에서 통치가 어렵다고 판단하고 새로운 땅으로 천도할 것을 결심하였다. 그리고 서기 3년 졸본에서 직선거리로 약 75km 정도 떨어진 국내성으로 도읍을 옮겼다. 주몽이 졸본에 도읍을 정한지 40년만이다.

고구려의 전성기를 이끈 국내성

국내성은 오늘날 통구하와 압록강이 합쳐지는 길림성 통화시의 현급인 지안(集安)시에 위치한다. 동쪽 압록강 건너편은 북한 자강도 만포시다. 북으로 우산, 서쪽은 통구하 건너 칠성산, 동쪽은 압록강 건너 삼각산, 남쪽은 북한 지역 와당산 등 높고 험준한 산이 겹겹이 둘러쳐 있는 분지다. 이러한 지형은 방어에 유리할 뿐만 아니라 태풍으로 인한 자연재해에도 안전하다. 백두산에서 발원하여 황해로 흘러가는 803km의 압록강 중간에 자리하고 있어 수로를 통한 교통이 좋은 편이다.

이곳을 도읍지로 정한 이유를 ≪삼국사기≫는 다음과 같이 적고 있다. "유리왕 재위 21년(서기 2년) 3월, 하늘과 땅에 제사 지내는 데 쓸 돼지가 달아났다. 왕이 제물 담당 관리인 설지로 하여금 뒤쫓게 했는데, 국내성의 위나암에 이르러 이를 잡았다. 그는 돼지를 국내성 민가에 가두어 기르게 하고 왕에게 아뢰었다. 신이 돼지를 쫓아 국내성 위나암에 이르렀는데, 그곳 산수가 깊고 험했습니다. 게다가 땅은 오곡을 재배하기에 적합하고 산짐승과 물고기 등의 산물이 많았습니다. 만약 그곳으로 도읍을 옮긴다면 백성들에게 이로움이 클 뿐만 아니라 전쟁의 걱정도 면할 수 있을 듯합니다." 그러자 왕은 직접 국내성의 지세를 살펴보고 설지 말대로 새 도읍지로 적당하다고 판단을 하고, 재위 22년(서기 3년) 10월 평지성인 국내성으로 도읍을 옮기고 산성인 위나암성을 쌓았다.

국내성은 장수왕 15년(427)에 평양으로 천도할 때까지 425년 동안 고구려의 정치·경제·문화·군사의 중심 도시로서 발전을 하였다. 유리왕이 세상을 뜨자 그의 3남 무휼이 15세의 나이로 왕위에 올랐다. 대무신왕(大武神王)으로 불린 그는 재위 5년(22) 부여를 공격하여 대소왕을 죽였다. 재위 9년(26)에는 왕이 친히 개마국을 쳐서 그 왕을 죽이고 영토를 살수 이북까지 확대하였다. 재위 15년(32) 둘째왕자 호동을 시켜 한사군의 마지막 남은 낙랑군을 정벌하였다.

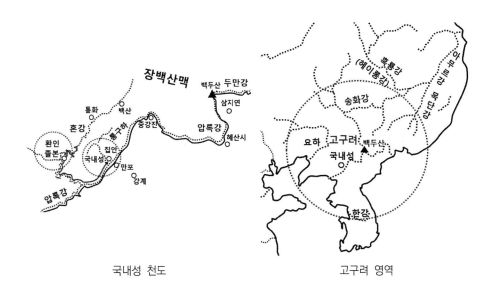

국내성 천도   고구려 영역

제19대 광개토대왕(375~413)은 국내성을 기반으로 고구려의 최전성기를 이끌었다. 17세에 왕위에 오르자 중국 연호를 버리고 영락이라는 독자적인 연호를 사용하였다. 중국 황제와 동격이라는 의미다. 광개토대왕은 농사 방법을 개량해 경제를 발전시키고, 군사력을 강화시킨 후 이를 바탕으로 영토 확장에 나섰다. 동쪽으로는 동해안, 북쪽으로 헤이룽강(黑龍江), 서쪽으로 요동반도, 남쪽으로 한강 유역까지 세력을 뻗쳤다. 고구려가 동북아의 최강자로 부상한 것이다.

고구려의 도읍구조

국내성과 환도산성은 고구려의 독자적인 도읍의 특성을 잘 나타내고 있다. 중국의 도성은 ≪주례고공기≫에 의해서 도시 내부에 방형의 성(城)과 그 바깥에 외성인 곽(郭)으로 구성된다. 중심부에서 남북을 축으로 도시공간을 배치하고, 성과 곽 밖에는 해자를 파서 방어선을 구축한다. 평시나 전시나 성곽 안에서 생활하는 것이 전형적인 도시 형태다. 반면에 고구려는 평시에는 평지성에 거주하다가 전시에는 산성으로 들어가 농성하는 양성체제로 운영하였다.

평지성은 도시중심부를 산줄기 끝자락 부분 평탄 지형에 조성한다. 산줄기 좌우와 앞쪽의 강이나 하천을 해자로 이용하였다. 강변과 천변의 지형에 맞추어 성을 축조하다보니 중국의 성곽처럼 네모반듯하지는 않았다. 도시 중심축 역시 남북축을 고집하지 않고 지형지세에 따라 자유롭게 배치하였다. 이러한 차이는 평야가 많은 중국은 평지에 도시를 건설하고, 고구려는 산이 많아 산지를 이용하였기 때문이다.

산성은 평지성에서 가까우면서 요새화의 조건을 갖춘 산을 선택했다. 산성의 형태는 정상부를 중심으로 테뫼식, 포곡식, 복합식으로 구분한다. 테뫼식은 머리띠를 두른 것처럼 산봉우리를 빙 둘러싸서 성벽을 쌓은 방식으로 규모가 작은 산성에서 채택되었다. 포곡식은 계곡을 둘러싼 산 능선을 따라 성벽을 쌓는 방식으로 대체로 규모가 큰 편이다. 도읍지의 산성은 대부분 포곡식이다. 복합식은 테뫼식과 포곡식을 혼합한 방식이다.

주나라에서는 도성을 건설하고 궁궐을 지을 때 ≪주례고공기≫를 바탕으로 하였다. ≪주례≫는 일종의 헌법, 행정법, 민법, 기술법 등을 총괄한 법전을 말한다. 모두 6편으로 구성되었으며 관제를 천지춘하추동(天地春夏秋冬) 육관으로 나누었다. 천관(天官)은 치관(治官)으로 모든 관료를 통제하고, 지관(地官)은 교관(敎官)으로 교육과 재정과 지방행정을 담당하고, 춘관(春官)은 예관(禮官)으로 국가의 의례와 제사를 담당하며, 하관(夏官)은 정관(政官)으로 병마와 군대를 통솔하고, 추관(秋官)은 형관(刑官)으로 국가의 일반 업무와 법을 담당하고, 동관(冬官)은 사관(事官)으로 토목과 공예를 담당한다.

그러나 동관은 현존하지 않아 후대에 ≪고공기(考工記)≫로 보완하였다. 도성의 건설, 궁궐조영, 수레, 악기, 병기, 관개, 농기구 등에 관한 기록으로 중국에서 가장 오래된 기술관련 시방서라 할 수 있다. 특히 <장인영국기(匠人營國記)>는 도성을 건설할 때의 제반기준이 상세하게 기록되어 있다. ≪주례고공기≫는 중국뿐만 아니라 한국과 일본 등 동북아시아 지역의 도시건설에도 영향을 주었다.

"장인영국방구리방삼문(匠人營國方九里旁三門), 국중구경구위경도구궤(國中九經九緯經涂九軌), 좌조우사면조후시(左祖右社面朝後市), 시조일부(市朝一夫)"

장인(匠人)은 도시계획가, 영국(營國)은 성을 건설하는 것으로 도시계획, 방(方)은 네모반듯한 모양을 의미한다. 구리(九里)는 성벽 한 변의 길이를 나타낸 것으로 도시의 규모에 따라 차이가 있다. 대체적으로 황제성(黃帝城)은 12리, 왕성(王城)은 9리, 공성(公城)은 7리, 후성(侯城)과 백성(佰城)은 5리, 자성(子城)과 남성(男城)은 3리로 한다. 마을의 경우는 1리 즉, 400m를 기준으로 하였다. 방삼문(方三門)은 면마다 3개의 성문을 배치하라는 의미다.

국중구경구위(國中九經九緯)는 성안 내부의 도로는 가로로 9개, 세로로 9개를 내라는 뜻이다. 경도(經涂)는 세로축인 남북 주작대로를 의미하고, 구궤(九軌)는 아홉 대의 수레가 다닐 수 있는 폭을 의미한다. 좌조우사(左祖右社)는 왕궁 좌측에는 조상 위폐를 모시는 종묘(宗廟), 우측에는 토지와 곡물 신에게 제사 지내는 사직(社稷)을 배치하라는 의미다. 면조후시(面朝後市)는 왕궁 앞에는 광장인 조정, 뒤에는 시장을 배치하라는 뜻이다. 시조일부(市朝一夫)는 시장과 조정의 면적은 1부(100무, 약 133m×133m)라는 의미다.

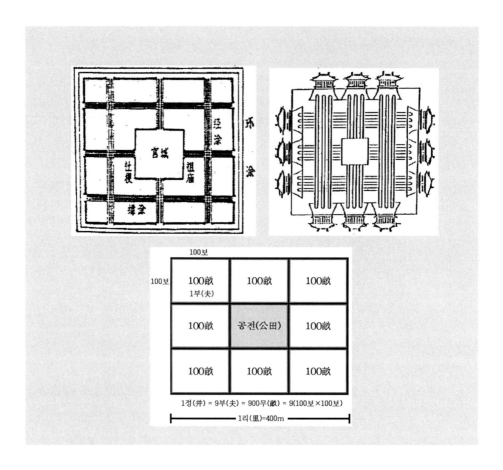

국내성 구조

평지성인 국내성은 압록강과 통구하가 합류하는 지역에 축조한 마름모꼴 성이다. 성벽의 총 둘레는 2,686m이며, 동벽 554.7m, 서벽 664.6m, 남벽 751.5m, 북벽 715.2m이다. 성벽의 너비는 7~10m 가량이며, 하중을 견디도록 크고 무거운 돌을 네모지게 가공하여 다졌다. 그 위에 길이 20~50cm, 폭 40~50cm, 두께 10~30cm의 돌을 4~6m 높이로 쌓았다. 서벽은 통구하를 천연 해자로 하였고, 동쪽과 남쪽은 본래 있던 작은 하천을 확장하여 해자로 활용했고, 북쪽은 인공적으로 땅을 파서 해자를 설치했다.

성문은 동벽과 서벽은 각각 2개, 남벽과 북벽에는 각각 1개로 모두 6개다. 동벽과 서벽에 2개씩의 성문을 낸 것은 동서축으로 도시가 배치되었음

나타낸다. 각 문은 적의 공격을 효과적으로 제압할 수 있도록 반원형의 옹성이나 ㄷ자형의 치성을 설치했다. 이중 정문이라 할 수 있는 서벽의 남쪽 문은 H자형으로 어긋나도록 치성을 설치하였다. 서벽의 북쪽 문과 동벽의 남쪽은 문은 옹성을 설치하였고, 동벽의 북쪽 문과 남문과 북문은 모두 치성을 설치했다. 옹성과 치성은 성문을 공격하는 적의 수를 제한하고 삼면에서 적을 공격하도록 하는 구조다.

성벽에는 일정한 거리를 두고 치(雉)를 설치하였다. 치는 꿩의 꼬리처럼 생겼다 하여 붙여진 이름으로 성벽의 일부를 바깥으로 돌출시킨 것을 말한다. 전투 과정에서 성벽으로 접근하는 적을 옆면에서도 공격할 수 있는 구조다. 1910년 일본인이 국내성을 답사하여 작성한 '조선고적도보' 자료에 의하면 국내성의 치는 동벽 10개, 서벽 4개, 남벽 15개, 북벽 14개, 이를 합하면 총 44개가 설치되었다. 치와 치의 간격은 평균 40m 정도 이지만 지형에 따라 차이가 난다. 남문과 북문은 20m 정도로 좁고, 북벽의 가장 긴 것은 117m이다. 치의 규모는 너비 6~8m, 길이 8~10m이다. 성곽의 각 모서리에는 적의 동태를 파악하기 위한 망대를 설치했다.

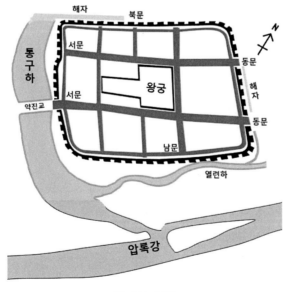

국내성 구조

성안 내부는 도로에 의해서 구획된다. 도로는 동문과 서문을 잇는 가로축 대로 2개, 남문과 북벽을 잇는 세로축 대로 1개, 남벽과 북벽을 잇는 세로축 소로 1개이다. 이를 보면 국내성의 기본구조는 낙서구궁도에서 제시한 것처럼 도시 내부를 9개 구역으로 나누고, 중앙에 왕궁을 배치한 것이다. 왕궁으로의 접근성을 위해 북문에서 동서대로까지, 남벽에서 동서대로까지 소로를 설치하였다. 성내에는 왕궁근처 중앙부에 관청, 남문 부근에 철기를 제조하는 작업장, 동문과 북문 부근에는 인공적인 저수시설인 연못을 조성하였다. 그 밖에 병영, 무기고, 식량창고, 일반거주주택 등의 건축물 터가 발굴되고 있다.

위나암성

산성인 위나암성(尉那巖城)은 유리왕이 국내성으로 도읍을 옮기면서 적의 공격에 대비하여 국내성에서 서북쪽으로 2.5km 떨어진 해발 676m의 환도산에 축조한 산성이다. 위남암성은 환도산 이름을 따서 환도성(丸都城)으로도 불렸고, 평시의 도읍으로도 이용했었다. ≪삼국사기≫에는 제10대 산상왕 2년(198) 2월에 환도성을 쌓았고, 13년(209) 10월에 도읍을 환도성으로 옮겼다고 기록하고 있다.

환도성은 북쪽·동쪽·서쪽 삼면으로 높고 험준한 산이 있고, 남쪽은 낮은 능선이 감싸고 있는 포곡식 산성이다. 능선의 고저 차이가 심하여 제일 높은 서벽은 해발 652m이고, 낮은 지점은 296m이다. 해발 고저 차이가 심하다는 것은 지형이 험난하다는 것을 의미한다. 지형은 성안 쪽은 완만한 경사지인데 반해 바깥쪽은 깎아지른 듯한 절벽이다. 성은 가파른 능선을 따라 다듬어 규격화된 돌로 쌓았다. 남쪽 절벽 아래에는 압록강 지류인 통구하가 흐르며 천연 해자 역할을 한다.

산성 전체의 둘레는 6,951m이며 성문은 모두 5개로 동벽 2개, 북벽 2개, 남벽 1개인데 정문은 남문이다. 남문은 성안의 여러 골짜기에서 흘러나온 물들이 통구하로 흘러나가는 수구가 있는 곳이다. 이곳에 방어력을 높이기 위해 옹성을 설치했다. 궁전은 남문에서 500m 떨어진 동쪽 산기슭에 있다. 궁전은 동쪽 산을 등진 서향으로 배치했으며, 터는 동벽 91m, 서벽 96m, 남벽, 70m, 북벽 70m로 장방형이며, 3층으로 단을 이루었다. 궁전과 남문 사이 돌출부에는 점장대가 위치하고 있다. 이곳은 적을 관찰하며 전투를 지휘하는 장소로 국내성도 내려다보인다.

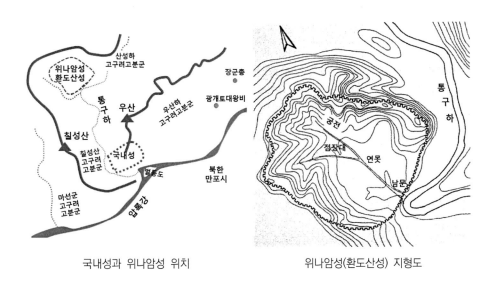

국내성과 위나암성 위치　　　　　　　　　위나암성(환도산성) 지형도

3) 세 번째 도읍지 평양 안학궁

장수왕의 평양 천도

제20대 장수왕 15년(427) 고구려는 도읍을 평양으로 옮겼다. 그 이전에도 평양은 도읍지로 이용된 적이 있었다. 제11대 동천왕 20년(246) 10월 위나라 유주 자사 관구검의 침입으로 당시 도읍이었던 환도성이 함락되었다. 왕은 남옥저로 달아났는데 이때 유유가 위나라 진영으로 거짓 항복하러 가 적장을 찌르고 그와 함께 죽었다. 장수를 잃은 위군이 혼란에 빠지자 왕이 군사를 이끌고 공격하여 적을 도망치게 했다. 그러나 환도성은 황폐해져 도읍할 수 없자 21년(247) 2월 평양성을 쌓아 백성들과 종묘사직을 옮겼다. 이후 국내성으로 돌아갔지만 제16대 고국원왕 4년(334) 평양성을 더 늘려 쌓았다.

장수왕이 평양으로 천도한 제일 큰 이유는 국내성이 포화상태에 이르렀기 때문이다. 제19대 광개토대왕은 정복 전쟁을 통해 고구려 영토를 확장하였고, 많은 속국을 거느린 제국으로 성장시켰다. 많은 인구와 물자가 국내성으로 집중하자 분지 지형의 특성상 이들을 수용할 수가 없었다. 이로 인해 많은 도시문제가 발생했을 것이고 귀족들의 불만은 커졌다. 당시 귀족들의 돌무덤만 12,000여 개가 전하고 있으니 더 이상 무덤조차도 쓸 수 없는 상황이 된 것이다.

고구려는 이를 포용하고 제국으로서 다양한 문화와 종족을 아우를 수 있는 새로운 도읍이 필요했던 것이다. 광개토대왕도 평양으로 도읍을 옮길 계획을 가지고 있었다. 평양에 사찰을 건립하고 주민을 이주시키고 수시로 순시하면서 외교와 군사 활동의 본거지로 활용하였다. 국내성은 내륙 깊숙한 곳이 위치하여 국제도시로 성장하는 데는 지정학적인 제약이 많았다. 그러나 평양은 넓은 평야와 큰 강이 있고 바다와도 가까워 제국을 경영하기에 적합하였다. 또한 한반도 남쪽과 왜(일본)까지도 군사적으로 영향력을 행사하기에 적합한 곳이었던 것이다.

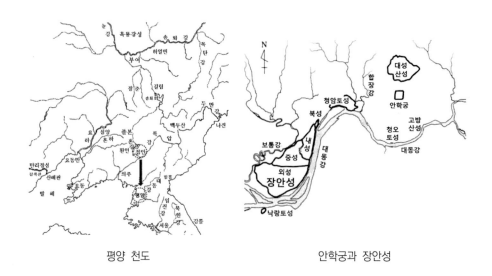

평양 천도   안학궁과 장안성

평지성 안학궁성

장수왕이 평양으로 천도하여 처음 도읍을 정한 곳은 안학궁(安鶴宮)이다. 지세가 마치 학이 편안하게 쉬고 있는 형세라는 뜻으로 붙여진 이름이다. 북

쪽은 대성산의 소문봉(187m)이 있고 남쪽은 대동강이 감싸고 흐르는 전형적인 배산임수 지형이다. 안학궁은 소문봉에서 남쪽으로 뻗어 내려온 야트막한 구릉지에 위치한다. 이곳에 도읍을 정한 이후 제25대 평원왕 28년(586) 장안성으로 천도할 때까지 159년 동안 왕궁이었다.

궁성의 규모는 동벽 622m, 서벽 623m, 남벽 617m, 북벽 619m로 정방형에 가까운 마름모꼴이다. 전체 길이는 2,480m이며, 성벽은 돌과 흙을 섞어서 쌓았다. 성벽 밑바닥은 폭이 평균 8.8m이고, 위로 올라가면서 점차 좁아져 상단은 평균 4.4m이다.

성벽의 현존 높이는 4m~6.6m이나 원래 높이는 5m~12m로 추정하고 있다. 성문은 남벽에 3개, 동벽, 서벽, 북벽에 각 1개씩 모두 6개다. 정문은 남벽의 중앙에 있는 남문이고, 좌우로 남동문과 남서문을 냈다. 성벽의 네 모서리에는 각루를 세우고, 성벽 안에는 성벽을 따라 약 2m 너비로 포장한 순환도로를 냈다.

해자는 따로 파지 않고 소문봉 골짜기에서 흘러내려오는 물줄기를 그대로 이용하였다. 3곳의 물줄기 중 2개는 동벽과 서벽 바깥쪽으로 흐른다. 가운데 물줄기는 북벽 수구를 통해 성안으로 들어와 수로를 따라 남벽 모서리에 위치한 연못에 모이도록 했다. 연못물은 식수와 용수로 사용되었고, 남벽 수구를 통해 밖으로 흘러나간다. 성안은 가로축 2개, 세로축 2개의 선을 그려 크게 아홉 개로 구획하였다. 이는 주례고공기에서 제시한 공간구조를 반영한 것으로 보인다. 내부공간은 남문과 북문을 중심축으로 남궁인 외전(外殿), 중궁인 내전(內殿), 북궁인 침전(寢殿)을 배치했다. 침전 동쪽에는 동궁, 서쪽에는 서궁을 대칭적으로 배치했다.

안학궁은 도시 외곽을 두른 외성을 쌓지 않고 전후좌우에 산성을 쌓아 방어망을 구축하였다. 북쪽에는 대성산성, 남쪽에는 대동강변의 청오리토성, 동남쪽에는 고방산성, 서쪽에는 합장강변의 청암리토성이 위치하고 있다. 이들 토성은 강이나 하천을 자연 해자로 삼아 방어력을 높였다. 성 밖 도시 공간은 남북축으로 남문에서 대동강의 다리까지 3.2km의 주작대로가 있다. 동서축은 동쪽 공방산에서 서쪽 청암산성까지 이어진 도로다. 도로 좌우에는 백성들의 주거지가 조성되었다.

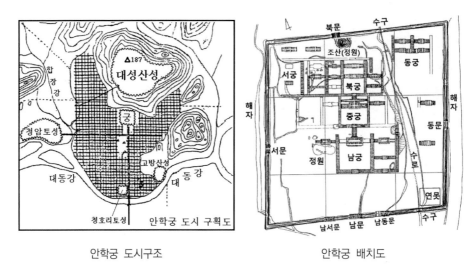

| 안학궁 도시구조 | 안학궁 배치도 |

전시의 대성산성

안학궁 역시 평상시의 평지성과 전시의 산성이 세트를 이루고 있다. 안학궁 북쪽에 있는 대성산은 묘향산에서 남쪽으로 뻗은 지맥이 대동강 북안에 이르러 멈춰선 곳에 위치한다. 해발은 높지 않지만 평양 부근에서는 가장 높고 험준한 산이다. 주봉인 을지봉(274m)을 비롯하여 장수봉, 북장대, 국사봉, 주작봉, 소문봉 6개의 봉우리가 원을 그리듯 능선으로 이어져 분지를 이루고 있다. 분지 안에는 동천골과 미천골 두 개의 골짜기가 있고, 사시사철 마르지 않는 연못이 170여 개가 있어 물이 풍부하다. 산의 동·서·북면은 절벽이고 남쪽만 완만하여 산성의 입지로는 최적의 조건을 갖추었다.

대성산성은 안학궁에서 약 750m 정도 떨어져 있으며, 주작봉에 오르면 평양 전경과 대동강, 보통강의 경치가 한눈에 내려다보인다. 성벽은 능선을 따라 돌을 사각추 형태로 다듬어서 6~7m 높이로 쌓았다. 전체 둘레는 7,076m이며, 남문에서 주작봉과 소문봉에 이르는 980m 구간은 2중으로, 주작봉과 국사봉 사이 골짜기 안은 3중의 겹성을 축조하였다. 성문은 암문 포함하여 20여 개가 있다. 이중 주문은 산성에서 가장 낮은 소문봉과 주작봉 사이의 계곡 중심부에 자리 잡은 남문이다. 성벽에는 치를 설치했고 성안에는 행궁, 병영, 창고 등의 건물이 있었다.

고구려 산성들의 지형적인 특징은 대체로 3면이 높은 산과 절벽으로 둘러싸이고 한쪽 면이 낮게 트인 곳에 위치한다. 이러한 지형은 다음과 같은 장점이 있다. 첫째는 산 능선을 따라 성벽을 축성하기 때문에 적이 가파른 산을 올라 공격하기가 어렵다. 반면에 방어하기에는 유리하다. 둘째는 평지성처럼 외성을 쌓을 필요 없이 한쪽 면만 쌓으면 되었고 해자를 팔 필요가 없다. 셋째는 아군은 산 아래에 있는 적의 동태를 살필 수 있는 반면 적은 아군의 동태를 살필 수 없었다. 넷째는 산 정상이지만 골짜기가 있어 수원이 풍부하여 장기전에 대처할 수 있었다. 다섯째는 분지 지형이므로 많은 인원과 물자를 수용할 수 있다.

안학궁과 대성산성

출처: 한국의 전통건축

.4) 네 번째 도읍지 평양 장안성

장안성으로 천도

6세기로 접어들며 고구려의 도성 체계는 새로운 도전을 맞는다. 적이 쳐들어오면 평지성을 버리고 산성으로 옮겨서 싸우는 전략은 인구가 적고 산업이 발전하지 못했을 때나 적합했다. 그러나 인구가 증가하고 수공업이 발전하자 산성이 이를 수용하지 못했다. 더구나 적들은 비어있는 평지의 왕궁과 주거지를 마음대로 유린하고 불태워 버렸다. 적이 물러가더라도 이를 복구하는데 많은 시간과 국력이 소비되었다. 왕궁뿐만 아니라 도시 전체를 방어할 전시와 평시 두 가지 기능을 갖춘 평산성(平山城)의 도성이 필요했다.

더욱이 6세기 후반 들어서 고구려를 둘러싼 주변 정세가 매우 어지러웠다. 중국에서는 수나라가 성장하여 호시탐탐 고구려를 노리고 있었다. 남쪽 백제와 신라는 연합하여 한강유역을 차지하였다. 심지어 백제는 평양을 공격하기도 했다. 이러한 국제정세 속에서 고구려는 좀 더 효과적으로 적을 막고 왕궁과 백성을 보호할 성이 필요했다. 그곳이 지금의 평양성인 장안성(長安城)이며, 제24대 양원왕 8년(552)에 성을 쌓기 시작하였다.

제25대 평원왕은 아버지 뒤를 이어 축성작업을 계속하여 마침내 재위 28년(586) 도성의 면모를 갖추게 되었다. 축성기간이 34년이 걸린 만큼 대규모 성곽도시가 탄생한 것이다. 안학궁성은 왕궁 보호를 목적으로 쌓았으므로 백성들은 성 밖에서 살았다. 그러나 장안성은 일반백성들까지도 성안에 살도록 도시 전체를 성벽으로 둘러쌓았다. 성의 외곽 둘레만 17.4km, 내부 성벽까지 포함하면 전체 23km에 이른다. 당시 당나라의 장안성이 18.4km인 점을 감안하면 세계적인 규모다. 고구려는 이곳에서 제28대 보장왕 27년(668) 멸망할 때까지 82년 동안 도읍하였다.

장안성의 구조

장안성은 강이 삼면을 감싸고 있는 긴 자루처럼 생긴 지형이다. 북쪽은 금수산 최고봉인 모란봉(95m)이 위치한다. 동쪽과 남쪽에는 대동강이 흐르고 서쪽은 보통강이 흘러 해자 역할을 한다. 산 능선과 강기슭을 따라 성벽을 쌓아 평지성과 산성의 장점을 갖추고 있다. 성 내부는 북쪽으로부터 북성, 내성, 중성, 외성 4개로 구획되었다. 북성은 내성을 방어하기 위한 겹성이고, 내성은 왕궁, 중성은 관청, 외성은 백성들의 주거지이다. 북성·내성·중성은 석성이고 저지대인 외성은 토성으로 쌓았다.

북성은 모란봉을 둘러싼 산성으로 가파른 능선과 절벽을 따라 쌓았다. 육지로 접근하는 적을 막고 내성을 보호하기 위한 것이다. 강이 없으므로 성 안쪽과 바깥쪽에 황(隍)이라 부르는 마른 구덩이를 파 놓았다. 바깥 황은 성벽으로 접근을 어렵게 하고, 안쪽 황은 성벽을 넘었더라도 내성으로 넘어가지 못하도록 하는 구조. 성문은 동문은 전금문, 서문은 현무문, 남문은 내성과 통하는 동암문, 북문은 없으나 모란봉 정상에 최승대가 자리 잡고 있다. 북성의 면적은 25만㎡로 장안성 전체의 2% 정도를 차지한다.

내성은 장안성에서 가장 중요한 왕궁이 위치한 곳이다. 왕궁의 정확한 위치는 밝혀지지 않았지만 지금의 만수대나 김일성 동상이 있는 곳으로 추정하기도 한다. 성안에는 창광산과 해방산, 안산이 있다. 내성의 동문은 대동강변의 대동문이고, 서문은 보통강 지류와 이어지는 칠성문이다. 남문은 중

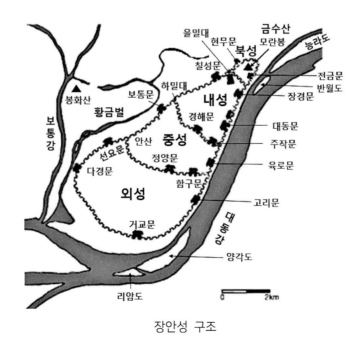

장안성 구조

성과 통하는 주작문과 정해문이다. 북문은 북성과 통하는 동암문이다. 내성의 면적은 130만m²로 장안성 전체의 11% 정도를 차지한다.

중성은 왕궁의 남쪽 전면으로 행정관청과 귀족들의 사택이 위치한 곳이다. 동쪽으로는 대동강, 서쪽으로는 보통강을 끼고 있다. 성문은 동문은 육로문, 서문은 보통문, 남문은 외성과 통하는 함구문과 정양문, 북문은 내성과 통하는 정해문과 육로문이다. 중성의 면적은 300만m²로 장안성 전체의 25% 정도를 차지한다.

외성은 중성 남쪽의 가장 넓은 공간으로 일반 백성들의 주거지가 위치하는 곳이다. 보통강과 대동문이 합수하는 저지대로 성벽은 제방을 겸해 토성으로 쌓았다. 외성은 오늘날의 신도시처럼 네모반듯하게 구획하였다. 가로와 세로로 큰 도로를 내서 구획하고, 작은 도로로 또 구획하여 전체적으로 바둑판 모양이다. 도로는 자갈로 포장하였다. 성문은 동문은 고려문, 서문은 다경문과 선요문, 남문은 거교문, 북문은 중성과 통하는 정양문과 함구문이 있다. 외성의 면적은 730만m²로 장안성 전체의 62% 정도를 차지한다.

고구려의 독자적인 도시계획

조선중기 학자로 ≪동국지리지≫의 저자로 유명한 구암 한백겸(1552~1615)은 선조 40년(1607) 평안도관찰사인 동생에게 어머니를 모셔드리기 위해 평양에 갔다가 고구려의 도시유적을 발견하였다. 평양성 밖의 외성 터가 파괴되지 않고 정연하게 남아 있었던 것이다. 그는 땅을 직접 실측하여 기전도(箕田圖)를 그리고, 이는 은나라 때 기자가 시행한 전자형(田字形) 제도라며 기전유제설(箕田遺制說)을 주장하였다.

기전유제설은 고구려의 토지제도 및 도시계획은 맹자가 논한 것처럼 주례고공기에 의해 토지를 9등분으로 구획한 정자지제(井字之制)가 아니고, 4등분으로 구획한 전형무법(田形畝法)이라는 것이다. 이는 고구려가 중국과는 다른 독자적인 토지제도 및 도시계획이 있었음을 말해주는 것이다. 이에 대해 유근과 허성은 주자가 평양성 밖 기자의 유지를 보지 못하고 정전제를 논한 것이 아쉽다고 평가하였다. 반론도 만만치 않았다. 남구만은 평양 외성을 답사한 후 그 구획이 정자가 아님은 인정하나 전자형이라고 단정할 수 없다고 하였다. 성호 이익은 전자 형태는 해당 지역의 지형으로 인한 우연한 결과일 것이라고 하였다.

전자형(田字形)의 기본 구획은 4개의 구(區)가 1전(田)을 이루는데, 1구의 넓이는 70무(畝)라고 하였다. 70무는 가로 70보, 세로 70보의 정방형 땅을 말한다. 1보의 길이는 문헌마다 차이가 있지만 대략 1.333m 정도로 본다. 전(田)을 가로 4개(4전8구), 세로 4개(4전8구)씩 묶으면 16전(田) 64구(區)가 되는데 이를 1순(旬)이라고 한다. 1순을 단위로 가로축과 세로축 대로가 설치되었다.

도로는 구와 구 사이는 1묘로(畝路), 전과 전 사이는 3묘로, 순과 순 사이는 9묘로 폭으로 설치했다. 1묘로는 약 1.4m로 두 사람이 지나칠 정도의 골목길이다. 3묘로는 약 4.2m로 수레 두 대가 지나갈 정도의 폭이다. 9묘로는 폭이 약 12.6m로 대로에 해당한다. 외성에는 도로 외에 운하가 건설되었다. 보통강의 다경문에서 중성으로 통하는 정양문까지 약 3km의 뱃길이 형성되어 물자를 운반하였다. 당시 고구려 장안성에는 약 17만 명 정도의 인구가 살았던 것으로 추정한다.

이러한 도시공간구조는 중국과는 다른 것이다. 중국은 낙서구궁도를 근간으로 한 주례고공기에 따라 정(井)자형의 구조다. 국내성과 안학궁도 주례고공기 체계를 반영한 구조다. 그러나 장안성은 음양, 사상, 팔괘, 64괘의 주역 원리를 적용한 것이다. 이는 고구려 나름대로의 우주관과 세계관을 반영한 것이다.

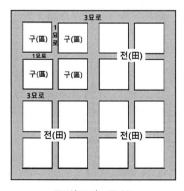

구전(區田) 개념도

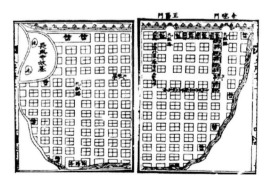

기전도

장안성 축성술

장안성은 돌을 규격대로 잘 다듬어서 정교하게 쌓았다. 이는 규격화된 돌을 대량으로 생산해내는 기술과 설비가 있었다는 것을 의미한다. 성벽 바깥쪽에 쌓는 면석은 바깥은 네모반듯하게 보이지만 안쪽으로는 길쭉하며, 갈수록 폭이 좁아져 일종의 쐐기처럼 생겼다. 그 모양이 이빨처럼 생겼다하여 치석(齒石)이라고도 부른다. 안쪽은 마름모꼴의 채움석을 면석과 맞물리게 쌓음으로서 면석의 이탈을 방지하였다.

돌을 쌓을 때는 바깥 면이 틈이 생기지 않도록 6합 쌓기를 했다. 면석과 면석의 줄눈이 일치하지 않도록 했으며, 1개의 면석은 6개의 면석과 접촉하게 했다. 이 방식은 면석이 하나 빠지더라도 주변의 돌은 무너지지 않는다. 성벽 모서리 부분은 통돌을 이용하여 위로 갈수록 조금씩 안쪽으로 들어가는 들여쌓기를 했다. 이때도 줄눈의 선이 일치하지 않도록 쌓아서 성벽이 견고하도록 했다.

장안성의 외성 대부분은 대동강변과 보통강변을 따라 축조하였다. 강변에 성을 쌓을 때는 바닥에 바윗돌이 나올 때까지 파서 이를 기초해서 돌로 성벽을 쌓았다. 그러나 습지대는 지반이 약하므로 석성 대신 토성을 쌓았다.

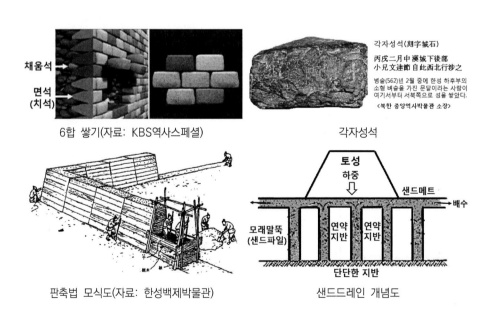

채움석

면석
(치석)

6합 쌓기(자료: KBS역사스페셜)

각자성석(刻字城石)

丙戌二月中 漢城下後部
小兄文逹節 自此西北行涉之

병술(562)년 2월 중에 한성 하후부의
소형 벼슬을 가진 문달이라는 사람이
여기서부터 서북쪽으로 성을 쌓았다.
〈북한 중앙역사박물관 소장〉

각자성석

판축법 모식도(자료: 한성백제박물관)

토성
하중
⇩

샌드메트

배수

모래말뚝
(샌드파일)

연약
지반

연약
지반

단단한 지반

샌드드레인 개념도

이때 사용한 공법이 판축법과 부엽법이다. 판축법은 나무상자 모양의 판축 틀을 설치하고 내부에 흙을 넣고 다지는 방법이다. 이를 층층으로 다져 올라 가며 성을 쌓는 방식이다.

부엽법은 지반이 약한 습지대에 적용하는 고대 토목공법이다. 바닥에 통 나무를 박아 연약지반을 강화하고 그 사이에 나뭇잎이나 나뭇가지 등을 깔 아서 수량과 수압을 일정하게 유지해 부분침하를 방지케 한 다음 그 위에 흙을 다져 성을 쌓았다. 이는 오늘날 연약지반에 샌드파일을 시공하여 지반 의 물을 지표면으로 뽑아내는 샌드드레인(sand drain) 토목공법과 유사하다.

장안성 축성공사는 공사실명제를 실시하였다. 장안성 성돌 중에는 글씨 가 새겨진 것들이 있다. 어느 때 어디 사는 누가, 어디서 어디까지 성을 쌓 았는지를 적고 있다. 또 그 구간의 공사 책임자가 누군지 등도 적혀 있다, 실명제를 실시한 이유는 공사 책임을 묻기 위한 것이다. 성벽이 무너지면 처 벌과 함께 다시 쌓게 하였다.

고구려의 멸망

고구려가 장안성으로 도읍을 옮길 즈음 위진남북조로 분열된 중국은 수 나라에 의해 통일되었다. 수나라는 그 여세를 몰아 돌궐 등 주변 국가를 굴 복시킨 후 고구려까지 노렸다. 수문제 양견은 598년 30만 대군을 이끌고 고 구려를 공격하였으나 요하를 건너기도 전 장마와 고구려군의 기습으로 패하 여 돌아갔다. 604년 아버지 문제와 형을 죽이고 왕위에 오른 양제는 612년 113만의 병력으로 고구려 원정길에 나섰다. 이 중 30만 명으로 평양성을 공 격하였으나 을지문덕의 살수대첩으로 대패하여 돌아갔다. 613년 양제는 다 시 대군을 보내 공격했으나 요동성에서 대패하고 말았다. 이로 말미암아 국 력을 상실한 수나라는 618년 당나라에게 멸망하고 말았다.

당 태종 이세민은 645년 고구려를 공격하였으나 안시성에서 양만춘에게 대패하고 말았다. 647년과 648년 거듭 고구려를 공격했지만 별다른 성과를 거두지 못했다. 고구려에게 연패를 당한 당나라는 전략을 바꾸어 먼저 백제 를 공격하여 660년 멸망시켰다. 배후기지를 확보한 당은 661년 해군을 동원 하여 공격하였으나 고구려에게 패배하고 말았다.

고구려도 연이은 전쟁으로 피해가 컸다. 농경지는 황폐해지고 민심은 불안했다. 더욱이 666년 전쟁을 이끌었던 연개소문이 사망하자 후계를 둘러싸고 아들 3형제간 내분이 일어났다. 수차례 전쟁과 내분으로 고구려의 국력은 급격히 약화되었다. 연개소문의 장남 남생이 당나라에 항복하자, 당 고종은 그를 고구려 공격의 길잡이로 세워 평양성을 공격하였다. 결국 고구려는 668년 멸망하였는데 주몽이 나라를 세운지 705년 만이다.

2. 백제

1) 첫 도읍지 하남 위례성

백제 건국 배경

《삼국사기》 <백제본기>는 백제의 건국 배경과 도읍을 정하는 것에 대해서 설명하고 있다. 주몽이 부여에서 낳은 아들 유리가 찾아오자 태자로 삼았다. 그러자 비류가 아우 온조에게 말했다. "처음에 대왕께서 이곳으로 도망해 왔을 때, 우리 어머니는 집안의 전 재산을 내놓아 나라의 기틀을 다지는 데 그 공이 컸다. 그럼에도 대왕이 세상을 떠나자 나라는 유리에게 돌아갔다. 공연히 여기 남아 답답하게 지내기보다는 어머니를 모시고 남쪽으로 가서 좋은 땅을 찾아 따로 나라를 세우는 것이 낫겠다." 그리하여 오간과 마려 등 10명의 신하들과 함께 따르는 백성들을 이끌고 패수와 대수를 건너 남쪽으로 떠났다. 한산에 이른 그들은 부아악(북한산)에 올라 살 만한 땅을 찾아보았다.

그러나 비류는 바닷가에 거주하기를 원하였다. 열 명의 신하들이 간하기를 "이곳 하남 땅은 북으로는 한수가 흐르고, 동으로는 높은 산이 둘러 있으며, 남은 비옥한 들판을 바라보고, 서는 큰 바다로 가로막혀 있으니, 자연적인 요새라 할 수 있으니 이곳에 도읍을 정하는 것이 좋겠습니다." 그러나 비류는 듣지 않고 백성들을 나누어 미추홀(지금의 인천)로 갔다.

온조는 열 명의 신하를 보필로 삼아 하남 위례성에 도읍을 정하고, 나라이름을 십제(十濟)라 했다. 이때가 BC 18년이다. 한편 미추홀로 간 비류는 땅에 습기가 많고 물이 짜서 편히 살 수 없었다. 위례성에 와 보니 도읍이 안정되고 백성들이 편히 살므로 후회하다가 죽었다. 비류를 따라갔던 백성들이 위례성으로 돌아와 즐겨 따르므로 이름을 고쳐서 백제(百濟)라 했다.

백제 첫 도읍지 위치

오늘날 백제의 첫 도읍지에 대한 논쟁이 있다. ≪삼국사기≫ 기록이 논란의 여지를 제공하고 있기 때문이다. 온조가 처음 도읍을 정한 곳이 하남(河南) 위례성(慰禮城) 즉, 한강 이남이라고 기록하고 있다. 그런데 "온조 13년(BC 6) 2월 낙랑과 말갈이 수시로 국경을 침범하고, 왕의 어머니가 61세로 세상을 떠나니 형세가 불안하여 도읍을 옮겨야겠다. 한수 남쪽을 돌아보매 땅이 비옥하여 도읍할 만하니 그곳으로 도읍을 옮겨 오래 편안할 계획을 세워야겠다. 8월 마한에 사신을 보내 도읍 옮길 일을 알리고, 9월 성을 쌓고, 14년(BC 5) 5월 도읍을 옮겼다"고 기록하고 있다. 한수 남쪽으로 도읍을 옮겼다는 기록으로 보아 온조왕의 처음 도읍지는 한강 북쪽이었다는 주장이다.

조선 실학자 다산 정약용은 위례(慰禮)는 울타리와 담장을 뜻하는 것으로

하남 위례성 추정지

성곽을 의미 한다고 보았다. 그는 온조가 처음 도읍한 위례성은 하북으로 동소문 밖 10리 삼각산 동록 일대로 비정하였다. 그곳을 방학동토성으로 보는 견해가 있는가 하면, 중량천 유역으로 보는 견해도 있고, 이병도는 세검정 일대로 보기도 했다. 한편 ≪삼국유사≫에서는 위례성의 위치를 충남 천안시 직산읍으로 비정하였다. 아마도 475년 한성이 고구려에게 함락되자 문주왕이 남쪽 웅진으로 피난할 때 일시 머물렀던 데서 기인한 것으로 보인다.

하남 위례성의 위치에 대해서도 논쟁이 있다. 한때는 몽촌토성이 거론되었다가 풍납토성을 유력시하였다. 두 토성을 하나의 세트로 풍납토성은 평지성이고 몽촌토성을 산성으로 보는 견해도 있다. 또는 지금의 경기도 하남시 춘궁동 교산 일대를 위례성으로 보아야한다는 주장도 만만치 않다. 온조왕 15년(BC 4) 1월 새 궁실을 지었는데, 소박하면서도 누추하지 않고 화려하면서도 사치스럽지 않았다는 위례성은 현재까지 확실하게 밝혀지지 않았다.

풍납토성 도읍설

하남 위례성을 지금의 서울시 송파구 풍납동에 위치한 풍납토성으로 보는 견해가 우세하다. 1982년 86아시안게임과 88서울올림픽 개최에 필요한 경기장을 건설하면서 몽촌토성지역의 땅을 파자 금동제 혁대장식 등 많은 백제유물이 발굴되었다. 성벽은 둘레 2.3km로 야산 자락에 진흙을 다져 만들었으며 높이는 6~7m다. 학계에서는 이곳을 하남위례성으로 추정하고 발굴조사를 실시하였다. 6년 동안의 조사결과 백제 초기의 토기를 비롯한 유물과 집터와 저장 구덩이 등은 발견되었지만 궁궐을 만들었던 건물 초석이나 관청의 터 같은 것은 나타나지 않았다. 하남 위례성이라고 하기에는 뭔가 부족하다.

그런데 1997년 이곳으로부터 1km 정도 떨어진 풍납동 아파트 건설현장에서 백제유물들이 발견됐다. 공사는 중단되고 문화재연구소에서 발굴 작업에 들어갔다. 지하 5m에서 그동안 좀체 발견되지 않았던 백제 초기의 토기를 비롯한 유물들이 여기저기서 모습을 드러냈다. 화재로 고스란히 남은 집터를 비롯해 백제 초기의 집터가 확인 되었다. 더욱이 백제의 초기 문양을 한 기와가 발견되었다. 기와는 당시의 서민들이 쓰지 못했던 것이고 그 양이 많아서 기와로 지붕을 얹은 큰 건물이 있었다는 증거가 되었다. 실제 길이가 16m나 되는 건물 터가 발견되어 이곳이 왕궁 터일 가능성을 크게 보는 것이다.

또 2006년 풍납토성 발굴현장에서 서기 300년 무렵 조성된 고대 도시의 도로 유적이 발굴됐다. 남북방향으로 너비 8m, 길이 41m, 동서방향으로 너비 5m, 길이 22m의 도로다. 남북방향 도로는 계속 이어지고 있다. 도로는 땅을 얕게 판 뒤 최대 폭 5m, 두께 20cm로 잔자갈을 깔아 노면을 조성했다. 이런 축조방식은 백제의 다른 도로유적들이 포장을 않는 점과 경주에 비하여 약 300여년 앞선 것을 감안하면 풍납토성의 위상이 높았음을 알 수 있다. 이는 풍납토성이 백제 초기 하남 위례성이었다는 사실에 의문의 여지를 없앤 것으로 평가된다.(경향신문 2006. 11. 21 기사 내용)

백제의 도읍은 고구려와 마찬가지로 평상시의 평지성과 유사시의 산성으로 이루어졌다. 왕을 비롯한 대부분 지배계층이 고구려 출신이므로 도읍도 고구려의 영향을 받았을 것으로 추측된다. 풍납토성이 한강변에 위치한 평지성이라면 몽촌토성은 자연 구릉지에 쌓은 산성이다. 이형구(2004)는 풍납토성은 성 내부가 넓어 중앙부에 왕궁과 종묘와 사직 등과 관련된 중요건물이 자리했다. 반면에 몽촌토성은 내부 면적이 협소하고 발견된 유물도 소형 집터와 소형 저장고뿐이어서 방어용이라고 주장하였다.

풍납토성 도읍설에 대한 의문

풍납토성이 위례성일까에 대한 의문을 강찬석·이희진(2009)은 다음과 같이 제시하고 있다. 첫째는 도성으로서 규모가 작다는 점이다. 풍납토성의 전체 면적은 17만평에 불과하다. 당시 경쟁 관계에 있었던 고구려의 장안성이 358만평, 신라의 왕경이 484만평에 비하면 20분의 1도 안 되는 규모다. 백제가 고구려 장수왕의 공격을 받아 급박하게 피난한 공주의 웅진성도 200만평이 넘는다.

둘째는 왕궁이라고 할 만한 대형 건물의 흔적이 없다는 점이다. 건물의 존재와 규모를 뒷받침하는 중요한 단서는 주춧돌이다. 대형 건물을 지을 때는 주춧돌을 놓고 기둥을 세우는데 풍납토성에서는 주춧돌이 발견되지 않았다. 고구려의 안학궁에서 대형 주춧돌만 2,590개가 발견된 점과 비교된다.

셋째는 도시계획의 흔적이 없다는 점이다. 풍납토성이 백제 왕성이라면 고구려 장안성과 신라 왕경에서 볼 수 있는 조방제에 의해 계획된 격자형 도시구조가 나타나야 한다. 그러나 이러한 도시 구조를 찾아볼 수 없고 단지 일정한 축도 없이 육각형 집들만 주류를 이루고 있다. 보통 왕성 안에는 행정, 상업, 생산과 관련된 건축물, 도로와 배수로, 집수시설 등이 조성되기 마련이다.

넷째는 홍수 위험이 있는 강변이라는 점이다. 장마철이면 수시로 범람하는 곳에 한 나라의 왕궁을 둔다는 것은 상식에 맞지 않는다. 한성 백제 500년 동안 한강 물이 넘치는 대홍수로 민가가 떠내려가는 등 피해가 많았다. 그럼에도 왕궁이 피해를 입었다는 기록이 단 한 차례도 없다. 이것은 왕궁이 한강과 멀리 떨어져 있다고 보아야 한다. 참고로 풍납토성은 1925년 을축년 대홍수로 성벽 제방이 무너지면서 세상에 알려지게 되었다.

다섯째는 《삼국사기》 등 문헌 기록과 맞지 않는다는 점이다. 문헌에 따르면 하남 위례성 서쪽에는 넓은 개활지가 있고, 주위는 온통 산악으로 험한 지형이어야 한다. 그러나 풍납토성의 위치는 강변으로 험한 산세와는 거리가 멀다. 또한 왕궁이 방어에 취약한 곳에 위치하고 있다는 점이다. 한강

풍납토성과 몽촌토성 개념도
출처: 한성백제박물관

풍납토성 개념도
출처: 한성백제박물관

을 따라 접근하는 적을 막기 어렵고, 주변이 평지여서 유사시 피난하기 어렵다. 또 강 건너 아차산에서 도성 내부가 훤히 내려다보이는 곳이므로 왕성 입지로 부적합하다. 더욱이 온조 일행이 떠나온 환인지방은 산악 분지이다. 지형과 기후가 다르고 익숙하지 않은 강변 평지에 도읍을 정한다는 것은 설득력이 약하다고 하겠다.

하남 춘궁동 교산 도읍설

하남 위례성의 위치를 지금의 경기도 하남시 춘궁동 교산 일대로 보는 견해가 있다. 특히 조선시대 다산 정약용은 춘궁동 교산리 일대를 백제의 왕궁 터로 비정하였다. 이곳은 분지 지형으로 방어에 유리하고 수로와 육로의 교통이 편리하다. 산세는 남쪽으로 청량산(497m)과 남한산(522m)이 뒤를 받쳐주고, 동쪽으로는 용마산(596m)과 검단산(658m)이 높고 가파르게 있다. 서쪽으로 금암산(321m)과 이성산(208m)이 뻗어 있고, 그 너머로는 미사리부터 남쪽 송파지역까지 넓은 들판이 펼쳐져 있다. 북쪽은 한강이 감싸고 흐르며 강 건너편에는 갑산(549m), 예봉산(679m), 운길산(606m) 등이 높게 서 있다.

이는 ≪삼국사기≫의 "북으로는 한수를 끼고, 동으로는 높은 산이 둘러 있으며, 남으로는 기름진 들판을 바라보고, 서는 큰 바다로 가로막혀 있다"는 하남 위례성 지형과 거의 일치한다. 또한 이 일대의 산성과 토성의 위치도 이곳이 하남 위례성일 가능성을 높여준다. 평지에 위치한 교산토성을 중심으로 남쪽 청량산과 남한산에는 남한산성이 있다. 동쪽의 객산에서 쥐봉에 이르는 능선에는 토루가 설치되었고, 그 너머 검단산에는 검단산성이 있다. 서쪽 이성산에는 이성산성이 있어 전시 왕궁으로 조성한 듯하다. 북쪽 한강과 접하는 벌판에는 구산토성이 있어 춘궁동과 교산동으로 진입로를 보호하고 있다. 이 지역은 옛날부터 궁안, 궁말로 불리었고 검단산 정상 부근에는 고대 제단으로 추정되는 유적도 발굴되었다.

춘궁동 일대는 고대 건물의 주춧돌과 기와 파편이 대량 발견되었다. 천왕사지(天王寺址)에서는 천왕이라 쓴 명문기와가 나왔다. 백제는 왕궁 안에 사찰을 짓고 천왕사라 이름을 지은 것이 상례다. 부여 사비성 구아리에서도 천왕사지에서 천왕이라 쓴 명문기와가 나왔다. 그러나 춘궁동과 교산동 일대

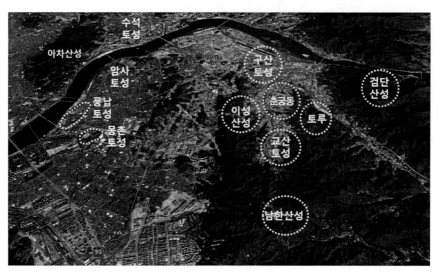

춘궁동 교산동 일대

자료: Google Earth

가 하남 위례성이라 단정할 만한 유물이 발견되지 않고 있다. 30년을 넘게 발굴했는데도 백제 계통 유물은 나오지 않고 신라 계통 유물만 계속 나온다는 것이다. 이에 대해 일부에서는 백제 유물이 분명한데도 신라시대 유물로 몰아간다는 주장도 있다.

백제는 한강을 따라 침략하는 적으로부터 도읍을 방어하고, 홍수 때 한강의 범람을 막기 위해 제방 기능을 하는 사성(蛇城)을 쌓았다. 강변을 따라 뱀처럼 구불구불하다하여 붙여진 사성은 대개 흙으로 쌓은 토성이다. 현재 남아 있는 유적 중 백제시대 사성으로 추정되는 곳으로는 옥수동토성, 삼성동토성, 풍납토성, 암사동토성, 수석리토성, 구산토성 등이 있다.

2) 두 번째 도읍지 한성

백제의 발전과 한산 천도

백제는 온조가 처음 강을 건너왔을 때는 발붙일 곳이 없었다. 그때 마한 왕이 동북 1백리 땅을 내주어 나라를 세울 수가 있었다. 이 때문에 백제는 마한 54개국의 하나로 맹주인 목지국을 섬기었다. 도읍 옮기는 것을 알린다거나, 말갈 추장을 잡아 보낸다거나, 웅천에 목책을 세웠다가 마한 왕이 항의하자 바로 헐어버린다든가 온조는 마한에 조공을 하였다. 그러다가 나라가 튼튼해지고 백성들이 모여들자 점차 진한과 마한을 병합할 생각을 가지게 되었다. 온조 26년(8) 사냥한다는 핑계로 군사를 내어 마한을 습격하여 병합하였다. 이듬해 원산과 금현 두 성이 백제에 항복함으로서 마한은 완전히 망하고 말았다.

마한의 전 영토를 차지한 백제는 제8대 고이왕 27년(260) 관제를 6좌평 16품계로 정비하여 정치체제를 강력한 중앙집권체제로 발전시켰다. 6좌평은 내신좌평(왕명의 출납), 내두좌평(창고일), 내법좌평(예법에 관한 일), 위사좌평(숙위와 병사), 조정좌평(송사에 관한 일), 병관좌평(변방의 군사에 관한 일)이다. 16품계는 1품 좌평, 2품 달솔, 3품 은솔, 4품 덕솔, 5품 한솔, 6품 내솔, 7품 장덕, 8품 시덕, 9품 고덕, 10품 계덕, 11품 대덕, 12품 문독, 13품 무독, 14품 좌군, 15품 진무, 16품 극우이다. 관복도 6품 이상은 자줏빛 옷을 입고 관을 은꽃으로 장식하게 하고, 11품 이상은 붉은빛 옷을 입고, 16품 이상은 푸른빛 옷을 입게 하였다.

제13대 근초고왕 때는 고구려를 능히 대적할 수 있는 힘을 보유하여 전성기를 이루었다. 왕은 군사 1만 명을 이끌고 고구려 평양성을 공격하였다. 고구려 제16대 고국원왕 사유가 직접 군사를 이끌고 와 항전하다가 화살에 맞아 죽었다. 왕은 군사를 이끌고 돌아와 재위 26년(371) 도읍을 한산(漢山)으로 옮기었다. 이로서 389년간의 하남 위례성 시대를 마감하고 한성(漢城) 시대를 맞이하였다. 한성시대는 제22대 문주왕 1년(475) 도읍을 지금의 공주인 웅진으로 옮길 때까지 105년 동안 지속되었다.

한산의 위치

근초고왕 때 천도한 한산의 위치에 대한 여러 주장이 있다. 이중 근초고왕이 고구려를 공격하기 위해 도읍을 한강 이북으로 옮겼다는 이른바 한강 북안설이 있다. 이때 한산은 북한산을 지칭한다. 반대로 고구려의 고국원왕을 죽인 백제가 고구려의 보복에 대한 방어책으로 풍납토성의 남쪽으로 옮겼다는 이른바 한강남안설이 있다. 이때 한산은 남한산성이거나 몽촌토성이라고 주장한다.

조선 중기의 인문지리서인 ≪신증동국여지승람≫의 한성부(漢城府) 건치 연혁은 한산(漢山)에 대해 다음과 같이 기록하고 있다. "한성부는 본래 고구려의 북한산군이었는데 백제 온조왕이 빼앗아 성을 쌓았으며, 근초고왕이 남한산으로부터 옮겨 도읍하였다, 105년이 지나 개로왕 때 이르러 고구려의 장수왕이 와서 도성을 포위하니 개로왕이 달아나다가 피살되고, 아들 문주왕이 도읍을 웅진으로 옮겨다"고 적고 있다. 한성부의 형승에 대해서는 북쪽으로 화산(삼각산)을 의지하고, 남쪽으로 한강에 임하였는데, 토지가 평평하게 펼쳐져 있다고 적고 있다. 이는 조선시대는 한산을 한양으로 보았다는 뜻이다.

백제 한성은 후에 신라 진흥왕이 북한산에 이르러 국경을 정하고 북한산주(北漢山州)의 군주(軍主)를 실치했다. 신라 경덕왕은 한양군(漢陽郡)이라 고쳤다. 고려시대 남경을 설치하고 조선시대 도읍의 과정을 거치면서 한성백제의 흔적이 사라져 오늘날 그 위치와 도시체계를 알 수 없게 되었다.

3) 세 번째 도읍지 웅진(공주)

백제의 웅진천도

강국으로 부상한 백제는 고구려에 대한 공세를 끊임없이 시도하였다. 그러나 고구려는 제17대 소수림왕, 제18대 고국양왕, 제19대 광개토왕을 거치면서 동북아의 최강자로 떠올랐다. 마침내 제20대 장수왕은 도읍을 평양으로 옮긴 후 남하정책을 폈다. 백제는 곧 수세에 몰리기 시작했다. 제21대 개로왕은 분위기 반전을 위해 재위 15년(469) 고구려를 공격하였으나 오히려 고구려 장수왕의 침공을 불러 일으켰다.

개로왕 21년(475) 고구려의 장수왕이 3만의 군사를 이끌고 한성을 포위하자 성문을 굳게 닫고 스스로 지키면서 태자 문주를 신라에 보내 구원병을 요청하게 하였다. 그러나 구원병이 도착하기도 전에 고구려가 군사를 넷으로 나누어 전후좌우에서 들이치고, 바람을 이용하여 성문에 불을 지르니 7일 만에 한성이 함락되고 말았다. 상황이 급해지자 개로왕은 기병 수십을 이끌고 성을 나와 서쪽으로 달아나는데 고구려 군사에게 사로잡혀 피살되고 말았다.

신라로 구원을 청하러 갔던 문주가 군사 1만을 얻어 돌아왔을 때는 고구려는 포로 8천여 명을 거느리고 철수한 뒤였다. 한성은 파괴되어 더 이상 도읍지로서 기능을 상실했고 아버지 개로왕은 이미 세상을 떠났다. 언제 다시 고구려가 공격 해올지 모르는 위험한 상황이었다. 475년 제22대 왕위에 오른 문주왕은 곧바로 도읍을 지금의 공주인 웅진(熊津)으로 옮겼다.

웅진시대의 도읍 공산성

백제 제22대 문주왕이 도읍을 한성에서 웅진으로 급하게 천도한 것은 고구려의 위협 때문이다. 당시 백제의 최대 현안은 고구려의 위협에 대처하는 것이고 도읍지 역시 이를 가장 중요하게 여겼다. 공주지역은 북으로 차령과 금강이 2중으로 자연방어선을 이루고 있고, 동으로는 계룡산이 막아서고 있어서 방어에 유리한 지형이다. 금강을 통하면 교통도 편리한 지역이다. 당시 위기에 처한 백제로서는 가장 적합한 도읍지였다.

웅진시대 도성으로 비정되는 곳은 공산성(公山城)이다. 금강 남쪽 강안에 위치하고 있으며 해발 110m의 공산의 자연지형을 이용하여 축조한 포곡식 산성이다. 성 둘레는 2,660m이며, 이 중 1,925m는 석성이고 나머지 735m는 토성이다. 백제시대는 전체가 토성이었는데 조선시대에 석성으로 바꾸었다. 성의 구조는 동서남북으로 4개의 문이 있었으며 남쪽의 진남루와 북쪽의 공북루를 연결하는 도로가 중심축이다. 성 내부의 가정 넓은 쌍수정 광장을 왕궁 터로 비정하고 있다.

그러나 공산성 왕궁추정지에서 나오는 유물들이 지나치게 영세하여 왕이 상시로 거주하는 왕궁이었는지, 아니면 비상시 이용하는 배후 산성이었는지 견해가 엇갈리고 있다. 배후 산성이었다면 공주시내 평지에 왕궁 터가 이었다는 의미가 된다. ≪삼국사기≫ <백제본기> 동성왕 13년(491) 6월 기록에 의하면 웅천의 물이 넘쳐 도성의 민가 200여 호가 잠기거나 떠내려갔다고 한다. 산성인 공산성에 도읍이 있었다면 침수될 리가 없었을 것이다. 이는 웅진시대에는 평지성과 산성 체계로 운영되었음을 나타낸다.

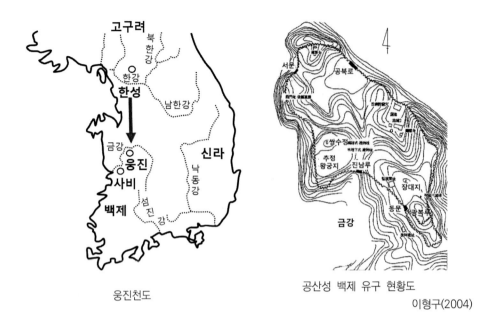

웅진천도

공산성 백제 유구 현황도

이형구(2004)

4) 네 번째 도읍지 사비(부여)

웅진백제 발전과 사비천도

백제가 웅진에 도읍을 정하고 머무른 기간은 64년이다. 제22대 문주왕 원년(475 다급하게 천도하여 제26대 성왕 16년(538) 국력을 회복하여 사비(부여)로 도읍을 옮길 때까지 많은 부침이 있었다. 문주왕은 재위 4년 만에 암살을 당하고, 맏아들 삼근왕이 13세의 나이로 등극했으나 2년 만에 세상을 떠났다. 제24대 동성왕은 신라와 동맹을 강화하고, 탐라국(제주도)을 정벌하고, 중국의 남제(南齊)와 외교관계를 활발하게 하면서 왕권강화정책을 펴나갔다. 그러나 귀족들의 반발을 불러와 귀족 백가가 보낸 자객에게 살해되었다.

동성왕의 이복형인 사마가 40세의 나이로 제25대 무령왕에 올랐다. 그는 23년간 통치하면서 백제를 강국으로 이끌었다. 신진세력과 귀족세력 간의 균형을 유지하면서 경제적 기반인 농업생산력을 높였다. 지방에 왕족을 파견하여 다스리는 22담로제(擔魯制)를 실시하여 강력한 중앙집권적 지배체제를 강화하였다. 또 고구려 수곡성을 공격하여 빼앗는 등 고구려에 대한 두려움을 극복하였다. 대외관계에서는 중국의 남조, 양나라와 교류하며 유학과 도교를 받아들였다. 발전한 백제문화는 일본에 전래되어 국가운영제도와 이념, 학문과 사상에 크게 영향을 주었다. 2001년 일본의 아키히토(明仁)천황은 자신의 혈통을 언급하면서 자신의 몸에 백제 무열왕의 피가 흐르고 있다고 선언하기도 했다.

무령왕의 맏아들 제26대 성왕은 지혜롭고 식견이 뛰어난 왕이었다. 그는 웅진성이 고구려의 남진을 막기에는 유리한 지형이나 도읍으로서는 협소하다고 보았다. 왕권을 회복하고 국가체제를 확고히 하기 위해서는 천도가 필요했다. 성왕 16년(538) 도읍을 지금의 부여인 사비(泗沘)로 옮기고 국호를 남부여(南夫餘)라 하였다. 사비성으로 천도는 국력과 왕권을 확장하기 위한 것이다. 국호를 남부여로 한 이유는 지배층들의 조상이 부여 출신이었으므로 부여족이라는 동질의식을 갖게 한 것으로 보인다.

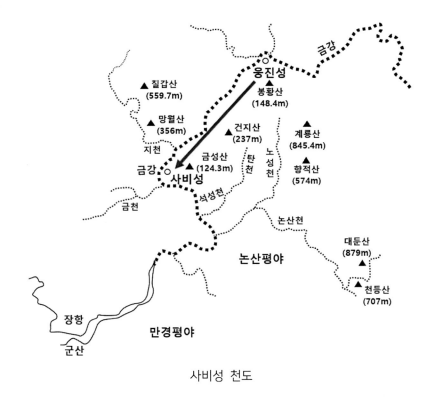

사비성 천도

부여 사비도성

백제가 도읍을 웅진(공주)에서 사비(부여)로 옮길 때는 한성에서 웅진으로 천도할 때와는 상황이 달랐다. 64년 전에는 위급상황에서 천도할 때이므로 도읍의 조건을 따지지 못하였다. 그러나 국력이 커지고 왕권이 강화된 시점에서 천도는 사전에 많은 준비를 한 후 시도했다. 부소산성 성벽조사에서 대통(大通)이란 명문의 기와가 출토되었다. 대통은 양나라의 연호로 성왕 5~6년에 해당된다. 이는 성왕이 즉위 후 사비도성(泗沘都城) 축조작업을 시작하여 천도할 때까지 10년의 세월이 걸렸음을 의미한다. 따라서 사비도성은 도시 전체를 미리 계획하여 건설한 신도시였다.

사비도성의 입지는 북쪽과 동쪽에 비교적 높은 산이 있다. 이는 당시 백제의 적인 북쪽 고구려와 동쪽 신라를 방어하기 유리하다. 서쪽으로는 금강이 활처럼 휘감고 흘러 천연 해자 역할을 한다. 남쪽으로는 금강을 사이에 두고

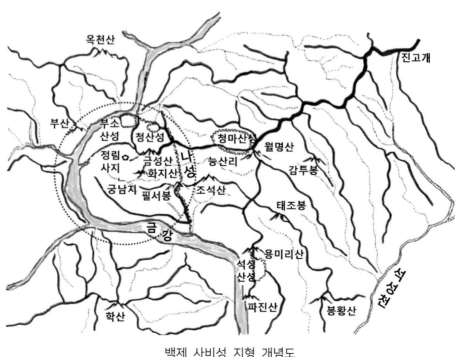

백제 사비성 지형 개념도

파진산과 학산 자락이 마주보며 강폭을 좁게 해준다. 이러한 지형은 방어에 유리하고 자연재해에 비교적 안전한 곳이다. 또한 교통의 요지로 금강을 통하면 서해로 진출하여 중국 및 일본과 왕래를 용이하였다. 남쪽 가까이에는 곡창지대인 논산평야와 호남 만경평야가 있어 경제적 배후지가 되었다.

사비도성의 범위는 부소산에 축조한 부소산성과 외곽을 두른 나성으로 구성되어 있다. 나성 밖에는 도성을 외곽에서 방어하는 청마산성, 석성산성이 있다. 왕궁 배후에 산성과 나성을 같이 둔 것은 백제 사비성만의 특징이다. 고구려와 같이 평지에 왕궁과 산성을 같이 두었고, 중국처럼 안쪽에는 성인 왕궁을 바깥쪽에는 곽인 나성을 설치했다. 사비도성의 평지 왕성은 정확한 위치가 밝혀지지 않았지만 부소산 남쪽 기슭 관북리 일대로 비정하고 있다. 전시에 이용할 산성은 부소산성이다.

사비도성 내부구조

사비도성 내부는 오부(五部)로 나누고, 각 부는 다시 5개 항(巷)으로 구획하였다. 궁남지에서 출토된 목간(木簡)에는 서부후항(西部後巷)이란 표시되었다. 이로 보아 5부의 명칭은 동부(東部)·서부(西部)·남부(南部)·북부(北部)·중부(中部) 방위명과 상부(上部)·하부(下部)·전부(前部)·후부(後部)·중부(中部) 위치명이 사용되었을 것으로 추정한다. 5항의 명칭은 동쪽은 상항, 서쪽은 하항, 남쪽은 전항, 북쪽은 후항, 중앙은 중항이다.

5부의 위치는 정림사가 위치한 지역을 중부로 하여, 동부(상부)는 금성산 쪽, 서부(후부)는 금강(백마강) 쪽, 남부(전부)는 궁남지 쪽, 북부(후부)는 부소산성과 청산성 쪽에 배치하였다. 도시공간은 중국의 도성처럼 사각형이 아니라 원형에 가깝고 지형이 들쭉날쭉하므로 바둑판 모양의 조방제를 실시하기가 어려웠다. 따라서 5부제는 자연지형에 따라 구획한 것으로 보고 있다. 각부에는 500인의 병사들이 주둔하고 있었으며 달솔이 통솔하였다.

사비도성의 중심축을 이루는 남북대로는 왕궁 동쪽 지점에서 전부(남부) 방향으로 일직선으로 뻗어있다. 도로 폭은 8.9m이며, 연장 103m 지점에서는 폭 3,9m의 동서도로와 직각으로 교차한다. 동서 연장 86m 지점에는 너비 4m의 남북소로를 냈다. 이러한 도로들에 의해서 구획된 한 불럭의 규모는 103m×86m이며, 도시 중심부에 일정하게 구획되어 있었다. 이는 사비도성이 도시계획에 의해서 건설되었음을 의미한다. 그러나 지형상의 제약으로 도성 전체가 질서정연하게 구획되지는 못했다.

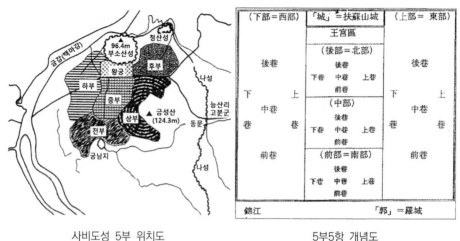

사비도성 5부 위치도

5부5항 개념도

자료: 서정석, 백제 사비도성의 구조

사비도성 도로구획

사비도성 남북대로

자료: 문화재연구원

부소산성

부소산성(扶蘇山城)은 사비도성 왕궁 배후산성이다. 평상시에는 왕궁의 후원 역할을 하다가 전시에는 피난 왕궁 역할을 해왔다. 부소산(96.4m) 서쪽으로는 금강(백마강)이 휘감고 돌고 있으며 강과 접한 곳은 깎아지른 절벽이다. 성벽은 산봉우리를 빙 둘러싼 테뫼식과 주위 계곡까지도 감싸는 포곡식으로 축조한 복합식 산성이다.

성의 전체 둘레는 2,495m이고 높이는 3m 내외이다. 동·서·남문 터가 남아 있으며, 북문 터에는 금강으로 향하는 낮은 곳에 물을 빼는 수구가 있었다. 성안에는 백제시대의 군대 창고 터, 숙영지, 건물터, 영일루·사비루·고란사·낙화암 등이 남아있다. 유사시에는 군사적 목적으로 사용하고, 평상시에는 백마강과 부소산의 아름다운 경관을 왕과 귀족들이 즐기던 장소였다.

부소산성을 평시 왕성으로 보는 견해도 있다. 그 이유는 소정방과 함께 사비도성을 함락시킨 당나라 장수 유인원의 기공비가 부소산성에서 발견되었기 때문이다. 그는 소정방이 귀국한 후 나당연합군 총사령관을 지낸 인물이다. 또 왕실과 관련된 폐사지에서 화려한 유물이 출토되었다는 점 등이다. 그러나 왕궁이 자리할만한 넓고 평탄 지형이 없다는 점, 오랜 발굴기간에도 불구하고 왕궁이라 확신할만한 유적을 발견하지 못했다는 점 등은 부소산성을 피난성이나 후원으로 추정하는 이유다.

부소산성

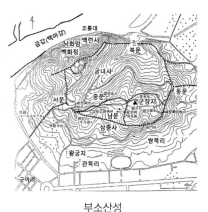

부소산성

자료: 국가문화유산포털

나성

나성은 사비도성을 방어하기 위하여 축조한 약8km에 이르는 외곽성이다. 토축으로 되어 있다. 부소산성에서 시작하여 청산성의 북나성, 능산리와 필서봉(110m)을 통과한 후 백마강에 이르는 동나성, 부소산의 서쪽에서 뻗어내려 백마강 자연제방을 따라 구아리·구교리·동남리를 거쳐 군수리에 이르는 서나성, 궁남지에서 동쪽으로 이어져 중정리에 이르는 남나성으로 구분하여 부르고 있다.

이 가운데 현재까지 그 윤곽이 남아 있는 곳은 동나성 부분이다. 대부분 구릉을 따라 축조되었는데 구릉과 구릉 사이 평지를 통과하는 곳은 3개소이다. 아마도 백제는 도성을 방어하는 데 이 방향에 가장 주의를 기울였던 것 같다. 남쪽과 서쪽은 백마강이 자연 해자 역할을 해주고 있다. 때문에 이곳에 있는 제방은 방어목적 뿐만 아니라 홍수 때 강물의 범람을 막기 위해서 쌓았을 가능성이 높다.

나성을 출입하는 성문으로서는 동문과 서문, 동북문과 서북문이 있었을 것으로 추정한다. 동문은 사비도성의 정문으로 현재 논산~부여간 국도 능산리 왕릉 소재지에 자리 잡고 있었다. 왕이 능행을 했던 문으로 이용하기도 했다. 서문이 있었던 곳으로 추측되는 곳은 백제대교 남쪽으로 약 400m의

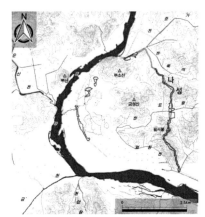

사비도성 나성

자료: 국립부여문화재연구소

지점에 위치하고 있는데 부여에서 서쪽으로 홍산·서천에 이르는 가장 중요한 도하점에 면하고 있다. 이곳에서 나루 배를 타고 백마강을 건너 서쪽과 통했다. 동북문은 구 도읍인 웅진으로부터 사비성에 이르는 곳에, 서북문은 현재의 구드래나루로 중국과 일본의 외항선박들이 도착할 수 있는 중요한 선착장이 있었던 것으로 추정한다.

궁남지

부여군 궁남리에 소재하고 있는 궁남지는 왕의 휴식공간으로 국내에서 가장 오래된 인공연못이다. ≪삼국사기≫에는 무왕 35년(634) 3월에 궁성 남쪽에 못을 파고 20여리 밖에서 물을 끌어들였고, 못 언덕에는 버드나무를 심고, 못 가운데는 방장선산을 모방하여 섬을 만들었다고 기록하고 있다. 이곳에서 무왕은 왕비와 함께 뱃놀이를 즐겼다고 한다.

방장선산은 중국 전설에 나오는 발해 한 가운데 신선이 사는 세 개의 섬을 말한다. 봉래산, 방장산, 영주산, 이들 삼신산에는 신선과 불로초가 있고 황금과 백은으로 된 궁궐도 있는 일종의 이상향이다. 백제는 궁남지 한 가운데 방장산을 모방한 섬을 만들었다. 이는 당시 중국 진나라와 한나라 시대에 유행한 도교의 삼신사상이 백제의 도읍조경에 도입되었음을 의미한다.

백제가 왕궁을 만들면서 근처에 연못을 만드는 전통은 이미 한성시대 부터 있었다. 한성시대인 비유왕 21년(447) 대궐 남쪽 연못 가운데서 불이 일

왕궁의 정원 궁남지

궁남지
자료: 국립부여문화재연구소

어나 밤새도록 탔다는 ≪삼국사기≫ 기록이 이를 증명 해준다. 백제의 뛰어난 조경기술은 신라와 일본에 영향을 주었다. 신라 문무왕 14년(674) 대궐 안에 안압지를 만들었는데 기본적으로 백제의 궁남지와 같은 삼신산 개념을 도입하였다. 또 궁남지의 조경기술은 일본에 전래되어 일본 정원문화를 탄생시켰다고 전한다.

5) 익산천도 계획

백제의 쇠퇴

제26대 성왕은 백제의 국력을 성장시킨 왕으로 평가된다. 중국 남조와 교류하며 문물을 받아들이고, 불교를 성행시켜 국민의 단결을 꾀하여 왕권을 강화시켰다. 일본에도 불교를 전래시켰고, 의학박사와 역학박사를 일본에 교대로 파견하여 문화 전수자로서의 역할도 했다. 재위 28년(550) 고구려에게 빼앗긴 한강 유역을 되찾기 위해 남평양을 공격하여 한강 하류의 6군을 회복하였다.

그러나 신라의 진흥왕은 나제동맹을 무시한 채 고구려와 밀약을 맺고 553년 백제를 공격 한강 하류를 차지하였다. 이에 격분한 성왕은 재위 32년(554) 친히 군대를 이끌고 신라를 공격하였다. 가야의 군대까지 동원한 백제는 초반의 우세에도 불구하고 신라 장수 김무력의 기습을 받아 전세가 역전되었다. 성왕은 지금의 충북 옥천군 군서면 월전리 관산성에서 신라군의 적의 복병에게 전사하고 말았다. 왕을 잃은 백제군은 순식간에 무너져 대패를 당하였다.

이로 인해 그동안 쌓아온 백제의 국력은 한꺼번에 무너지는 손실을 입었으며 백제 몰락의 원인이 되었다. 동성왕 이후 성왕까지 확립해온 왕권은 약화되고 귀족의 권한이 강화되어 국정운영이 어려워지는 상황에 처하게 되었다. 신라는 한강유역에 대한 지배를 굳건히 하고 백제에 우호적인 가야를 공격하였다. 한반도에서 삼국의 역학관계가 신라중심으로 급변하게 되었다.

무왕의 익산 천도계획

성왕의 뒤를 이은 제27대 위덕왕은 관산성 전투의 패전에 대한 책임에 시달렸다. 귀족들은 집요하게 책임을 추궁하며 왕을 곤경에 빠뜨렸다. 정치적 주도권을 장악한 귀족들은 나라 이름을 남부여에서 다시 백제로 환원시켰다. 그들은 왕위도 좌지우지했다. 위덕왕이 죽자 왕위 계승자인 아좌태자 대신 성왕의 동생인 계를 제28대 혜왕에 오르도록 했다. 혜왕은 즉위 이듬해 의문의 죽음을 당하고, 그의 아들이 제29대 법왕이 등극했으나 5개월 후 사망하였다. 귀족들은 익산에서 빈한하게 살던 서동을 제30대 무왕에 오르게 했다.

무왕은 귀족들에 의해 왕이 되었지만 실추된 왕권 회복을 위해 일련의 조치들을 취한다. 신라에 대한 공격을 자주 시도하여 내부 결속을 다지고 이를 통해 정국운영의 주도권을 확보하였다. 왕권을 과시하기 위해 사비궁 중수, 왕흥사 완성, 궁남지 조성 등 대규모 역사를 단행했다. 또 귀족세력의 재편성을 꾀하기 위해 익산으로 천도를 꿈꾸었다. 익산은 무왕의 고향으로 마한시대부터 정치세력이 있었던 곳이다.

무왕은 익산시 왕궁면 왕궁리에 왕궁을 축조하고, 궁궐 안에 사찰인 제석사를 창건하고, 미륵산 아래에는 미륵사를 창건하였다. 그러나 무왕의 익산 천도는 귀족들의 반발에 부딪쳐 성공하지 못하고 재위 42년만인 641년 세상을 떠났다. 무왕이 이루어 놓은 왕권 강화는 아들인 의자왕이 즉위 초기에 개혁정치를 할 수 있는 기틀이 되었다.

익산 왕궁 터

익산시 왕궁면 왕궁리 일대는 북쪽으로 금남정맥 왕사봉에서 갈라져 나온 산맥이 남당산, 천호산, 용화산, 미륵산, 함라산으로 이어지며 병풍처럼 둘러싸고 있다. 동쪽은 천호산에서 뻗어 내려온 산줄기가 가로막고 있다. 서쪽은 금강이 흘러 교통이 편리하고, 남쪽은 한반도에서 가장 넓은 호남평야가 있고, 그 중간으로 만경강이 흘러 경제적으로 풍요로운 땅이다.

왕궁은 용화산에서 내려온 능선 끝자락의 나지막한 구릉(41.8m)에 위치한다. 낮은 구릉의 평면에 남북으로 길게 뻗은 장방형의 궁성을 쌓았다. 궁성 성벽의 규모는 동벽 492.8m, 서벽 490.3m, 남벽 234.0m, 북벽 241.4m이다. 성벽에는 7개의 문과 수구와 암거를 설치하였다. 건물은 돌로 축대를 쌓아 경사면을 평탄하게 조성한 후 남향으로 지었다. 전반부는 궁궐로 사용하고, 후반부는 후원으로 사용하였다. 이러한 궁성의 형태는 중국 남북조시대의 궁궐과 유사하다.

이곳 왕궁리는 여러 도읍설이 있었다. 마한의 기준 도읍설, 백제 무왕의 천도설 또는 별도설, 후백제 견훤의 도읍설 등이 다양하게 제기되었다. 발굴 조사 결과 왕궁의 유물은 7세기 전반 백제 제30대 무왕 때인 것으로 밝혀졌다. 무왕이 천도를 목적으로 조성했으나 성공하지는 못했다. 현재는 익산 미륵사지와 함께 백제역사문화유적지구로 유네스코 세계문화유산에 등재되었다.

익산시 왕궁면 왕궁리 일대 지세 개념도

왕궁리 백제 궁성터
자료: 익산시 디지털익산문화대전

백제의 멸망

제31대 의자왕은 무왕의 맏아들로 대담하고 결단력이 있었다. 642년 친히 군사를 이끌고 신라를 공격하여 요충지인 대야성 등 40여 성을 함락시켰다. 신라가 당나라와 동맹을 체결하자 신라의 대당 교통로였던 당항성(지금의 경기도 화성시 서신면 상안리 구봉산 기슭)을 공격하여 당이 신라에 개입하는 것을 막았다. 그러자 신라의 김춘추는 당으로 건너가 외교관계를 더욱 친밀하게 하였다. 당은 백제에게 신라로부터 빼앗은 성을 반환하라고 요구하였다. 의자왕이 이를 거절하자 당과의 외교관계가 단절되었다. 대신 백제는 왜국과의 동맹을 강화하였다.

신라는 김춘추가 제29대 태종 무열왕에 올라 당의 연호 사용 등 적극적인 친당정책을 추진하며 백제를 압박하였다. 의자왕 20년(660) 당 고종은 소정방을 대총관에 임명하고 13만 대군으로 백제를 공격하게 하였다. 신라는 김유신이 5만 군사를 이끌고 황산벌로 진격했다. 신라와 당 연합군이 공격하자 백제는 계백이 5천 결사대로 신라군과 싸웠으나 전멸하고 말았다.

소정방은 수군으로 백마강 하구를 공격하였다. 의자왕은 모든 군사를 내보내 막았으나 패하고 말았다. 사비성이 포위 된지 3일 만에 함락되자 의자왕은 웅진성으로 탈출하여 저항했으나 곧 항복하고 말았다. 이로서 백제는 온조가 BC 18년 건국 이래 31왕 678년 만에 멸망하고 말았다. 의자왕은 포로로 당으로 끌려가 그 해에 병으로 사망하였다. 당은 사비성에 웅진도독부를 설치하고 관리를 임명하여 직접 다스렸다.

3. 신라

1) 경주와 금성

천년 도읍지 경주

경주는 신라 천년의 도읍지다. 박혁거세가 BC 57년 나라를 세운 이래로 제56대 경순왕 9년(935) 고려 태조 왕건에게 항복할 때까지 992년 동안 신라의 도읍지였다. 삼국 중 고구려와 백제는 여러 번 도읍을 옮긴 반면 신라는 한 번도 옮기지 않았다. 처음부터 끝까지 경주가 도읍이었다. 다만 이름만 여러 번 바뀌었는데 도시 이름이 곧 나라 이름이 되었다. 개국 당시는 서라벌, 제4대 탈해왕 때는 계림(鷄林), 제15대 기림왕 때는 신라(新羅), 고려

왕건은 신라가 항복하자 경주(慶州)로 고쳤다.

신라를 정식 국호로 사용한 것은 제22대 지증왕 4년(503)부터이다. ≪삼국사기≫에 의하면 신하들이 말하기를 "건국 이래 나라 이름을 정하지 않아 사라, 사로, 신라라 하였다. 신(新)은 덕업이 날마다 새로워지고, 라(羅)는 사방을 널리 뒤엎는다는 뜻이니 신라로 국호를 삼는 것이 좋겠다. 왕의 명칭도 거서간 1명, 차차웅 1명, 이사간 16명, 마립간 4명이었다. 자고로 국가를 가진 이를 제왕(帝王)이라 했으니 신라국왕이란 존호를 사용하자"고 하니 왕이 거기에 쫓았다.

신라는 경주를 무대로 세력을 키워 주변 소국들을 하나씩 정복해나갔다. 발전한 외래문화를 받아들이면서 고대국가로 성장해 나갔다. 5~6세기에는 낙동강과 한강유역을 차지하고 7세기 중반에는 강국이었던 백제와 고구려를 꺾고 삼국통일을 이룩하였다. 그리고 고구려·백제·가야문화를 비롯하여 중국과 인도 문화까지 받아들여 융합된 신라문화를 꽃피웠다.

경주는 높고 험준한 산들이 사방을 감싸고 있어 외부의 적이 쉽게 침범할 수 없었다. 이러한 지형적 특성 때문에 신라는 고구려나 백제처럼 도시 외곽을 둘러싸는 도성을 축조하지 않았다. 다만 산을 넘어 접근하는 적을 막기 위해 길목마다 산성을 쌓았다. 이 같은 자연조건은 경주가 신라 천년을 이끈 원동력이라 할 수 있다. 도읍 보전은 작은 신라가 강대했던 고구려와 백제를 물리치고 삼국통일을 할 수 있는 계기가 되었다.

박혁거세와 금성

≪삼국사기≫에 소개된 설화에 의하면 박혁거세는 양산 기슭에 위치한 나정에서 알로 태어났다. 알은 말이 가져다 준 것이다. 말은 북방 유목민족을 의미하므로 고조선 유민들이 양산 기슭에 터를 잡은 것으로 해석된다. 박혁거세가 13세가 되자 6부 사람들이 만장일치로 왕으로 추대하였다. 박혁거세는 나라 이름을 서라벌이라 하고, 왕의 칭호를 거서간이라 하였다. 재위 5년(BC 53) 알영을 왕비로 맞았다. 이는 외세세력과 토착세력이 결혼동맹을 맺었음을 의미한다.

박혁거세는 재위 21년(BC 37) 서울에 성을 쌓고 금성이라 하고, 26년(BC 32)에는 금성에 궁실을 지었다. 금성의 위치는 정확하게 밝혀지지 않았다.

≪삼국사기≫ <지리지>에 월성은 금성의 동남쪽에 위치했다고 전한다. 그러므로 금성은 현재 월성의 서북쪽에 위치한 셈이다. 대체로 현재의 경주 시가지나 경주읍성 근처로 추정하고 있다. 금성에 왕궁이 있었던 것은 138년 동안이다. 제5대 파사왕 22년(101) 월성에 성을 쌓고 왕궁을 옮겼다.

제2대 남해왕은 박혁거세의 아들로 즉위하자 낙랑군이 쳐들어와서 금성을 겹겹이 포위하자 이를 물리쳤다. 제3대 유리왕은 6촌을 6부로 고치고 촌장들에게 성을 내렸다. 알천 양산촌은 급양부로 고치고 이(李)씨, 돌산 고허촌은 사량부로 고치고 최(崔)씨, 무산 대수촌은 모량부로 고치고 손(孫)씨, 취산 진지촌은 본피부로 고치고 정(鄭)씨, 금산 가리촌은 한기부로 고치고 배(裵)씨, 명활산 고야촌은 습비부로 고치고 설(薛)씨 성을 내렸다. 이들은 신라의 대표적인 귀족세력들로 진골로 편입되었다.

2) 월성

탈해 설화

토착세력과 북방세력이 융화된 서라벌은 또다시 동해안을 통해 들어온 철기문화를 가진 세력과 결혼동맹으로 연합한다. ≪삼국사기≫와 ≪삼국유사≫의 탈해 설화가 이를 말해준다. 탈해는 왜국 동북쪽 1천리 밖에 있는 용성국 사람으로 알로 태어났다. 왕은 사람이 알을 낳는 것은 상서롭지 못하다며 버리라고 했지만 왕비는 버릴 수 없었다. 비단에 알을 싸서 보물과 함께 궤짝에 넣어 바다에 띄웠다. 궤가 아진포 어구에 닿았는데 한 노파가 궤를 당겨서 열어보니 한 아이가 있었으므로 데려다 길렀다. 이는 북방 해양세력이 경주로 이주하였다는 것을 의미한다.

탈해는 풍채가 당당하고 지혜가 뛰어났으며 학문에 힘써 지리까지 알았다. 어느 날 토함산에 올라서 성 안의 살만한 땅을 찾아보았다. 초승달처럼 생긴 곳에 위치한 호공의 집을 보고 좋은 집터라고 생각했다. 그리고 꾀를 써서 남몰래 숫돌과 숯을 묻고는 호공을 찾아가 자기 집이라고 우겼다. 호공이 그렇지 않다며 시비를 따지다가 관아에 고발하였다. 관리가 탈해에게 무슨 증거로 너희 집이라고 하느냐고 물었다. 탈해는 우리 조상은 대장장이였는데 잠시 이웃지방으로 나간 사이 호공이 여기에 살고 있는 것이다. 땅을 파서 사실을 밝혀달라고 대답하였다. 그 말대로 파보니 숫돌과 숯이 나왔으므로 곧 빼앗아 살았다. 조상들이 대장장이였다는 것은 탈해 세력이 북방의 철기제조 기술을 가졌다는 것을 의미한다.

제2대 남해왕이 탈해가 지혜가 있는 사람인줄 알고 맏공주로 아내를 삼게 하였다. 그리고 탈해를 대보에 임명하여 정치와 군사를 담당하도록 하였다. 이는 탈해 세력이 서라벌 지배계층과 결혼동맹을 맺어 영향력 있는 정치·군사 세력으로 성장했음을 보여준다. 남해왕은 유언으로 탈해가 덕이 높다 하여 왕위에 오르게 했다. 탈해가 고사하자 태자 유리가 제3대 왕으로 올랐다. 유리왕은 세상을 떠나면서 유언으로 탈해가 왕위를 전하게 하니 62세의 나이로 왕위에 올랐다.

신라 궁성 월성(月城)

제5대 파사왕은 유리왕의 둘째아들이다. 재위 21년(100) 지진이 일어나 민가가 무너지고 사람이 죽자, 22년(101) 2월 탈해의 집터에 성을 쌓고 월성(月城)이라 하였다. 왕은 금성에서 월성으로 거처를 옮겼고, 이후 월성은 신라의 정궁이 되었다. 《삼국사기》 <지리지>에 의하면, 월성은 금성의 동남쪽에 위치하고 있다. 제30대 문무왕 때는 안압지, 임해전, 첨성대 일대가 편입되어 성의 규모가 확장되었다.

월성은 지세가 흡사 초승달처럼 생겼다하여 붙여진 이름이다. 평지에 돌출된 구릉지에 위치하고 있으며, 남쪽은 남천에 의해 만곡된 지형이다. 성벽은 자연 지형을 따라 흙과 돌로 쌓았다. 그 규모는 동서 너비 860m, 남북 너비 250m, 성내 면적 약 181,500m²(55,000평)이며, 성 전체둘레는 1,841m이다. 성벽은 동·서·북쪽 삼면은 낮은 능선을 따라 쌓았다. 남쪽은 남천과 접한 절벽이므로 성벽을 거의 쌓지 않았다. 성벽 높이는 일정하지 않으며 대체로 10~20m 정도 되게 쌓았다.

해자는 남쪽의 경우 남천을 천연해자로 삼고 나머지 부분은 인공으로 조성하였다. 해자는 전시에는 방어용으로, 평시에는 물을 저장하는 저수지와 조경 용도로 사용하였다. 월성 안에는 왕이 정사를 보던 남당과 신하와 조회를 하던 조원전 등 많은 건물이 있었다. 월성 밖 동쪽에는 동궁, 남천 건너 지금의 국립경주박물관 부근에 남궁이 있었다. 동궁 안에는 친수공간인 월지(안압지)가 있어 풍류와 연회 장소로 이용하였다. 월성을 보호하기 위해서 외곽에는 산성을 쌓았다. 동쪽의 명활산성, 서쪽의 선도산성, 남쪽의 남산토성, 북쪽의 북형산성이 있었다.

경주 월성
자료: 내외뉴스통신

신라왕경의 월성복원도
자료: 신라역사과학관

서라벌의 도시계획

6부 촌락 형태로 있던 서라벌(경주)이 도시로 발전한 것은 제20대 자비왕 12년(469) 6부를 방(坊)과 리(里)로 개편하면서부터다. 자연 지세에 따라 불규칙하게 도로 망이 구성되었던 것을 도시계획을 통해 질서정연한 격자형 도로로 구획된 것이다. 본래 방은 중국에서 담장으로 둘러싸인 건물의 명칭으로 사용되어 왔다. 도시를 격자형 도로망으로 구획하고 각 구역을 담장으로 두르고 방이라 불렀다. 리는 여러 개의 방을 하나의 행정단위로 묶은 것을 말한다.

서라벌에 방과 리의 이름을 정했다면 도성을 바둑판 모양으로 잘 정돈하고, 각 구역에 왕궁, 관아, 사원 등 주요 건축물들을 배치 한 것으로 추정된다. 격자형 도로망과 담장 기초 석축열 등이 발굴된 것이 이를 반영한다. 질서정연한 격자형 도로망은 도성 범위를 설정하는 기준일 뿐만 아니라, 각종 건축물과 주택을 유기적으로 연계시켜 긴밀한 공간구조를 갖추었음을 의미한다. 또 건축물 상호 간에 위계질서가 정연했음도 의미한다.

≪삼국사기≫는 제21대 소지왕 9년(487) 박혁거세가 탄생한 곳에 사당인 신궁(神宮)을 설치하고, 처음으로 역참인 우역(郵驛)을 설치하고, 담당 관청에 명해 역로(驛路)를 수리하게 했다고 기록하고 있다. 서라벌 도시계획에 있어 도로정비를 중요하게 여긴 것으로 보인다. 왕궁이 있는 월성 북문에서 북천의 북궁지까지 주작대로가 중심축이 되었다. 당시 주변국들의 도시는 주작대로가 남쪽으로 계획되는 것이 일반적이다. 그러나 월성은 남쪽에 남천이 흐르기 때문에 지형상 북쪽으로 계획하였다. 이를 축으로 동서축의 간선도로들이 나왔다. 우역은 서라벌과 지방을 연결하는 도로에 설치하였다.

서라벌은 도시 기능의 중요한 요소인 시장이 설치되었다. ≪삼국사기≫에 소지왕 12년(490) 처음으로 시장을 열어 사방의 물품을 유통시켰다는 기록이 있다. 제22대 지증왕 10년(509) 서라벌 동쪽에 시장을 실치했다는 기록으로 보아 물자 유통이 활발했던 것으로 보인다. 시장의 증가는 서라벌의 인구가 증가하고 경제력이 커지는 도시로 발전하고 있음을 의미한다.

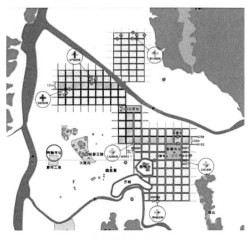

서라벌의 도로망
자료: 국립경주문화재연구소

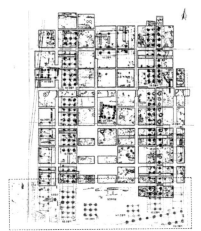

월성 북편의 건물배치도
자료: 한국의 도성

신라의 발전

서울인 서라벌을 정비한 신라는 제23대 법흥왕(514)부터 제28대 진덕여왕(654)까지 비약적으로 발전한다. 법흥왕 7년(520) 율령을 반포하고, 중요 관부를 설치하며, 진골 귀족회의를 제도화 하고, 관리들의 관복을 제정하는 등 전반적인 국가체제를 법제화하였다. 15년(528)에는 고구려에서 온 묵호자와 아도화상으로부터 전래된 불교를 이차돈의 순교를 계기로 공인하였다. 불교는 국민을 단합하여 하나로 이끄는 사상적 뒷받침이 되었다.

이를 바탕으로 제24대 진흥왕 때는 전성기를 구가하였다. 진흥왕 5년(544) 흥륜사를 짓고, 6년(545) 국사(國史)를 편찬하고, 12년(551) 우륵이 가야금을 만들었다. 14년(553)에는 월성 동쪽에 새 궁궐을 지었다가 그 궁궐을 절로 만들고 황룡사(黃龍寺)라 하였다. 대외적으로는 신라 영토를 북한산까지 넓혔고 화랑제도를 만들었다. 제26대 진평왕은 중국 수나라와 당나라와 교류를 활발하게 하면서 고구려와 백제를 견제하였다. 왕성 주변에는 남산성과 명활산성, 서형산성 등을 보완하여 서라벌 방위를 튼튼히 하였다.

신라는 진골출신 김춘추가 제29대 무열왕이 등극하면서 삼국통일의 기틀을 다졌다. 무열왕은 내정개혁을 통해 귀족들의 권력을 약화시키고 왕권을 강화하였다. 또한 대당 외교관계를 통해 고구려와 백제에 대한 전쟁을 수행하였다. 재위 7년(660) 나당연합군이 사비성을 공격하여 백제를 멸망시켰다. 제30대 문무왕 8년(668)에는 고구려가 멸망함으로써 신라는 삼국통일을 이루었다.

참고문헌

강찬석·이희진, ≪잃어버린 백제 첫 도읍지≫, 소나무출판사, 2009.

고동영 역, ≪규원사화≫ 한뿌리, 2006.

_____, ≪환단고기≫ 한뿌리, 2005.

공주시사편찬위원회, ≪공주시사 상권≫, 2002.

국립경주문화재연구소·영남고고학회 학술대회 자료, 신라왕경과 월성의 공간과 기능, 2019.11.22.

국립경주문화재연구소·국립부여문화재연구소·국립가야문화재연구소, ≪한국의 도성≫, 국립경주·부여·가야문화재연구소 개소20주년 기념 국제학술심포지엄 자료, 2010.

국립문화재연구소, ≪신라왕경의 조경공간연구 전략을 위한 기초연구≫ 보고서, 2014

국립부여문화재연구소, 궁남지Ⅲ, 남편일대개발조사보고서, 2017

사비도성 GIS연구, 학술연구총서 제84집, 2017.

금경숙, ≪고구려 국내성 환도의 역사적 의미≫, 고구려연구 16집, 2003.

김교년, 신라왕경의 발굴조사와 성과

김용만·김준수, ≪지도로 보는 한국사≫, 수막사, 2006.

김일성종합대학, ≪대성산의 고구려 유적≫, 김일성종합대학출판사,1973.

김종서, 고조선과 한사군의 위치 비정연구, 중앙대학교 박사학위, 2006.

김철수, 도시계획사, 기문당, 2005.

김태식 편역, ≪알기 쉬운 삼국사기≫, 바른사, 1999.

민덕식, 고구려 평양성의 도시형태와 설계, 고구려연구 제15집, 2003.

반영환, ≪한국의 성곽≫, 대원사, 1995.

박노석, 고구려 초기의 영토변천 연구, 전북대학교 박사학위, 2003.

박방룡, 신라도성 연구, 동아대학교 박사학위, 1997.

박순발, 고구려의 도성과 묘역, 한국고대사연구 12, 2000.

_____, 사비도성의 구조에 대하여, 밸제연구 31집, 2000.

박영규, ≪한권으로 읽는 백제왕조실록≫, 웅진, 2006.

, ≪한권으로 읽는 고려왕조실록≫, 들녘, 1996.

박영균, ≪한편으로 읽는 백제왕조실록≫, 웅진, 2006.

복기대, 고구려 국내성 및 환도성 위치 연구, 인문과학연구 vol 65, 2020, 171－199.

서정석, 백제 사비도성의 구조, 국사관논총 제104집,

성주탁, 백제사비도성 삼착, 백제연구 제28집, 1998, 257－258.

신채호, ≪조선상고사≫, 일신서적출판사, 1995.

역사신문편찬위원회, ≪역사신문 1≫, 사계절, 1995.

이강근, ≪한국의 궁궐≫, 대원사, 2001.

이기봉, 신라왕경의 범위와 구역에 대한 지리적 연구, 서울대학교 박사학위, 2003.

이덕일·김병기, ≪고조선은 대륙의 지배자였다≫, 역사의 아침, 2006.

이야기한국역사편집위원회, ≪이야기 한국역사≫, 풀빛, 2006.

이주형, 도시형태론, 보성각, 2001.

이형구, ≪백제의 도성≫, 도서출판 주류성, 2004.

익산시시사편찬위원회, ≪익산시사 상권≫, 익산시, 2001.

임기환, 고구려는 왜 국내성에서 평양으로 옮겼나, 중앙일보 기고문, 2003. 12. 5.

장경호, ≪한국의 전통건축≫, 문예출판사, 1996.

장기명, 신라 왕경의 조성원리와 운영체계, 영남고고학 88, 2020, 129－174.

장명수, ≪성곽발달과 도시계획연구≫, 학연문화사, 1994.

전덕재, 신라 신문왕대 천도론의 제기와 왕경의 재편에 대한 고찰, 신라학연구 8호,
    2004.

전덕재, 신라 리방제의 시행과 그 성격, 신라문화재학술논문집 26호, 2005.

정창현, 안학궁토와 대성산 일대 고구려 유적, 민족21 2012년 1월호 (통권 130호)

중앙일보사, ≪성씨의 고향≫, 중앙일보사, 1995.

충남대학교 백제연구소, ≪고대도시와 왕권≫, 서경, 2006.

한인호, 안학궁부근의 고구려수도 도시면모에 대한 복원, 조선고고연구 107, 1998,
    pp17－20,

한인호·리호, 안학궁부근의 고구려 리방에 대하여, 조선고고연구 81, 1991, 29－33,

황인호, 신라왕경의 도시계획화 과정 연구, 신라사학보 17, 169－217.

＿＿＿＿＿, 「신라 9주5소경의 도시구조 연구」, 『중앙고고연구』 제15호, 중앙문화재연구
    원, 2014, pp.105~146.

인터넷 홈페이지

북아역사넷 (www.contents.nahf.or.kr) 고구려문화유산자료 하고성자성

문화재청 국가문화유산포털 (www.heritage.go.kr)

신라역사과학관 (www.sasm.or.kr)

철원군청 홈페이지 (www.cwg.go.kr)

한성백제박물관 (www.baekjemuseum.seoul.go.kr)

언론보도

경향신문, 2006년 11월 21일

_____, 2007년 11월 16일

KBS 역사스페셜, 고구려 평양성 (2001년 10월 6일 방영)

KBS, 북한국보1호, 고구려 유산 평양성 (2001년 10월 26일 방영)

KBS, 역사스페셜, 백제의 암호 사비성 목간 31자의 비밀 (2001년 6월 23일 방영)

     _____, 17미터 거북바위의 증언, 견훤의 왕도 전주프로젝트 (2002년 5월 4
  일 방영)

제3장

남북국시대의 도시

제3장

남북국시대의 도시

1. 통일신라

1) 왕경 경주

남북국시대

신라가 당의 힘을 빌려 삼국을 통일하였다. 그러나 당은 한반도 지배를 노골화하여 백제의 부여에는 웅진도독부, 고구려 평양에는 안동도호부를 설치하였다. 심지어 신라 경주에는 계림도독부를 설치하고 문무왕을 계림대도독에 임명하였다. 엄연히 국왕이 존재하는 신라에 점령지를 지배하기 위한 도독부를 설치하자 신라가 이에 맞서 싸웠다. 670~676년에 진행된 7년간의 나당전쟁에서 문무왕은 고구려와 백제 유민들까지 참여시켰다. 이를 통해 민족 동질감이 회복되었고 당의 세력을 축출하는데 성공했다. 그러나 대동강 이북은 신라가 차지하지 못했다.

한편 요서지방에 있던 대조영은 698년 고구려 유민과 말갈인을 모아 길림성 동모산 근처에 도읍을 정하고 발해를 세웠다. 고구려를 계승한 발해는 고구려의 옛 영토 대부분을 회복하여 동북아 지역의 강자로 부상하였다. 대동강에서 원산만 이남은 신라가 차지하고, 이북은 발해가 차지하니 역사는 이 시대를 남북국(南北國)시대라고 한다. 남북국시대는 발해가 거란에 망한 926년 까지 228년 동안 지속되었다.

신라의 삼국통일은 분열되었던 한민족을 단일 민족국가로 만들었다는데 큰 의의가 있다. 통일을 이룬 신라사회는 역사상 유래가 없을 만큼 융성한 문화를 이루었다. 정치와 사회 안정을 위해 고구려와 백제의 지배세력과 지방의 실력자들까지 신라의 골품으로 편입시켰다. 늘어난 땅을 공이 많은 귀족에게 식읍으로 나누어주고, 전쟁에서 잡힌 포로는 노예로 나누어 주었다. 태평성대가 계속되자 중국과 일본, 동남아, 아랍까지 교역이 활발해져 더 많은 재화가 쌓였다.

왕경의 규모

왕경(王京)이란 수도라는 뜻으로 왕이 거주하는 왕궁을 포함하여 정치활동의 중심지를 말한다. 전쟁이 사라지고 막대한 부가 축적되자 신라 왕경의 귀족들은 나태해져 사치와 향락에 빠져들었다. 통일 이후 200년간 평화로운 시기를 보내면서 귀족들은 크고 호화스러운 주택을 짓고 사는 것이 유행이었다. ≪삼국유사≫에 삼십오금입택(三十五金入宅) 사절유택(四節遊宅)이란 기록이 있다. 금으로 도금한 주택이 35채나 되었고, 계절마다 머무는 별장이 있었다는 의미다.

이 무렵 왕경의 가구 수에 대해서 ≪삼국유사≫는 "경중십칠만팔천구백삼십육호(京中十七萬八千九百三十六戶)"라고 기록하고 있다. 1호를 평균 5명으로 본다면 약 90만 명의 인구가 왕경에 살았다는 뜻이다. 당시 100만 인구를 가진 도시는 로마, 바그다드, 알렉산드리아, 중국 장안 정도였다. 이 때문에 일부에서는 기록이 과장되었다거나 구(口)를 호(戶)로 잘못 기록하였다는 등의 주장을 하기도 한다. 그러나 ≪삼국사기≫ <옥사조>에는 신분에 따라 집의 크기를 조정하는 대목이 나온다. "진골은 24척(1척은 29.4cm), 6두품은 21척, 5두품은 18척, 4두품은 15척을 넘지 못한다." 이는 집의 크기를 제한할 정도로 당시 경주 인구가 포화상태였다는 것을 의미한다.

왕경의 규모에 대해서 ≪삼국사기≫ <지리>는 박혁거세가 나라를 세울 당시 "왕도장삼천칠십오보(王都長三千七十五步) 광삼천일십팔보(廣三千一十八步) 삼십오리(三十五里) 육부(六部)"라고 기록하고 있다. 이를 해석하면 왕도의 길이는 3,075보, 너비 3,018보이며, 행정구역은 35개의 리와 6개의 부로 이루어졌다. 1보(步)는 6척(尺)이고, 1척은 당척으로 29.4cm이므로 1보는

176.4cm이다. 그러므로 초창기 신라 왕도는 남북 길이 5,424m, 동서길이 5,323m 크기의 정방형이라 할 수 있다.

≪삼국유사≫는 신라 전성기의 왕도 규모를 일천삼백육십방(一千三百六十坊) 오십오리(五十五里)라고 기록하고 있다. 1방의 크기에 대해서 윤무병 (1984)은 160m×140m라고 하였다. 1방의 면적이 22,400m²(약 6,788평)이므로 1,360방은 오늘날 경주시내 대부분을 망라하는 영역이다. 55개의 리로 이루어진 왕도의 도시개발밀도는 매우 높았던 것으로 추정된다. ≪삼국유사≫는 경사(京師)에서 해내(海內)에 이르기까지 집과 담장이 연이어져 있었으며, 초가집은 하나도 없었다고 기록하고 있다.

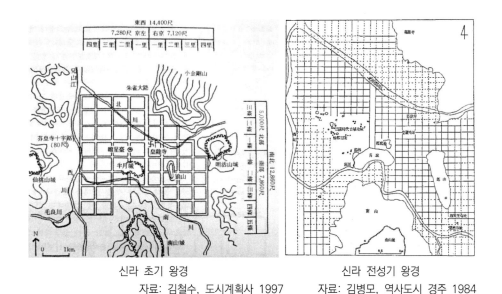

신라 초기 왕경   신라 전성기 왕경
자료: 김철수, 도시계획사 1997   자료: 김병모, 역사도시 경주 1984

2) 왕경의 도시계획

왕경의 도시개발

삼국을 통일한 신라는 통일왕국으로서의 면모를 일신하기 위해 왕경에 대한 대규모 도시개발사업을 벌였다. 점령지로부터 유입된 노동력과 교역을 통해 축적된 부가 개발의 원동력이었다. 당나라 수도인 장안의 조방제(條坊

制)의 영향을 받아 네모반듯한 도시계획이 이루어진 것으로 보인다. 도시공간의 기본구조는 주례고공기였으나 분지 지형이어서 장안과는 차이가 있었다. 우선 사방이 산으로 둘러싸여 있어서 도시 외곽을 둘러싸는 외성이 필요 없었다. 또한 평지에 건설된 장안처럼 질서정연한 방형(사각형)과는 달리 지형에 따라 계획되었다.

왕경 중앙에 월성이 위치하고 북문에서 북궁까지 주작대로를 냈다. 그리고 좌측에는 좌경(左京) 우측에는 우경(右京)으로 구분하였다. 좌경과 우경을 동서남북으로 구획하여 모두 1,360개의 격자형 방(坊)을 만들었다. 방은 오늘날 블록(block)이나 구역으로 이해하면 된다. 방을 더 구획하여 일정한 수의 가옥을 배치하였다. ≪삼국유사≫의 기록대로 약17만 호가 되려면 1방에는 약 130호의 가옥이 배치되어야 한다. 1방의 규모를 $160m \times 140m$ 본다면 한 가옥의 대지면적은 평균 $172m^2$ 정도가 된다.

각 방에는 관아와 귀족들의 저택과 사찰, 탑 등이 들어서며 화려하고 풍요로운 도시 풍경을 조성했다. ≪삼국유사≫는 다음과 같이 기록하고 있다. "절과 절이 별처럼 많이 벌려있고, 탑들은 기러기 떼처럼 줄지어 있다. 왕경에서 해내에 이르기까지 집과 담장이 이어져 있고, 초가는 하나도 없으며, 거리에는 음악소리가 그치질 않았다." ≪삼국사기≫도 헌강왕 6년(880) "왕이 측근 신하들과 월상루에 올라 사방을 바라보니, 민가의 지붕이 서로 이어져 있고 노래와 피리 소리가 끊이지 않았다. 민간에는 짚이 아닌 기와로 지붕을 덮고, 나무가 아닌 숯으로 밥을 짓고, 백성들은 먹을 것이 넉넉하고 변경은 평온하고, 거리에는 즐거운 노

신라 왕경의 360방 전체도
자료: 신라역사과학관

왕경 도시계획도
자료: 디자인이오

래 소리가 가득하였다"고 기록하고 있다.

왕경의 경관

당시 경주에서 빼놓을 수 없는 풍경이 하늘의 별처럼 많았다는 사찰이다. 오늘날도 경주 어디를 가든 절터와 탑과 불상들을 만날 수 있을 만큼 왕경의 경관은 사찰 건축이 차지했다. 법흥왕 14년(527) 불교가 공인된 이래 흥륜사를 비롯하여 많은 사찰이 왕실 주도로 건립되었다. 신라 왕실이 불교를 장려한 이유는 국민통합과 왕권강화에 있었다. 당시 신라는 6부를 중심으로 천신 신앙을 믿었고 자연히 토착 귀족들의 힘이 강했다. 이를 누르기 위해 새로운 사상이 필요했는데 바로 불교였다. 삼국통일 이후 정치적으로 이질성이 있는 고구려나 백제 사람들까지 하나로 통합할 수 있는 것은 불교였다.

신라는 점령지와 지방에서 세금으로 납부한 물자가 넘쳐나 그 잉여분이 시장을 통해 유통되었다. 소지왕 때 처음 시장을 열고 지증왕 때는 동시(東市)를 설치하고, 통일이후에는 서시(西市)와 남시(南市)가 개설되었다. 시장은 사람이 많이 모이는 사찰부근에 열었다. 동시는 황룡사 근처, 서시는 흥륜사 부근, 남시는 천관사 근처로 추정한다. 시장에는 관원들이 상주하여 물건을 사고팔 때 세금을 거두고, 저울눈금을 속이지 않도록 단속하고, 다툼이 나면 중재하는 역할을 하였다. 이렇게 상주한 관원이 30명 이었다고 한다. 당의 장안성 시장관원이 28명인 것에 비하면 경주의 시장규모가 엄청나게 컸고, 그만큼 거래되는 물자도 풍부했으리라 짐작된다.

왕경은 국제도시였다. 시장에서는 쌀과 기름, 옷감, 짚신 같은 생활필수품과 철이나 금제품 같은 물건들이 거래 되었다. 또 멀리 서역에서 온 화려하고 이국적인 문양의 유리컵과 목걸이도 등장한다. 처용가에 등장하는 처용은 얼굴이 검은 신라에 무역을 하러 온 아라비아 상인으로 추정하고 있다. 제38대 원성왕릉의 무덤인 괘릉의 무인석은 눈이 깊숙하고 코가 우뚝하며 곱슬머리인 서역인의 모습이다. 이로 보아 당시 왕경은 중국과 일본은 물론 인도와 아랍과도 빈번하게 교류하는 국제도시였음을 추정케 한다.

| 왕경 내의 사찰 풍경 | 괘릉 서역인 무인상 |

자료: 신라역사과학관

3) 달구벌 천도계획

왕권강화를 위한 천도계획

삼국 가운데 신라만이 천도를 하지 않았다. 그렇다고 천도를 시도하지 않은 것은 아니다. 신문왕은 9주5소경 제도를 완성함으로써 통일 후 신라의 제도 정비에 박차를 가하였다. 그리고 그 여세를 몰아 재위 9년(689) 지금의 대구인 달구벌로 왕경을 옮기려고 했으나 실현되지 못했다. 그 이유는 경주를 중심으로 한 귀족세력들의 반발 때문으로 추정된다.

신라는 건국 이전부터 6촌장이 영향력을 행사하고 있었다. 6촌을 6부로 개편하면서 대부분 진골 귀족으로 편입시켰다. 신라가 영역을 확대하여 지방이 생기자 6부인들은 스스로를 왕경인(王京人)으로 부르고 지방인들에 비해 특권의식을 가졌다. 귀족들은 사병을 소유했으며 통일전쟁 때 주도적 역할을 했다. 통일이 되자 그 공로로 많은 식읍과 노비를 받아 호화스러운 생활을 하였다.

신문왕은 진골 귀족세력을 약화시키고 왕권강화를 위해 전통적으로 진골 귀족들의 아성인 왕성을 떠나 달구벌로 천도하려 하였다. 왕권강화를 위해서는 통일전쟁에서 활약했던 무장세력 특히 친당파 세력들을 제거해야만 했다. 또 6부족장 중심의 군사체계를 왕 직속의 군사체계로 바꾸어야 했다. 이를 위해서는 새로운 도읍이 필요했던 것이다.

신문왕은 천도계획과 더불어 많은 개혁정치를 실시했다. 군사제도를 국왕직속의 9서당10정으로 정비했다. 9서당은 신라·고구려·백제·보덕국·말갈족 혼성군대이다. 10정은 9주에 배치된 지방군이다. 유교적 정치이념을 실현하기 위해 국학을 설립하고 인재양성을 시도하였다. 이때 발탁된 6두품들은 왕의 집권력을 행사할 수 있는 손발이 되었다. 또 귀족들이 경제적 기반인 녹읍제를 폐지하고 곡식으로 관료전을 지급하였다.

달구벌 천도의 실패

신문왕이 달구벌을 천도 예정지로 결정한 것은 수도로서의 입지조건을 충분히 갖추고 있었다고 판단했기 때문이다. 달구벌은 경주보다 광활한 지역으로 사방을 큰 산들이 감싸주는 분지이다. 국방상 유리하고, 낙동강 지류인 금호강 유역의 퇴적평야는 기름져 경제적 기반이 되었다. 또한 왕경과 비교적 가까운 거리에 있으면서도 왕권을 견제할 만한 토착 귀족세력이 존재하지 않았다.

천도 준비가 실행되자 왕경의 귀족들은 자신들의 세력기반 상실을 우려하여 강력하게 반대하였다. 천도가 이루어질 경우 왕경의 위상은 부도(副都)나 소경(小京)으로 격하되고, 이 경우 자신들의 세력기반이 빼앗긴다고 보았다. 천도 작업은 3년 정도 추진되었으나 더 이상 진척되지 못하고 중단되고 말았다. 이로써 신라는 개혁할 수 있는 시기를 놓치고 말았다.

달구벌 천도의 실패는 신라의 정국에 많은 후유증을 남겼다. 골품제도의 굴레를 탈피하지 못하고, 왕실은 진골 귀족세력의 영향력으로부터 벗어나지 못했다. 왕경 중심의 정치는 고구려와 백제 유민들은 물론 신라 지방민조차 결속을 이루어내지 못했다. 달구벌 천도 실패는 그동안 태종 무열왕계가 추진해왔던 지배층 교체를 통한 정치개혁의 후퇴를 의미한다. 신라는 진골귀족세력들의 기득권을 보장해줌으로써 더 이상 대외적으로 확장하지 못했다.

4) 지방도시와 9주5소경

통일 후 신라는 확대된 영토를 통치하기 위하여 지방제도 정비작업을 실시하였다. 전국을 크게 9주와 5소경으로 구획하였는데 중국 하나라 때의 9주를 모범으로 삼았다. 9주란 곧 천하를 뜻하는 개념이므로 신라는 국가를 하나의 천하로 인식하고 낙서구궁도에 따라 전국을 9등분 하고, 오행의 원리에 따라 동서남북, 중앙의 방향에 맞추어서 5소경을 두었다.

9주는 오늘날의 도와 같은 것으로 신라·백제·고구려의 옛 땅에 각각 3개씩 설치하였다. 신라 땅에는 사벌주(상주)·양주(양산)·강주(진주), 백제 땅에는 웅천주(공주)·완산주(전주)·무진주(광주), 고구려 땅에는 한산주(서울)·삭주(춘천)·명주(강릉)이다. 주는 군사적인 성격이 강했기 때문에 장관을 군주라고 일컬었다가 행정적인 기능이 강화되면서 총관으로 고쳤다가 다시 도독으로 바꾸었다. 주 아래에는 태수가 다스리는 군이 있고, 군 밑에는 현령이 다스리는 현이 있으며, 현은 다시 몇 개의 촌으로 나뉘었다.

5소경은 오늘날의 직할시와 같은 것으로 고구려 땅에 북원경(원주)과 중원경(충주) 2개, 백제 땅에 서원경(청주)과 남원경(남원) 2개, 신라 땅에 금관경(김해) 1개 설치하였다. 소경은 작은 왕경이란 의미로 경주로만 유입되는 인구를 분산시켜 각 지방을 정치·경제·문화의 중심지로 균형 있게 발전시키려 하였다. 소경은 정치적 기능이 강했기 때문에 통일 전후의 늘어난 귀족들에 대한 일종의 회유책으로 설치하였다.

9주나 5소경의 장관은 진골귀족만이 할 수 있는 고위관직이다. 9주5소경의 설치로 왕경으로 집중되었던 인구와 부와 문화는 지방으로 분산됐다. 정복지인 고구려와 백제의 귀족들을 본래 거주지에서 소경으로 옮겨 살도록 하였다. 정복지인 고구려와 백제의 귀족들도 소경으로 옮겨 살도록 하였다. 그러나 지방에서 힘을 키운 세력들은 장차 호족으로 성장하여 신라 멸망의 핵심적 역할을 한다.

9주5소경 위치

2. 발해

1) 첫 도읍 동모산

대조영의 발해 건국

고구려가 나당연합군에게 멸망하자 당은 고구려 땅 대부분을 차지하고, 2만8천호에 달하는 주민들을 끌고 갔다. 고구려 유민들은 요서지방 영주(차오양)에 머물렀는데 이곳에는 같은 신세인 거란인과 말갈인들도 있었다. 때마침 거란의 추장 이진충이 당에 저항하여 영주성을 습격하여 함락시켰다. 이를 틈타 대조영이 고구려와 말갈 유민들을 이끌고 동모산(東牟山)으로 탈출하였다.

　대조영은 동모산에 성을 쌓고 진(震)이라는 나라를 세웠다. 이때가 고구려가 멸망한지 30년만인 698년이다. 발해는 고구려를 멸망시킨 신라와 당에 대해 적대적일 수밖에 없었다. 그래서 발해는 북쪽으로 돌궐과 통하고 바다 건너 일본과 친선관계를 맺었다. 그러자 당은 회유책으로 713년 진국을 인정하고 대조영에게 '발해군왕(渤海君王)'이라는 칭호를 주었다. 이때부터 발해로 널리 알려졌다.

　대조영이 719년 죽자 맏아들 무왕(武王)이 여러 부족을 정복해갔다. 발해가 영토를 확장하고 독자적인 연호를 사용하고 왕을 황제라 칭하였다. 그러자 당은 신라와 말갈을 이용하여 발해를 견제하였다. 이에 무왕은 732년 장문휴를 보내 당의 산동지방을 공격하여 자사 이준을 죽이는 성과를 올렸다. 당황한 당은 신라에 구원병을 요청했으나 눈이 많이 와 중간에 돌아가고 말았다. 이후 발해와 당은 화친을 맺고 서로를 공격하지 않았다.

동모산의 위치 논쟁

　동모산은 지금의 지린성(吉林省) 연변조선족자치주 둔화시(敦化市) 서남쪽 시엔루샹(賢儒鄉)에 위치한 성산자산성(城山子山城)으로 본다. 송화강의 지류인 목단강 상류 지역이다. 오늘날 동모산이란 지명은 없지만 성산자(城山子)가 산위에 있는 성터란 뜻이고, 이곳에서 동북으로 10km정도 떨어진 곳에 발해 왕족과 평민들이 묻혀 있는 육정산(六頂山) 고분군이 있다. 이러한 점으로 성산자산을 동모산으로 인정하고 있다.

　성산자산성은 해발 600m가 넘는 분지 안에 자리 잡은 나지막한 산성이다. 사면이 탁 트여 있어 외부인의 동태를 잘 파악할 수 있는 군사요충지다. 산의 동쪽 4km 지점에는 목단강 상류가 있고, 산의 북쪽에는 목단강 지류인 오루하(奧婁河, 대석하)가 서에서 동으로 흐르며 천연 해자 역할을 해준다. 성터는 타원형에 가까운 모양으로 둘레가 약 2km 정도이고, 성은 흙과 모래를 섞어 쌓았다. 이곳은 문왕이 756년 상경으로 도읍을 옮길 때까지 59년간 수도였다.

　한편 동모산을 지린성 연변조선족자치주 투먼시(圖們市) 마반촌(磨盤村·

모판촌)산성으로 보는 견해도 있다. 성산자산성보다 한반도에 가까우며, 이곳에서 발굴된 봉황무늬 와당은 육정산 고분군에서 발굴된 발해 왕족 것과 매우 유사하기 때문이다. 특히 동모산의 모(牟)자가 새겨진 기왓장이 발견되었고, 성벽 축조양식 또한 고구려와 흡사하여 대조영애 고구려를 계승했다는 증거가 되고 있다. 마반촌산성은 돌을 이용하여 정교하게 성벽을 쌓았는데 연대측정 결과 656~727년 사이에 축조한 것이다. 산성에는 7개의 문이 있으며 모두 옹성을 설치했다. 산성 중앙의 넓은 평지에는 대형 건축물의 흔적이 발굴되었다.

둔화시 성산자산성에서 내려다 본 대석하
자료: 국제신문

지린성 투문시 만반촌산성 유적지
자료: 연합뉴스

2) 상경용천부의 도시구획

수도 천도

제3대 문왕(文王)은 발해가 내적으로 안정을 회복하자 아버지 무왕과는 달리 대외정책을 바꾸어 당과 우호관계를 맺었다. 전쟁을 하기보다는 문치를 추진하기 위해 당의 문물제도를 받아들였다. 정부 조직을 3성(선조성, 중대성, 정당성) 6부(충부-인사, 인부-재정, 의부-의례, 예부-형벌, 지부-군사, 신부-토목건설)로 개편하고, 당의 국자감을 모방하여 유학교육을 위한 주자감을 설치하고, 행정통치조직을 5경15부62주로 편성하였다. 이를 보면 발해는 당의 문물제도를 그대로 받아들이지 않고 발해에 맞도록 변화를 주었다.

또 자주성을 과시하기 위해 독자적인 연호를 사용했으며 왕을 황제라 칭하였다.

당시 발해의 영토는 사방 5천리로 고구려보다 더 넓었다. 광대한 영토를 보다 효율적으로 통치하고, 국토의 균형 발전을 이루기 위해서 문왕은 5경을 설치했다. 5경은 지금의 지린성에 위치한 중경현덕부, 헤이룽장성에 위치한 상경용천부, 훈춘지역에 위치한 동경용원부, 함경도에 위치한 남경남해부, 압록강변에 위치한 서경압록부이다. 문왕은 5경을 순차적으로 천도함으로써 고구려, 말갈족, 거란족 등 다양한 종족으로 이루어진 발해 사회를 규합하고자 하였던 것이다.

발해가 5경을 유지관리하기 위해서는 잘 닦인 길이 필요했다. 모든 길은 수도로 통하도록 하였고, 주변국과도 통하는 교역로를 냈다. 신라로 가는 신라도(新羅道), 일본으로 가는 일본도(日本道), 압록강을 통하여 당으로 가는 조공도(朝貢道), 영주를 통하여 당으로 가는 영주도(營州道), 부여를 통하여 거란으로 가는 거란도가 있었다. 도로 곳곳에는 역을 두어 교통의 편리를 도왔다. 이 때문에 시장에는 각지에서 온 물건들이 가득 쌓여 있었다고 한다.

발해 5경(五京)

문왕 6년(742)에 천도한 곳은 중경현덕부(中京顯德府)였다. 지금의 지린성 허룽현(和龍縣) 북고성자촌(北古城子村)이나 서고성자(西古城子村)으로 추정한다. 이곳은 해란강이 서남쪽에서 동북쪽으로 흐르고, 강 유역에 넓은 벌판이 발달하였다. 해란강의 지류인 북동하, 이도하, 대오도하, 팔도하 등이 합류하는 교통의 요지이다. 이 부근에 문왕의 넷째 딸인 정효공주 묘지가 발굴되어 중경현덕부였다는 것을 증명해주고 있다.

문왕 19년(755)에 천도한 곳은 상경용천부(上京龍泉府)다. 지금의 헤이룽강성(黑龍江省) 무단장시(杜丹江市) 닝안시(宁安市) 동경성진(東京城鎭) 일대다. 이곳은 목단강 중류의 넓은 분지 지형으로 기후가 따뜻하고 땅이 기름지다. 또한 교통이 편리하고 물고기가 잘 잡혀 농경과 함께 경제적 기반이 되었다. 문왕이 이곳으로 수도를 옮긴 이유는 북쪽에 위치한 말갈족 등을 보다 적극적으로 통치하기 위한 것으로 보인다.

문왕 49년(785)에 천도한 곳은 동경용원부(東京龍原府)다. 지금의 연변조선족자치주 훈춘현의 반라성(半拉城) 지역으로 추정된다. 이곳은 해양 교통의 요지로 일본으로 가는 해로의 기점이 되었다. 발해는 이곳에 도읍함으로써 함경도, 해이룽장성, 러시아 연해주의 블라디보스토크 일대를 통치하였다.

그러나 문왕이 재위 57년(793) 사망하는 바람에 남경남해부와 서경압록부로는 천도하지 못했다. 제4대 왕인 대원의가 즉위하자마자 폭정을 이유로 쫓겨나고, 문왕의 손자인 대화여가 제5대 성왕에 올랐다. 성왕 1년(793) 수도를 동경용원부에서 이전의 도읍지였던 상경용천부로 천도하였다. 이후 상경용천부는 발해가 926년 멸망할 때까지 수도가 되었다.

상경용천부의 도시구획

상경용천부는 발해 5경중에서 규모가 가장 컸던 도읍지였다. 당의 장안성을 모방하여 계획했다. 규모는 외성은 동서 4,650m, 남북 3,530m의 장방형으로 전체 길이는 16.3km이다. 이는 당시 동아시아에서 당나라 장안성 다음으로 큰 도시였다. 성의 북쪽과 서쪽으로는 목단강(牧丹江)이 자연 해자 역할을 해준다.

중앙 북방에는 내성인 황성을 쌓고, 황성 남문에서 외성 남문까지는 넓이 110m에 달하는 일직선의 주작대로를 냈다. 내성은 황제가 거주하고 외성은 시민들이 거주하였다. 외성에는 모두 10개의 성문을 냈는데, 동서에 각각 2개씩, 남북으로 각각 3개씩이며, 서로 대칭을 이루며 일직선상에 놓이도록 했다.

도시공간은 주작대로를 중심으로 좌경과 우경으로 나누고, 이것을 다시 바둑판 모양으로 나누어 여러 조방(條坊)을 두었다. 이곳에 일반주택, 시장, 사찰 등이 자리 잡았다. 내성 안에는 지금까지도 궁궐 터, 우물 터, 석등이 잘 남아 있는데 건물 터에서는 온돌시설이 발견되어 발해가 고구려를 계승했음을 말해준다. 외성 주변에는 왕릉을 비롯한 발해시대의 고분이 남아 있다. 그 밖에 다리, 건물 터, 벽돌과 가마를 굽던 가마터 들이 발견되었다.

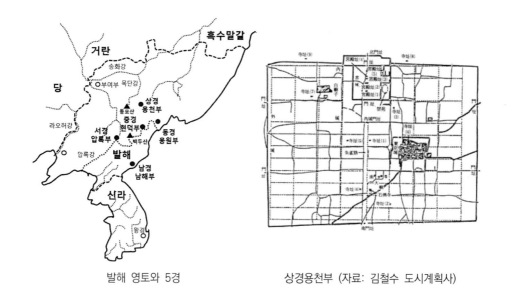

발해 영토와 5경   상경용천부 (자료: 김철수 도시계획사)

발해의 멸망

발해는 698년 건국하여 926년 정월에 망할 때까지 약228년 동안 계속되었다. 신라가 후삼국으로 갈라져 궁예, 견훤, 왕건이 서로 치열하게 싸우고 있을 때도 발해는 북쪽에서 강대함을 자랑하고 있었다. 그러나 발해는 갑자기 망하고 말았다. 그 이유에 대해서는 정확하게 전해지는 기록이 없다. 다만 지배층의 내부분열, 이틈을 탄 거란의 공격설 등이 있다.

그러나 백두산의 화산폭발과 관련이 있을 것이라는 주장이 제기되고 있다. 백두산의 탄화목에 대한 탄소연대측정 결과 926년~945년 사이에 백두산에 강력한 화산폭발이 일어난 것으로 추정한다. 베수비오 화산폭발로 로마제국도시 폼페이가 최후를 맞았듯 발해도 백두산의 화산폭발로 막대한 인명손실과 재산피해를 입어 국력이 약해지자 이 틈을 타 거란이 침입하여 멸망시켰다는 주장이다.

당시 중국은 당나라가 멸망하고 5호10국이 들어서는 혼란기였다. 거란은 힘의 공백기를 이용하여 급속도로 성장하고 있었다. 신라는 국정운영 능력을 상실하였고, 견훤의 후백제와 궁예의 태봉이 패권싸움을 하고 있었다. 이 바람에 거란을 견제할 수 있는 세력이 없었다. 거란의 야율아보기(耶律阿保

機)는 중원으로 나가기에 앞서 후환이 될 수 있는 발해를 먼저 공격하였다. 제15대 왕 대인선은 제대로 싸우지 못하고 항복하였다. 이로서 압록강과 두만강 위쪽은 우리민족의 영토에서 사라져 버리고 말았다.

3. 후삼국시대

1) 후삼국시대와 도시

신라는 제30대 문무왕이 통일을 이룬 후 신문왕, 효소왕, 성덕왕, 효성왕, 경덕왕의 5대에 걸쳐 약 100년 동안 전성기를 누렸다. 귀족들은 호화생활을 구가하며 각기 사병을 길렀다. 제36대 혜공왕 때부터 더 많은 토지와 노비를 차지하려는 귀족들 간 권력싸움이 벌어지고 모반이 자주 일어났다. 제37대 선덕왕 이후 제47대 헌안왕까지 왕의 평균 재위기간은 7년에 불과하다. 이전 왕들의 재위기간이 23년인 것과 비교하면 왕권이 약화되었다.

신라 말의 혼란은 제51대 진성여왕(재위 887~897) 때에 이르러 더욱 심해졌다. 진성여왕은 정치는 뒤로 하고 미소년들을 시종으로 데리고 있으면서 문란한 생활을 하였다. 이틈을 타 귀족들은 자신의 권력을 유지하기 위해 농민을 극도로 수탈하였다. 이로 인해 전국 곳곳에서 농민들의 반란이 일어났다. 죽주(안성 죽산)에서는 기훤이 봉기하였다. 북원(원주)에서는 양길이 일어나 그 세력을 명주(강릉)까지 펼쳤다. 그러나 신라 왕실은 군대조차 파견하지 못하고 수수방관하는 실정이 되었다.

신라 왕실이 지방에 대한 지배력을 잃자, 지방 호족들은 성을 쌓고 군대를 거느리면서 스스로 장군이나 성주로 일컬었다. 이들은 지방을 직접 다스리면서 관리를 두어 세금을 거두어들였다. 후삼국 시대는 궁예와 견훤이 각각 태봉과 후백제를 세우면서 시작되었다. 궁예는 철원에 도읍을 정하고 신라 북부지역을 무대로 세력을 형성하였다. 견훤은 무진주(광주)와 완산(전주)에 도읍을 정하고 옛 백제 영토 대부분을 차지하였다.

2) 태봉의 도읍 철원

궁예는 철원을 거점으로 세력을 형성하였다. 이 즈음 평산의 호족 박지윤과 송악의 호족 왕씨 가문이 귀부해왔다. 898년 왕건의 아버지 왕륭의 건의에 따라 거점을 철원에서 송악으로 옮겼다. 패서지방을 장악한 궁예는 양길과 싸워 승리함으로써 충청, 경기, 황해, 강원 등 신라 북부지역을 장악하였다. 세력이 커지자 궁예는 901년 고구려 부흥과 신라 타도를 표방하고 후고구려를 세웠다. 국력이 점차 강해지자 궁예는 904년 국호를 마진(摩震)으로 고치고, 무태(武泰)라는 연호를 사용하였다.

궁예는 905년 도읍을 철원으로 다시 옮기고, 911년에 국호를 태봉(泰封), 연호를 수덕만세(水德萬歲)로 고치었다. 궁예가 도읍을 정한 철원도성은 철원군 철원읍 홍원리 풍천원(楓川原) 일대로 비무장지대 내에 위치한다. 현재는 군사분계선에 의해 남북으로 반씩 나뉘어져 있는 실정이다. ≪삼국사기≫나 ≪고려사≫의 기록에 의하면 궁예는 서원경(충주) 백성 1천 호를 이주시켜 경(京)으로 삼고, 궁궐을 크고 웅장하고 지극히 사치스럽게 지었다고 한다.

이곳 지형은 추가령구조곡에 의하여 만들어진 드넓은 분지평원 지대다. 한국의 도성 대부분이 자연지형을 이용하여 조성하는 것과 달리 철원도성은 평지에 조성하였으며, 모두 흙으로 축조되었다. 철원군청은 항공사진과 일제강점기 지적도를 통하여 윤곽을 복원한 결과 외성의 들레는 12.5km, 내성의 둘레는 7.7km, 면적은 약 16km²로 추정된다고 밝히고 있다. 도성 내부는 방리제(坊里制)에 따라 구획하고 내성 내에 궁성을 배치했는데 둘레는 1.8km로 추정한다, 내성에는 관부, 외성에는 시장과 광장을 배치하였다. 도성 밖에는 10여개의 외곽성도 함께 구축하여 방어력을 높였다.

그러나 궁예의 철원 천도는 역대 최악이라는 평가다. 수도 입지로는 너무 내륙 깊숙한 곳에 위치하여 고립되기 쉬운 곳이다. 또한 큰 강이 없어 당시 교통수단인 수운이 불편했다. 철원평야가 넓지만 당시에는 물이 부족해 척박한 땅이었다. 철원평야가 비옥하다는 것은 근대에 들어서 저수지가 축조된 이후부터다. 이 때문인지 도선 도참설은 금학산을 진산으로 정하면 300

년을 지속할 것이고, 고암산을 진산으로 정하면 30년 밖에 유지하지 못한다고 했는데, 궁예는 고암산을 진산으로 정했다고 한다.

궁예는 철원으로 천도한 후 정신 이상 증세를 보였다. 스스로를 미륵불이라 하더니 직접 불경을 짓고, 관심법을 명목으로 주변 신하들과 호족들과 심지어 가족들까지도 의심하여 죽이는 폭정을 부렸다. 결국 궁예는 918년 왕건, 홍유, 신숭겸, 복지겸, 배현경 등의 반정으로 쫓겨나 목숨을 잃었다. 궁예가 후고구려를 세워 즉위한지 18년 만이다.

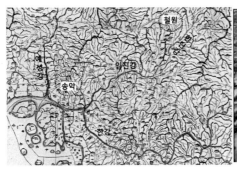

송악과 철원의 위치
자료: 대동여지도

태봉국 복원도
자료: 철원군청

3) 견훤의 도읍 전주

견훤(甄萱)은 상주 가은현(문경) 사람으로 867년 호족인 아자개의 아들로 태어났다. 많은 전공을 세워 진성여왕 6년(892) 비장에 올라 지금의 전남 서남지역 해안 수비임무를 맡았다. 견훤이 신라에 반기를 들고 서남해 지역 주·현을 차지하여 민심을 바로잡자 따르는 자가 많았다. 892년 무진주(광주)를 점령하여 스스로 왕이라 칭하였다. 900년 백제 부활을 내세우며 옛 백제의 중심부인 전주로 도읍을 옮겨 후백제의 왕이 되었다.

견훤은 완벽한 방어체계를 갖춘 왕도를 꿈꾸며 도성을 건설했다. 도성의 범위는 승암산(307.3m)에서 기린봉 능선을 타고 북쪽 구릉에 이르는 넓은 지역이다. 자연 지세에 따라 산 동편 정상 부분에 궁궐을 짓고 왕성을 쌓았다.

이를 상성(上城)이라 하는데 지금의 동고산성 자리로 추정한다. 상성 바로 아래에는 행정기관이 자리한 내성(內城)이 위치했다. 내성 아래는 왕족과 귀족의 거주지인 중성(中城)을 배치했다. 중성 아래에서 전주천에 이르는 평지에는 백성들이 거주하는 외성(外城)을 쌓았다.

왕성이었던 동고산성은 둘레가 1,712m이며, 성벽은 산줄기를 따라 쌓은 포곡식 산성이다. 성안은 동서방향으로 314m, 남북방향으로 256m에 이르며, 13개소의 건물터가 발굴되었다. 특히 주건물지는 주춧돌은 총 236개로 모두 6열로 이루어졌다. 1열과 2열의 간격이 4.2m인데 반해 3,4,5열의 간격은 1m이다. 이는 한옥의 고층 건물에 사용하는 고주(高柱)이다. 이는 2층 건물에 188칸의 거대한 건물이 있었음을 의미한다. 또한 별궁 건물터에서는 전주성(全州城)이라는 명문이 찍힌 막새기와가 발굴되어 견훤이 도읍 명칭을 전주로 사용했음을 보여준다.

외성은 성벽 둘레만 18km에 이르며, 동쪽 편으로 기린봉 산자락의 자연 능선을 성벽으로 이용했다. 산자락 밑 부족한 부분은 토성을 쌓았고, 토성과 토성 사이에는 목책을 설치했다. 서쪽 면으로는 전주천을 자연 해자로 삼아 토성과 목책을 번갈아 설치하고 적의 공격에 대비하였다. 남쪽 남고산(273.7m)에는 남고산성을 쌓아 전주 일대를 한 눈에 관망하며 유사시에 대비하였다. 그러나 후백제는 건국한지 36만인 936년에 내분으로 멸망하였다.

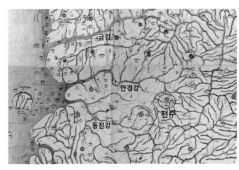

전주 위치
자료: 대동방여전도

견훤의 전주성 개념도
자료: KBS 역사스페셜

참고문헌

경주시사편찬위원회, ≪경주시사Ⅰ≫, 2006.

국립경주문화재연구소, 신라왕경 발굴조사보고서Ⅰ, 2002.

김동우, 발해도성과 지방통치, 고구려발해연구 58, 2017, 211-234.

김병모, ≪역사도시 경주≫, 열화당, 1984.

김영태, 전주 동고산성의 성격에 대한 소고: 6차 발굴조사를 중심으로, 한국성곽학보
    17, 2010, 72-99.

김진광, 발해 도성의 구조와 형성과정에 대한 고찰, 문화재 45집2호, 2012, 38-53.

김진광·강현숙, 발해도성과 신라왕경의 비교, 신라문화제학술발표논문집 제29집,
    2008, 137-171.

김철수, ≪도시계획사≫, 기문당, 2005.

김태식 편저, ≪알기 쉬운 삼국사기≫, 바른사, 1999.

남북역사학자협의회, 철원 DMZ 궁예도성 남북공동발굴 추진 정책 세미나, 2018.

박방룡, 신라도성연구, 동아대학교 박사학위논문, 1997.

박영규, ≪한권으로 읽는 고려왕조실록≫, 들녘, 1996.

스토야킨 막심(Maksim Stoyakin), 발해성곽의 구조와 형식에 대한 연구, 고구려발해
    연구 42, 2012, 81-109.

심정보, 태봉국 철원도성의 축조기법과 공간구성, 동아문화재단 26, 2019, 61-86.

역사신문편찬위원회, ≪역사신문 1≫, 사계절, 1995.

윤무병, 신라 왕경의 방제, 두계 이병도박사 9순기념한국사학논총, 지식산업사, 1987,
    47-49.

이영호, 신라의 천도 문제, 한국고대사연구 36, 2004.

이주형, 도시형태론, 보성각, 2001.

이현태, 신라 왕경의 이방구획 및 범위에 대한 연구 현황과 과제, 한국고대사탐구학회
    발표문, 2012.06.23.

전덕재, 신라 신문왕대 천도론의 제기와 왕경의 재편에 대한 고찰, 신라학연구 8호,
    2004.

전덕재, 신라 리방제의 시행과 그 성격, 신라문화재학술논문집 26, 2005.

정석배, 발해 상경성의 도시계획: 황제도성으로서의 발해 상경도성, 고구려발해연구 45, 2013, 177－222.

최흥선, 후백제 도성 신자료 소개, 동원학술논문집 17, 2016, 76－91.

kbs 역사스페셜, 견훤의 왕도 전주프로젝트, 효형출판, 2007.

홈페이지

디자인이오 (blog.naver.com/pamisl)

신라역사과학관 (www.sasm.or.kr)

철원군청 (www.cwg.go.kr)

전주시청 (www.jeonju.go.kr)

언론 보도

부산일보, 잃어버린 발해사를 찾아<4> 동모산에 자리잡은 최초의 산성－성산자산 성, 2009.1.11자 보도

연합뉴스, 중국서 발생 건국 새 추정지 나와, 2021. 4. 17자 보도

신동아, 휴화산 백두산이 끓고 있다, 신동아 2007년 5월호

KBS역사스페셜, 17미터 거북바위의 증언, 견훤의 왕도 전주프로젝트, 2002.5.4. 방송

제4장

고대시대의 도시

제4장

고려시대

1. 고려 초기

1) 고려의 건국과 송악

고려 건국과 송악천도

왕건(王建, 877~943)은 대대로 해상무역을 통해 부를 축적한 송악의 호족 출신이다. 왕건은 918년 6월 철원에서 궁예를 내쫓고 왕이 되자 국호를 고구려를 계승한다는 뜻으로 고려(高麗)라 하고, 연호를 하늘에서 내려준다는 의미로 천수(天授)라 하였다. 그리고 919년 1월 본인의 본거지인 송악으로 도읍을 옮겼다.

송악은 북쪽으로 예성강, 남쪽으로 임진강을 사이에 두고 있으며, 북쪽으로는 송악산(496m), 동쪽은 부흥산, 서쪽은 오공산, 남쪽은 용수산이 감싸준 분지 지형이다. 그 너머로는 천마산(762m), 오관산(764m), 만수산(228m), 진봉산(310m), 덕적산 등 더 높은 산들이 감싸고 있어서 적이 쉽게 접근할 수 없는 천혜의 요새다. 도시 내부로는 송악산에서 발원한 광명천과 구요천 물이 황성을 가로지나 백천(白川)을 이룬다. 백천은 사천과 합수하여 임진강으로 흘러 서해로 나간다.

송악은 예성강과 임진강, 한강이 만나는 지역으로 교통이 편리한 곳이다. 예성강 하구에 있는 벽란도는 조운을 통해 들어오는 물자의 집결지이고, 외국과 교역하는 국제항이었다. 예성강과 임진강 하류인 연백과 장단은 기름지고 넓은 평야가 발달된 곡창지대다. 왕건은 송악의 경제력을 바탕으로 군사력을 강화했고 지방 호족들을 규합하였다. 그리고 935년 신라의 항복을 받고, 936년 후백제를 멸망시켜 후삼국을 통일하였다.

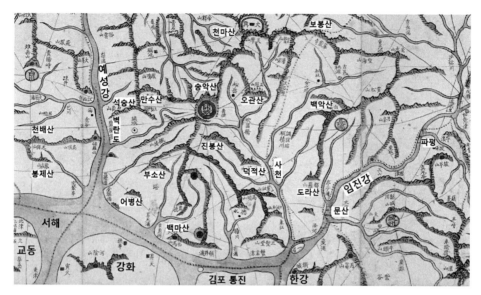
송악의 산줄기와 물줄기

자료: 대동방여전도

고려 초기 도성 발어참성

송악에는 신라 때부터 성이 있었다. ≪삼국사기≫에 의하면 신라 효소왕 3년(694) 겨울 송악에 성을 쌓고, 성덕왕 12년(713) 12월에 개성을 쌓았다는 기록이 있다. ≪고려사≫ 1권에는 896년 궁예가 왕건에게 지시하여 발어참성(勃禦塹城)을 쌓았다고 기록하고 있다. 일설에는 왕건의 아버지인 왕륭이 사찬의 벼슬에 있으면서 궁예에게 제의하여 성을 쌓았고, 아들인 왕건을 성주로 앉혔다고 전한다.

왕건은 철원에서 고려를 건국한 후 6개월 만에 송악으로 천도하면서, 발어참성을 도성(都城)으로 삼았다. 성안에 궁성을 쌓고 만월대(滿月臺)에 정궁을 지었다. 이후 발어참성은 궁성을 지킨다는 의미로 황성(皇城)으로 불리었다. 본래 이 지역은 송악현과 개성현 일부가 포함되어 개주(開州)라 했는데,

고려의 수도로서 정치, 경제, 문화의 중심지가 되자 개경(開京)으로 불리었다.

발어참성의 성벽은 자연 지세를 이용하여 북쪽의 송악산에서부터 서쪽으로 오공산과 주작현, 동쪽으로 자남산 능선을 따라 쌓았다. 그 길이는 8.2km 정도이며 북벽과 서벽은 돌로 쌓고 동벽과 남벽의 일부는 흙으로 쌓았다. 이후 개경은 몽고의 침입으로 강화로 천도한 38년 동안을 제외하고 고려 왕조 478년 동안 수도로서 역할을 해왔다.

발어참성도

발어참성

자료: 한국학중앙연구회

2) 나성

나성축성

고려 초기 국제정세는 송나라와 거란이 대립하고 있었다. 송은 960년 카이펑(開封)에 도읍하고 당나라 멸망 후 약 70년에 걸쳐 분열된 5대10국을 통일하였다. 북방에서는 발해를 멸망시킨 거란이 랴오닝성(遼東城)에 도읍을 정하고 중국의 화북 지방을 차지하며 세력을 키웠다. 거란은 송을 공격할 때 송과 친한 고려가 공격할까 염려 해 먼저 고려를 공격하였다. 세 차례에 걸친 거란의 침입으로 개경이 함락 당하고 궁궐과 관아, 종묘, 사직이 불태워졌다.

강감찬의 귀주대첩으로 거란이 물러나자 고려는 도성 수비를 위해 도시 전체를 둘러싸는 나성(羅城)을 쌓았다. 강감찬의 건의에 따라 현종 즉위 초부터 공사를 시작하여 현종 20년(1029)까지 21년 동안 약 30만7천3백 명의 장정이 동원되었다. 성벽은 발어참성을 이어서 쌓았으며, 서쪽 오공산부터 남쪽의 용수산, 동쪽의 부흥산 자락까지 16km이다. 발어참성까지 합하면 나성의 전체 길이는 23km에 이른다. 이는 고구려 장안성 17.4km, 송나라 개봉성 20km, 조선의 한양성이 18.6km인 점을 감안하면 매우 큰 규모다.

성벽은 지형의 특성과 조건에 따라 돌이나 흙 또는 돌과 흙을 혼합하여 쌓았다. 돌로 쌓은 성벽은 밑변의 너비가 6m, 흙으로 쌓은 것은 7~8m이며 기본적으로 돌로 성심을 채웠다. ≪고려사절요≫는 나성의 높이를 27척(약 8.1m)으로 기록하고 있으나 지형에 따라 높낮이의 차이가 있었다. 나성이 축성이 되면서 개경은 왕궁을 둘러싼 궁성, 궁성을 둘러싼 황성(발어참성), 황성을 둘러싼 나성으로 이루어지게 되었다.

나성의 성문

나성의 성문은 총 25개로 대문(大門) 4개, 중문(中門) 8개, 소문(小門) 13개가 있다. 소문 중 눌리문과 황성문이 겹치므로 나성문은 총 24개다. 이는 동양의 우주관인 사방 팔괘와 12월과 24절기를 의미하는 것으로 보인다. 다만 지세를 따라 성을 쌓았으므로 정확한 방위에 성문을 내지 못했다. 송악산이 가로 막고 있는 서북쪽은 성문이 적고, 교통량이 많은 남쪽은 성문이 많다. 24개의 문중 4대문은 동쪽의 숭인문(崇仁門), 서쪽의 선의문(宣義門), 남쪽의 회빈문(會賓門), 북쪽의 자안문(紫安門)이다.

북성문은 24방위로는 정북인 자(子)에 해당되고, 24절기로는 동지를 상징한다. 북성문을 자안문(紫安門)이라 한 것은 하늘의 중심인 북극성이 머무는 자리가 자미궁(紫微宮)이기 때문이다. 즉 송악산이 자미궁인 대궐을 안전하게 보호해달라는 의미로 해석된다. 안화문(安和門)은 안녕화평(安寧和平)이라는 뜻이다. 24방위로는 북에서 동북 사이인 계(癸)에 해당하고, 절기로는 소한을 상징한다. 이곳이 안녕 화평해야 세상이 순조롭다는 의미를 담고 있다. 성도문(成道門)은 24방위로는 동북의 첫째인 축(丑)에 해당되고, 24절기로는 대한을 상징한다. 이문을 통과하면 봄의 시작을 알려 만물이 소생토록 하므로 군자의 도를 이룬다는 뜻으로 해석된다.

영창문(靈昌門)은 24방위로는 동북인 간(艮)이고, 24절기로는 입춘을 상징한다. 신령함을 빛낸다는 뜻인데 이문을 통과하면 고려왕실의 선대 사당이 있는 오관산이 있기 때문으로 해석된다. 선기문(宣祺門)은 24방위로는 동북의 끝인 인(寅)이고, 24절기로는 우수를 상징한다. 영통문과 함께 왕실의 선대 사당으로 가는 길목이어서 복을 베푼다는 의미로 해석된다. 안정문(安定門)은 24방위로는 동쪽의 시작인 갑(甲)에 해당되고, 24절기로는 경칩을 상징한다. 왕실 사당으로 가는 길목이어서, 제사에 정성을 다하면 왕실이 안정을 누리게 될 것이라는 의미로 해석된다.

숭인문(崇仁門)은 24방위로는 동쪽인 묘(卯)에 해당되고, 24절기로는 춘분을 상징한다. 인은 동쪽을 상징하므로 만물의 소생 방향인 동쪽을 높이 숭상한다는 의미로 해석되며, 동서대로가 통과하는 교통의 요지였다. 홍인문(弘仁門)은 24방위로는 동쪽의 끝인 을(乙)에 해당되고, 24절기로는 청명을 상징한다. 봄의 햇살처럼 인을 널리 펼친다는 의미로 해석된다. 덕산문(德山門)은 덕암봉 자락에 있어 붙여진 이름이다. 24방위로는 동남쪽의 시작인 진(辰)에 해당되고, 24절기로는 곡우를 상징한다.

장패문(長覇門)은 24방위로는 동남인 손(巽)에 해당되고, 24절기로는 입하를 상징한다. 도성 안 여러 갈래의 물이 광덕평에서 모여 이곳으로 빠져나가는 수구이다. 이곳을 통과한 물은 사천을 향해 흘러가는데 물이 급하므로 이를 눌러 이긴다는 뜻으로 해석된다. 사람과 물자가 붐비는 교통의 요지이며, 이자겸의 난 이후에 종묘와 사직을 오랫동안 보존한다는 뜻에서 보정문(保定門)으로 개칭하였다. 덕풍문(德豊門)은 24방위로는 동남의 끝인 사(巳)에 해당되고, 24절기로는 소만을 상징한다. 초여름의 햇빛과 바람이 온 대지를 후덕하고 풍요롭게 비추는 곳이라는 의미로 해석된다. 영동문(永洞門)은 24방위로는 남쪽의 시작인 병(丙)에 해당되고, 24절기로는 망종을 상징한다. 두 물이 합하여 하나가 되는 것을 영동이라 하는데 웅천과 사천이 합하듯, 임금과 신하가 영원히 회동한다는 의미로 해석된다.

회빈문(會賓門)·선계문(仙溪門)·태안문(泰安門)은 모두 남쪽에 있다. 24방위로는 오(午)에 해당되고, 24절기로는 하지를 상징한다. 회빈문은 빈객과 회합한다는 뜻을 가진 문이므로 옆의 영동문과 관련이 있어 보인다. 선계문은 부근에 선계가 있어 붙여진 이름으로 해석된다. 태안문은 태양처럼 크고 넉넉하면 편안하다는 의미로 해석된다. 앵계문(鶯溪門)은 24방위로는 남쪽의 끝인 정(丁)에 해당되고, 24절기로는 소서를 상징한다. 앵계의 상류에 있기 때문에 붙여진 이름으로 해석된다. 선암문(仙巖門)은 24방위로는 미(未)에 해당되고, 24절기로는 대서를 상징한다. 선암이 주변에 있어 붙여진 이름으로 해석된다.

광덕문(光德門)은 정주문(貞州門)을 개칭한 것으로 24방위로는 남서쪽인 곤(坤)에 해당되고, 24절기로는 입추를 상징한다. 광덕은 곤덕(坤德)으로 지덕과 통하니 만물을 품어 화하여 빛을 발한다는 의미로 해석된다. 창신문(昌信門)은 24방위로는 남서쪽의 끝인 신(申)에 해당되고, 24절기로는 처서를 상징한다. 신(信)은 오상으로 토에 해당되므로 오행으로 토에 해당되는 남서쪽 성문에 붙여진 이름으로 해석된다. 보태문(保泰門)은 24방위로는 경(庚)에 해당되고, 24절기로는 백로를 상징한다. 천지가 크게 교류하도록 보충해준다는 의미로 해석된다.

선의문(宣義門)은 24방위로는 서쪽인 유(酉)에 해당되고, 24절기로는 추분을 상징한다. 오상으로 의(義)는 금이고, 금은 서쪽이므로 서쪽을 베푼다는 의미로 해되며, 중국에서 오는 사신을 맞았다. 산예문(狻猊門)은 24방위로는 서쪽의 끝인 신(辛)에 해당되고, 24절기로는 한로를 상징한다. 나성 밖 서쪽의 산예역과 연결되는 통로여서 붙여진 이름으로 해석된다. 영평문(永平門)은 24방위로는 서북의 시작인 술(戌)에 해당되고, 24절기로는 서리가 내린다는 상강을 상징한다. 영평문을 통해 태조 왕릉인 현릉을 가므로 영원히 평안하다는 의미로 해석된다.

건양문(乾陽門)은 건복문(乾福門)의 개칭으로 24방위로는 서북쪽인 건(乾)에 해당되고, 24절기로는 겨울의 입동을 상징한다. 부족해진 양의 기운을 보충하기 위해서 붙여진 이름으로 해석된다. 연양문(延陽門)은 통덕문(通德門)을 개칭한 것으로 24방위로는 서북쪽의 끝인 해(亥)에 해당되며, 24절기로는 소설을 상징한다. 양의 기운이 소멸하기 때문에 이를 연장한다는 의미로 해석된다. 연양문에서 다시 북성문으로 연결되는데, 그 사이 24방위로는 북쪽의 시작과 대설을 상징하는 임(壬)과 관련된 문이 생략되었다. 아마도 가파른 송악산이 버티고 있기 때문에 문을 낼 필요가 없었을 것으로 해석된다.

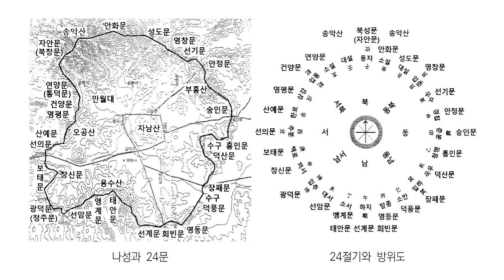

나성과 24문   24절기와 방위도

개경의 도시계획과 5부 방리

≪고려사≫에 나타난 개경의 도시계획을 보면 모두 세 차례에 걸쳐 정비되었다. 첫 번째는 태조 2년(919) 수도를 송악산 남쪽에 정하면서 시전(市廛)을 세우고 방리(坊里)를 구분하여 5부(五部)로 나누었다. 두 번째는 성종 6년(987) 5부의 방리를 개편하였다. 세 번째는 현종 15년(1024) 5부 방리가 정해져 도시구역의 틀이 잡혔다. 개경 시내인 나성 안을 모두 5부 35방 344리로 구획하였다. 부(部)는 오늘날 구(區)와 비슷하고, 방(坊)은 오늘날의 동(洞)과 비슷하며, 리(里)는 오늘날의 마을과 비슷하다.

5부는 개경을 동부(東部)·서부(西部)·남부(南部)·북부(北部)·중부(中部)의 다섯 지역으로 구획한 것을 말한다. 북쪽 자안문과 남쪽 회빈문을 잇는 선을 기준으로 동부와 서부로 나누고, 동쪽 숭인문과 서쪽 선의문을 잇는 선을 기준으로 남부와 북부로 나누었다. 남북신과 동서신이 교차하는 곳은 중부지역으로 시의 중심지다. 동부에는 안정방·봉향방·영창방·송령방·양제방·창령방·홍인방 등 7개 방과 70개의 리가 있다. 서부에는 삼송방·오정방·건복방·진안방·향천방 등 5개 방과 81개의 리가 있다. 남부에는 덕수방·덕풍방·안흥방·덕산방·안신방 등 5개 방과 71개의 리가 있다. 북부에는 정원방·법왕방·흥국방·오관방·자운방·왕륜방·제상방·사나방·사장암방·내천왕방 등 10개 방과 47개의 리가 있다. 중부에는 남계방·흥원방·홍도방·앵계방·유암방·변양방·광덕방·성화방 등 8개 방과 75개의 리가 있다.

　개경의 행정구역을 5부로 구획한 것은 동양의 우주관인 음양오행사상과 관련 깊다. 나성으로 둘러싸인 개경을 하나의 우주공간으로 보고, 이를 동서남북과 중앙으로 나눈 것이다. 오행(五行)이란 우주의 본질인 기가 크게 목(木)·화(火)·토(土)·금(金)·수(水) 다섯 가지 형태로 돌면서 세상과 삼라만상을 변화시킨다고 보는 이론이다. 목은 동쪽과 봄과 인(仁), 화는 남쪽과 여

개경 5부 35방

름과 예(禮), 토는 중앙으로 사계절을 조절하며 신(信), 금은 서쪽과 가을과 의(義), 수는 북쪽과 겨울과 지(智)를 상징한다. 그러므로 개경은 음양오행과 계절의 순환에 호응하도록 구획된 도시라 할 수 있다.

35방으로 구획한 것은 35방에다가 황성을 더하면 36방이 되는데, 신선이 거처하는 이상향인 36동천을 표현한 것으로 보인다. 도교에서는 36동천(洞天)과 72복지(福地)의 땅을 신선들이 사는 이상향으로 꼽고 있다. 344리는 작은 단위의 마을인데, 황성까지 포함하면 모두 360개 또는 365개의 리로 추정한다. 우주의 둘레가 360도이고, 1년이 365일이므로 개경은 도시계획을 하면서 철저하게 동양의 우주관을 반영했다고 볼 수 있다.

도시 간선도로

도시 내부 도로는 동부의 숭인문과 서부의 선의문을 잇는 동서대로와 황성과 남부의 회빈문을 잇는 남북대로가 있다. 두 도로가 교차하는 중부는 나성 내의 여러 골짜기에서 흘러나온 물들이 모여드는 지역이다. 광덕평에 모인 물들은 동남쪽 사방(巳方)으로 흘러 장패문의 수구로 빠져나가고, 이 물길을 따라 대로가 나있다. 물이 모여들고 도로가 교차하는 중부에는 시장과 사원을 비롯하여 별궁과 관청, 도관, 객관 등 여러 관공 시설이 밀집되어 있어 가장 변화한 곳이었다.

고려 전성기에는 장랑(長廊)이 1,000여 개, 대창고가 113개에 이르는 거대한 규모의 상업지역을 형성했다. 시전거리 주변에는 많은 민가들이 수십 채씩 밀집해 취락을 이루고 있었다. 약 10만 호의 주택에 인구는 30~40만 명 정도가 거주한 것으로 추정한다. 개경에는 다양한 부류의 사람들이 모여 살았지만 신분에 따른 주거지의 제한이나 거주 이전의 차별은 없었다.

송나라 사신인 서긍은 1,123년 고려를 방문하여 보고 들은 것을 기록한 《고려도경》을 남겼다. 이 책은 당시의 개경의 모습을 자세히 묘사하고 있다. 시가지는 바둑판처럼 정리되어 있지 않고 지형에 따라 널려있으며, 백성들의 주거지는 열두어 집씩 모여 하나의 마을을 이루었다고 한다. 시가는 경시사(京市司)에서 흥국사 다리 사이와, 광화문에서 봉선고 사이에 긴 행랑집 수백 칸을 만들었다. 그 뒤로는 좁고 누추한 백성들의 집들이 들쭉날쭉 있었다고 적고 있다.

개경의 간선도로와 물줄기

3) 궁성

궁성 구조와 건물 배치

궁성은 궁궐을 보호하기 위해 쌓은 것이다. 궁궐은 궁(宮)과 궐(闕)의 합성어다. 궁은 왕과 그의 가족들이 생활하는 공간이고, 궐은 임금이나 신하들이 업무를 보는 공간이다. 궁성 안에는 왕과 왕실가족, 대소 관원, 군인, 내시, 궁녀, 무수리, 노복에 이르기까지 여러 계층의 사람들이 기거하고 활동한다. 이들은 신분에 따라 건물이 할당되었다. 건물은 서열에 따라 전(殿), 당(堂), 합(閤), 각(閣), 재(齋), 헌(軒), 누(樓), (亭)이 등의 이름을 붙였다.

전(殿)은 건물 가운데 가장 격이 높은 건물이다. 규모가 가장 크고 격조 있게 치장을 하였다. 주로 공적인 의식행사 및 활동을 하는 건물, 왕과 왕비 및 대비가 이용하는 건물에 붙였다. 당(堂)은 규모는 전에 비해 떨어지지 않으나 격이 한 단계 낮고, 공적인 활동보다는 일상적인 활동을 하는 건물이다. 합(閤)과 각(閣)은 전이나 당의 부속 건물로 보위하는 기능을 한다. 재(齋)는 왕실 가족이나 궁궐에서 활동하는 사람들이 기거하는 건물이다. 주로 숙식을 하거나 독서나 사색을 하는 공간으로 활용한다. 헌(軒)은 대청마루가 있는 건물로 일상적 주거 용도보다는 공무적인 기능을 가진 경우가 많다. 누(樓)는 바닥이 지면보다 높이 있는 마루를 말한다. 보통 주요 건물의 일부에 붙어있는 경우가 많다. 정(亭)은 연못가나 개울가 혹은 경관이 좋은 곳에 휴식이나 연회공간으로 사용하는 작은 건물이다.

송악산 남쪽 기슭에 자리한 궁궐은 자연 지형의 흐름에 따라 건물을 배치하였다. 경사지를 평평하게 깎지 않는 대신 여러 단의 축대를 쌓아 그 위에다 건물을 세웠다. 자연스럽게 건물들이 올라오면서 점점 높아지고 웅장하여 위엄 있게 보이는 효과가 있다. 궁궐을 만월대라고 하는데 본래의 명칭이 아니다. 후세에 빈터만 남아 있자 정전 앞 계단의 이름을 궁궐의 대명사로 불렀다. 이를 조선시대 ≪신증동국여지승람≫에 기록함으로써 통용하게 된 것이다.

궁궐은 회경전(會慶殿) 중심의 외전, 장화전(長和殿)과 원덕전(元德殿) 중심의 내전, 서북쪽의 건덕전(乾德殿)과 만령전(萬齡殿) 중심의 정전으로 구성되어 있다. 건물들은 지형에 따라 자유롭게 배치하였다. 회경전과 원덕전, 장화전은 남북축이다. 그러나 건덕전은 직각으로 틀어 동서축으로 배치되었다. 이러한 형태는 이전의 고대국가나 중국에서는 볼 수 없는 고려만의 독특한 방식이다. 이는 풍수지리 사상을 바탕으로 지기를 손상시키지 않으려는 의도가 반영된 것이다.

궁궐의 진입로는 광명천 물길을 따라 조성되었다. 이 때문에 굴곡이 많고 불규칙적이다. 궁궐에 진입하려면 통상적으로 황성 동편에 있는 광화문에서 시작한다. 궁궐 정문인 승평문에 도달하기 위해서는 몇 차례 길이 꺾이게 된다. 도성은 궁성 앞으로 곧장 뻗은 주작대로가 있는 것이 일반적이다. 이런 점에서 고려 궁궐은 중국과는 구분되는 한반도만의 고유한 자연사상이 반영된 건물 배치 방방식이다. 광명천에는 돌로 만든 만월교(滿月橋)가 놓여 있는 등 궁궐 정원조성이 활발했다. 또 궁성 내에는 불교 사찰인 법운사(法雲寺)와

내제석원(內帝釋院)가 있었다.

궁성 전각의 위치와 역할

≪고려도경≫에는 고려 궁궐의 전간의 위치와 역할에 대해서 자세히 설명하고 있다. 회경전은 창합문 안에 있는데, 따로 궁궐문이 있고 규모가 매우 웅장하다. 터는 높이가 5장쯤 되고, 동서 양쪽의 섬돌은 붉게 칠하고, 난간은 구리로 만든 꽃무늬로 꾸몄는데, 웅장하고 화려하여 모든 궁궐 중에 제일이다. 양쪽 행랑은 모두 30칸이고, 틀 안은 벽돌로 깔았다. 평상시에는 거처하지 않고, 오직 사신이 오면 뜰아래에서 조서를 받거나 표문을 올렸다.

장화전은 회경전 뒤편 정북방향에 있는데 지형이 높고 험준하며 규모가 좁아 건덕전만 못하다. 양쪽 행랑은 모두 왕실의 창고인데 동쪽 행랑에는 송나라에서 보낸 내부의 보물을 저장하고, 서쪽 행랑에는 고려의 금과 비단 등을 저장한다. 경비가 다른 곳보다 더 엄중하다.

원덕전은 장화전 뒤에 있는데, 지형이 더욱 높고 만듦새가 간소하다. 외적의 침범이 있거나 변방이 시끄러울 때 왕이 원덕전에 와서 병부를 발하거

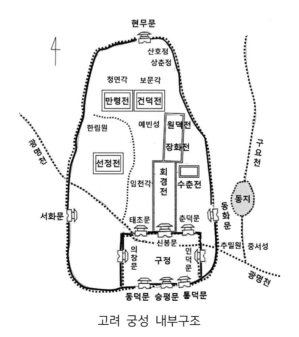

고려 궁성 내부구조

나 장수에게 명령을 내린다. 중요한 인사를 사형시킬 때는 가까운 신하 한두 명과 여기에서 의결한다.

　건덕전은 회경전의 서북쪽에 있는데, 다로 궁궐문이 있고, 모두 다섯 칸으로 이루어져 회경전보다 조금 작다. 사신이 오면 건덕전에서 연회를 베풀었다. 건덕전 뒤의 만령전은 터와 구조가 조금 작으나 아름다운 광채가 나게 꾸며 화려하니, 이것이 국왕의 침실이다. 비빈과 시녀들이 양쪽 행랑에 방을 잇대어 빙 둘러 거처한다.

4) 황성

황성 내부구조

　황성(皇城)은 만월대가 있는 궁성(宮城)을 둘러싸주고 있는 발아참성이다. 황성은 궁성의 왕을 도와 권력을 행사하는 공간이다. 발어참성을 황성이라 이름 하였다는 것은 고려가 황제국이었다는 것 있다는 것을 의미한다. 제4대 광종은 호족 세력을 숙청하고 왕권을 강화시켰다. 당시 중국은 후량, 후당, 후진, 후한, 후주로 이어지는 혼란기로 확실한 맹주가 없었다. 광종은 황제국답게 광덕(光德)이라는 독자적인 연호를 사용하였다.

　황성 안에는 왕실을 위한 많은 시설물과 상서성, 중서성, 문하성, 추밀원 등 핵심 관부(官府)가 배치되었다. 황성의 정문인 광화문에서 궁성의 정문인 승평문으로 이어지는 대로를 따라 이들 청사가 위치하였다. 청사는 왕명을 하달 받고 집행하기 쉬운 순서에 의해서 배치되었다. 왕을 시종하는 추밀원이 승평문과 가장 가까이 있고, 왕의 조칙을 작성하는 중서성, 조칙을 심의하는 문하성, 그것을 집행하는 상서성이 궁성과는 가장 멀리 있다. 대신 상서성은 광화문과 가까이 있어 광화문 밖의 6부(호부·공부·고공·병부·형부·이부) 및 대약국·대온국·삼사 등 여러 관청을 지휘하기 쉽도록 배치하였다.

　외국 사신이 고려 황제를 알현하기 위해서 만월대의 회경전으로 가기 위해서는 다섯 개의 문을 통과해야 한다. 황성의 정문인 광화문(廣化門), 궁성의 정문인 승평문(昇平門), 회경전의 정문인 신봉문(神鳳門), 중문인 창합문(閶闔門), 그리고 높은 축대에 세워진 회경전문(會慶殿門)이다. 다섯 개 문을 지나야 한다는 것은 고려가 곧 황제국임을 뜻하는 것이다. 제후국 궁궐은 조선의 경복궁처럼 광화문, 홍예문, 근정문 세 개의 문을 지난다.

황성문과 명칭

황성의 문들은 팔괘 방위에 의해 배치되고, 음양오행에 의해 이름 지어졌다. 계절의 순환 방향으로 동쪽에는 선인문(宣仁門)과 광화문(廣化門), 동남쪽의 통양문(通陽門), 남쪽의 주작문(朱雀門)과 귀인문(歸仁門: 安詳門), 서쪽의 장평문(長平門: 迎秋門)과 선의문(宣義門: 通德門), 서북쪽의 건화문(乾化門: 金曜門), 북쪽의 현무문(玄武門), 동북쪽의 태화문(太和門)이 위치한다. 남서쪽은 오공산이 있어 소문(小門)만 있고 대문을 내지 않았다.

선인문은 오상으로 목인 인(仁)을 넣어 이름 지었다. 광화문은 황성의 정문으로 하늘과 땅의 광대한 작용으로 만물이 점차 변화한다는 의미를 담고 있다. 궁성에서부터 흘러내려온 광명천의 물이 나가는 수구문이기도 하다. 광명천은 백천과 합수한 후 나성의 장패문 수구로 흘러나간다. 이 물길을 따

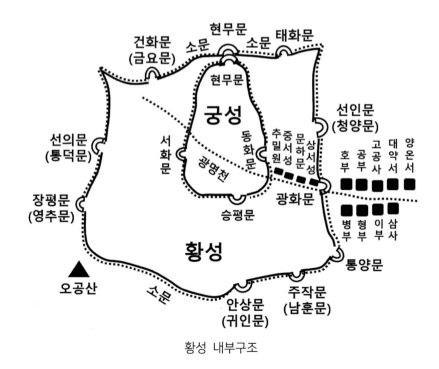

황성 내부구조

라 긴 대로가 나있다. ≪고려도경≫에 따르면 이 대로를 따라 긴 행랑집 수 백 칸이 줄지어 있었다고 한다.

동남쪽의 통양문은 양의 기운을 더욱 넓게 소통하여 막힘이 없게 한다는 의미다. 남쪽의 주작문은 별칭이 남훈문으로 사신사의 주작이 남쪽에 있으므로 붙여진 이름이다. 귀인문은 별칭이 안상문(安詳門)으로 남방을 상징하는 예(禮)가 회복되면 천하가 어질 인으로 다시 돌아온다는 논어의 구절을 따 지은 이름이다.

서쪽의 장평문은 가을을 맞이한다는 뜻의 영추문(迎秋門)을 개칭한 것으로, 가을과 석양의 풍요와 평화가 오래토록 지속되라는 의미다. 선의문은 오행으로 금인 의(義)를 오행으로 금인 서쪽 방위에 넣어 지은 이름이다. 병칭은 통덕문(通德門)이다. 서북쪽의 건화문은 팔괘로 서북 방위를 뜻하는 건(乾)을 넣어 지었고, 건은 오행으로 금이기 때문에 금요문(金曜門)이라고도 했다.

북쪽의 현무문은 사신사의 현무가 북쪽을 관장하고 있으므로 붙여진 이름이다. 북쪽은 오행으로 수이고, 검은색을 나타내기 때문에 검을 현(玄)자를 써서 현무라고 한 것이다. 동북쪽의 태화문은 봄에서 시작한 사시사철의 순환이 북쪽 겨울에서 순조롭게 완성되라는 의미이다. 동북쪽은 절기로는 봄이 시작되는 입춘에 해당된다.

2. 고려 중기

1) 남경 설치

고려의 전성기

고려는 동북아 패권을 노리던 거란의 침입을 격파한 후 국내외적으로 위상이 한층 높아졌다. 송과 거란 여진 어느 쪽도 고려를 넘볼 수 없게 되자 빠른 속도로 안정을 되찾아갔다. 제8대 현종의 국력강화와 도성정비와 정치안정은 그의 아들 대인 제9대 목종, 제10대 정종, 제11대 문종 대까지 이어진다. 현종과 원성왕후 김씨 사이의 장남이 제9대 목종이 되었으나 재위 3년 만에 일찍 죽고 말았다. 목종의 동복동생이 제10대 정종에 올라 11년 동안 재위하면서 천리장성을 완성하는 등 고려사회를 안정시킨다.

정종이 29세의 나이로 세상을 뜨자, 이복동생 휘가 제11대 문종에 올랐다. 문종은 정종시대의 안정을 바탕으로 정치·사회·문화·외교·학문 등 모든 분야에 걸쳐 획기적인 발전을 일궈냈다. 37년 동안 재위하면서 지속적으로 발전시켜 나라 창고마다 곡식이 가득하고, 집집마다 살림이 넉넉하였다. 또 해동의 공자라 불리는 최충을 등용하여 법률제도를 정비하고, 송과 국교를 회복하고, 유학을 장려하는 등 고려의 황금기를 이끌어 낸 성군이다.

아들 대각국사 의천을 출가 시킬 만큼 불교를 숭상하였던 문종은 당시 고려사회의 사상적 기반이었던 풍수도참도 신봉하였다. 그는 "서강 변에 군자가 말을 타는 형세의 명당자리가 있으니, 태조의 삼국통일 120년이 되는 때에 이곳에 이궁(離宮)을 지으면 국업이 연장된다."는 도선의 송악명당기 도참을 믿었다. 재위 10년(1056) 서강(예성강)변에 장원정(長源亭)이라는 궁을 짓고, 자주 그곳을 순행하였다. 또 국가의 수명을 연장하는 방책으로 삼소궁(三蘇宮)을 경영하였다. 삼소는 좌소 백악산(현재 경기도 장단의 백학산), 우소 백마산(현재 경기도 개풍군 대성면), 북소 기달산(현재 황해도 신계군)이다.

남경 설치

문종은 삼경(三京)체제를 중요시하였다. 성종 때는 개경과 서경, 동경을 삼경이라고 했는데, 문종은 동경 대신 남경을 넣어 삼경이라 하였다. 북방이 정비되자 문종은 개경 이남지방 경영에 국력을 집중하였다. 특히 한강유역은 국가경영에 매우 중요한 지역이었다. 21년(1067) 양주를 고쳐 남경유수관(南京留守官)으로 하고 이웃군의 백성을 이주시켰다. 22년(1068)에는 새로운 궁을 남경에 창건하였다. 그러나 곧 폐지하고 도로 양주로 개칭하였다.

문종은 심복인 인주(인천)이씨 이자연(이허겸의 손자)의 세 딸을 모두 왕비로 맞아들였다. 이중 인예왕후와 10남2여를 낳았다. 문종이 죽자 장남인 훈이 제12대 순종, 차남 운이 제13대 선종, 선종의 아들이 제14대 헌종이 되었다. 그러나 나이가 어리고 몸이 허약하다는 이유로, 문종의 3남인 옹이 조카를 내쫓고 제15대 숙종이 되었다. 숙종이 즉위한 해에는 유난히 천재지변이 많이 일어났다. 그러자 왕위 찬탈과 살육에 대한 하늘의 응징이라는 소문이 돌며 민심이 흉흉해졌다. 숙종은 그 대응책으로 남경을 설치하였다.

숙종이 남경을 설치하게 한 동기는 재위1년(1095)에 위위승 김위제의 「남경건도의(南京建都議)」라는 상소 때문이다. 그는 도읍 옮기기를 청하면서, 당시의 비기였던 삼각산명당기, 도선비기 등 도선의 풍수이론을 근거로 남경 천도를 주장하였다. 남경은 오덕을 두루 갖추고 있어서 천도를 하면 사해(四海)가 모두 조공을 바칠 것이며, 왕실은 다시 부흥할 것이라고 역설하였다.

이에 숙종은 4년(1099) 왕비·왕자·군신 및 승려들을 이끌고 친히 삼각산에 올라 양주의 지세를 살폈다. 숙종6년(1101) 9월에는 남경개창도감(南京開創都監)이란 임시기구를 설치하고, 최사추(최충의 손자)를 상지관으로 하여 도읍으로 마땅한 지역을 살피도록 하였다. 최사추가 돌아와 아뢰기를 "노원역, 도봉산 아래 해촌, 한강 연안의 용산 등지에 가서 산수를 살펴본 즉 도읍을 정하기 마땅치 않고, 오직 삼각산 면악 남쪽의 산수 형세가 옛 문헌의 기록에 부합되니, 삼각산 주룡의 중심인 임좌병향(남향)에 맞추어 그 지형대로 도읍을 정하소서." 라고 하니 왕이 좋아하였다. 마침내 남경 개창을 종묘와 사직에게 고하였다.

김위제의 상소문

김위제가 올린 「남경건도의」라는 상소문을 요약 정리하면 다음과 같다. 도선의 비기에는 고려 땅에 세 개의 서울이 있다고 하였다. 송악을 중경(中京), 목멱양을 남경(南京), 평양을 서경(西京)으로 한다. 왕은 11월·12월·1월·2월 겨울은 중경인 송악에서 지내고, 3월·4월·5월·6월 봄과 여름은 남경인 한양에서 지내며, 7월·8월·9월·10월 가을은 서경에서 지내면, 36개국이 와서 조공을 할 것이다. 또 건국 후 160여 년에 목멱벌에 도읍한다 했으니 지금이 바로 도읍을 옮길 때다.

한강 양지쪽인 한양은 왕업이 장구하며 온 세상이 입조하고 왕실이 번창할 대명당의 터다. 한양의 산들은 첩첩이 들어서서 조공 바치듯 하고 뒤로 옆으로 늘어선 산들은 부모 삼촌과 같이 보호 해준다. 좌측의 청룡과 우측의 백호가 드높지만 사방의 장사꾼이 보배를 바치러 오는 형상이다. 주변의 이웃과 손님들이 부모 따르듯 와서 모두 다 한마음으로 나라와 임금을 도와줄 것이다. 삼각산을 의지하여 도읍을 정하면 사방에서 조공을 받치고 현명한 임금이 태평성대를 이룩할 터이다.

그는 송악·한양·평양 삼경을 저울에 비유하였다. 부소(개경 송악산)는 저울대이고, 오덕구(삼각산 남쪽 한양)는 추이며, 백아강(서경)은 저울의 머리다. 머리와 꼬리가 균형을 이룬다면 나라가 융성하고 천하가 태평하여 많은 나라를 항복시킬 수 있다. 만일 이 세 곳에 도읍하지 않으면 왕업이 쇠퇴하게 될 것이다.

오덕이란 동서남북과 중앙에 위치한 산을 오행에 대비한 것이다. 중앙에 위치한 면악산은 토덕(土德)을 상징한 것이다. 북에 있는 감악산은 곡형으로 수덕(水德)을 상징한 것이다. 남에 있는 관악산은 첨예하게 되어 있으니 화덕(火德)을 상징한 것이다. 동에 있는 양주 남행산은 직선형으로 목덕(木德)을 상징한 것이다. 서에는 북악이 있어서 각이 져 있어서 금덕(金德)을 상징한 것이다. 그러므로 삼각산 남쪽 목멱산 북쪽 평지에 도성을 건설하고 때를 맞추어 순행하기를 바란다. 이 문제는 나라의 흥망성쇠와 관련된 일이다.

남경 위치

자료: KBS역사스페셜

2) 서경천도론

이자겸의 난과 십팔자참(十八字讖)

숙종이 죽자 장남 우가 제16대 예종에 올랐다. 당시의 국제정세는 거란의 힘이 약화되고 여진족이 급속도로 성장하여 고려의 변방을 불안하게 만들었다. 이에 예종은 윤관에게 17만 대군을 주어 여진정벌에 나서게 하여, 동북9성(옹주·영주·복주·길주·함주·공험진·의주·통태·평융)을 얻었다. 그러나 이를 유지시키는 일이 여간 힘든 일이 아니어서, 여진족으로부터 조공을 받친다는 약속을 받고 다시 돌려주었다. 영토 확장과 학문과 문화에 힘썼던 예종이 세상을 뜨자, 아들 해가 14세의 나이로 제17대 인종에 올랐다.

당시 이자겸은 왕의 외조부로 정권을 장악하고 있었다. 그는 자신의 셋째 딸을 인종에게 시집보내고, 뒤이어 넷째 딸까지도 시집보내 왕비로 삼게 하였다. 인종은 이모들과 결혼하게 된 것이다. 이자겸은 군권을 장악하고 있는 척준경과도 사돈관계를 맺어 권력을 더욱 강화하였다. 인종은 왕권을 회복하기 위해 이자겸과 척준경을 제거하려는 계획을 세웠으나 실패하고 말았다. 이자겸은 인종을 자신의 사택에 연금하고 모든 정사를 좌지우지하였다. 그리고 용손십이진갱유십팔자(龍孫十二盡更有十八字) 즉, 용손(왕씨)은 12대에 망하고, 십팔자(李) 성이 왕이 된다는 도참을 믿고 인종을 독살하려고 하였다.

왕비의 귀띔으로 화를 면하게 된 인종은 최사전과 모의하여 이자겸과 척준경을 이간질시키려고 하였다. 인종은 은밀하게 척준경에게 편지를 보내 왕실을 위해서 힘써주기를 부탁했다. 척준경은 인종의 조서를 받고 마음이 움직였다. 마침 이자겸과 척준경의 집사들끼리 싸움으로 틈이 생기자 인종은 척준경에게 이자겸의 제거를 당부하는 친필 교서를 내렸다. 척준경은 인종4년(1126) 5월 군사들을 동원하여 이자겸과 그의 가족들을 체포하였다. 인종은 그들을 전라도 영광으로 귀양 보내 그곳에서 죽게 하였다. 이자겸을 제거한 척준경은 공신으로 책봉되어 한동안 권력을 휘둘렀으나 인종 5년(1127) 정지상의 탄핵을 받아 암태도(전남 무안)로 유배되었다.

묘청의 서경천도론

인종은 이자겸의 난이 종결된 후부터 줄곧 왕권강화에 매진했다. 인종은 개경의 귀족세력은 왕을 보호할 능력이 없다고 판단하고 있었다. 이자겸의 난 때 보여준 개경 귀족세력의 방관적인 자세에 불만이 많았다. 그때 마침 개경의 지덕이 다하여 도읍을 서경으로 옮기지 않으면 안 된다는 개경지기 쇠퇴설이 유행하였다. 풍수도참에 근거한 이 같은 주장은 인종의 마음을 사로잡았고, 결국 서경천도론이 조정의 중론으로 떠올랐다.

서경천도론을 처음 내세운 사람은 서경의 승려 묘청이다. 그는 일관 백수한을 제자로 삼고 풍수지리설을 바탕으로 서경세력들을 규합하였다. 묘청은 개경이 이미 지덕이 쇠진하여 궁궐이 불탄 것이라며, 왕기가 서려있는 서경으로 국도를 옮겨야 한다고 주장하였다. 정지상 등 서경세력은 서경천도론이 현실화 될 경우 자신들이 조정의 중심이 될 것이라고 판단하고 묘청을 인종에게 천거하였다.

묘청은 인종에게 "서경 임원역(林原驛) 땅은 음양가들이 말하는 대화세(大華勢)다. 만약 이곳에 궁궐을 짓고 임금이 머무른다면 천하를 합병할 수 있을 것이고, 금나라가 스스로 항복할 것이며, 36개국이 모두 신하가 될 것이다."고 하였다. 이 말에 인종은 재위 6년(1128) 서경을 방문하여 묘청과 백수한에게 임원역 땅을 보게 하고, 그해 11월 궁궐을 짓게 하였다.

이때가 엄동설한이라 백성들의 원성이 높았다. 그러나 아랑곳하지 않고 공사를 독려하여 이듬해 2월 대화궁(大花宮)이 완공되었다. 인종은 서경으로 행차하여 낙성식을 가졌다. 이때 묘청을 비롯한 서경세력은 칭제건원(稱帝建元) 즉, 왕을 황제라 칭하고 연호를 제정하며, 금나라를 치자고 주청하였다. 이에 개경파 중신들이 반대하여 받아들여지지 않았다. 당시 여진족은 아골타가 금을 세워 거란이 세운 요를 멸망시키고 송을 공격하였다. 송은 도읍을 카이펑(開封)에서 지금의 항조우(抗州)로 옮겨 남송시대를 열었다. 동북아의 강자로 부상한 금은 고려에게 군신관계를 요구하며 고려인들의 자존심을 상하게 하였다.

묘청의 난

대화궁 축성 후 인종은 한동안 서경에 머물렀다. 그런데 대화궁에 벼락을 치는 일이 발생하는가 하면, 서경 행차도중 폭우와 돌풍이 몰아쳐 사람이 다치는 일이 발생했다. 이때 인종을 태우고 가던 말이 놀라 엉뚱한 곳으로 달려가 진창에 빠져버리고 말았다. 이 사건으로 묘청을 배척하는 소리가 높아졌다. 서경반대파들은 서경에 궁궐을 지으면 재난이 사라진다는 묘청의 말이 거짓임이 판명되었다며, 묘청을 멀리할 것을 간언하였다.

서경천도론은 힘을 잃게 되었고 인종도 천도계획을 포기하였다. 묘청은 입지가 약화되자 극약처방을 생각하고, 인종에게 서경으로 행차할 것을 건의했다. 인종이 거부하자 인종 13년(1135) 정월 묘청을 위시한 조광·유감·조창언·안중영 등 서경세력이 국호를 대위(大爲), 연호를 천개(天開), 군대를 천견충의군(天遣忠義軍)이라 하고 서경을 중심으로 난을 일으켰다.

인종은 유학자이자 개경 귀족의 핵심인 김부식을 평서원수에 제수하여 반란을 진압하도록 하였다. 김부식은 개경에 남아있던 정지상·백수한·김안 등 서경파를 참수하고 좌군·우군·중군 3군을 이끌고 서경으로 진주하였다. 김부식은 반군을 지휘하고 있는 조광에게 사람을 보내 항복을 권유하였다. 조광은 전세가 불리함을 깨닫고 묘청과 유담, 유호 등의 목을 베어 윤첨을 시켜 개경으로 보냈다.

개경에 도착한 윤첨이 옥에 갇히자 조광은 항복을 해도 죽음을 면하기 어렵다는 생각에 결사항전을 하였다. 김부식이 이끄는 정부군이 성을 포위하자 식량이 고갈되어 굶어죽는 사람이 속출하는 바람에 서경은 함락되고 말았다. 조광을 비롯한 반란군 지휘관들은 모두 스스로 목숨을 끊음으로써 묘청의 난은 완전히 종결되었다. 이로서 서경세력은 완전히 몰락하고 서경천도론은 완전히 사라지고 말았다.

대화궁터

대화궁 유적은 지금의 평안남도 대동군 부산면 남궁리 임원역에 있다. 이 곳에는 문터, 내궁터, 토루 등이 남아 있는 것으로 확인 됐다. 북한 김일성종합대학교 역사학부에서 새로 발굴된 대화궁은 고구려 안학궁과 건축양식이 동일하며 규모는 55만m²에 달한다. 안학궁의 부지가 약 38만m²인데 비하면 매우 큰 규모이며, 약 3km의 성벽과 외궁과 내궁으로 이루어졌다. 이는 왕이 임시로 사용하기위해 건설하였던 별궁이 아니라 정궁이라는 의미다.

궁터 뒤쪽에 해발 160m의 산봉우리가 위치하고 동서방향으로 능선을 따라 길게 둘러막혀 천혜의 요새를 이루고 있다. 동쪽 능선 건너편과 남문 앞으로는 합장강과 개울이 흐르며, 좌청룡과 우백호가 보이는 명당자리다. 외궁은 4개의 단이 층층으로 되어 있고, 단 위에 건물터가 있다. 장방형 구조의 건물터와 건물과 연결되어 있는 회랑들이 여러 개 나타났다. 이 공간은

서경 대화궁 추정지

왕이 정사를 보고 외국 사신들을 만나는 등 의례행사를 하는 곳이다. 왕과 그 가족들이 생활하는 내궁은 외궁에서 동북방향으로 300m 정도 떨어진 곳에 위치한다.

성문은 남문만 평지로 들어가게 되어 있고 북, 동, 서쪽의 성문들은 모두 산 능선에 위치하고 있다. 대화궁은 중심에 기본건물을 배치하고 그 양옆에 나래 채를 곁붙이는 건축수법이 안학궁터에서 확인된 고구려식 왕궁 건축방식이다. 이것은 발해의 상경룡천부나 고려의 만월대에도 공통된 것이다. 이는 고려가 고구려를 계승하고 있다는 것을 보여주는 것이다. 북한은 김일성종합대학 역사학부가 중심이 되어 2005년부터 대화궁 유적에 대한 조사 발굴 작업을 실시하고 있다.

3) 항몽과 강화천도

무신시대

인종에 이어 아들인 의종이 제18대 왕으로 등극하였다. 이때는 개경의 문신귀족들이 권력을 장악하고 정치를 주도하고 있었다. 의종은 근위세력을 형성하여 문신들을 견제하며 왕권을 회복하려고 하였다. 그러나 문신들의 힘에 밀려 자신의 뜻을 제대로 펴지 못하자 사치와 향락에 빠졌다. 거의 매일 연회를 열었고, 그때마다 정중부를 비롯한 무신들은 주변을 지켜야 했다. 문신들은 무신들을 무식한 놈이라고 무시를 했다.

의종이 개경부근의 보현원에서 놀이를 즐길 때, 문신 한뢰가 자기보다 품계가 높은 무신 이소응의 뺨을 때렸다. 이 모습을 보고 문신들이 손뼉을 치며 좋아라했다. 화가 난 정중부, 이고, 이의방 등 무신들이 칼을 빼들고 문신들을 쳐 죽였다. 무신들은 그 길로 궁궐로 달려가 50여 명의 문신 관리들을 살해하였다. 며칠 후 정중부는 의종을 폐하고, 의종의 아우를 제19대 명종으로 옹립하였다. 이때를 무신시대라고 한다. 무신시대는 이의방, 정중부, 경대승, 이의민, 최충헌, 최우, 최항, 최의, 김준, 임연으로 이어져 제23대 고종시대까지 백년이나 지속되었다.

무신들이 권력을 장악하자 무신들 사이에 내분이 일어나 서로 죽이고 죽이는 일이 끝없이 일어났다. 이고는 정중부와 이의방에 비해 자신이 홀대를 받는다고 생각하고 반란을 도모하다가 이의방에게 죽임을 당했다. 이의방은 권력을 장악하다가 정중부의 아들 정균에게 살해됨으로써 정중부가 정권을 잡았다. 그러나 정중부는 청년장수 경대승에게 살해되고, 경대승은 권력독점 4년 만에 갑자기 죽자, 이의민이 정권을 잡았다.

경주 출신인 이의민은 이자겸이 믿었던 십팔자참(十八字讖)을 믿고, 운문(경북 청도)의 김사미와 초전(울산)의 효심이 난을 일으키자 이를 도와 동경(경주)에다 도읍을 정하고 본인이 왕이 되려고 하였다. 그가 명분으로 삼은 것은 개경지기쇠퇴설과 동경지기흥왕설이다. 즉 개경은 지기가 다하여 망하고, 대신 신라의 서울이었던 경주가 다시 지기가 흥하여 도읍이 된다는 풍수도참설이다. 그러나 이의민은 명종26년(1196) 최충헌과 최충수 형제에 의하여 살해되었다.

몽고침략과 강화천도

제23대 고종이 즉위하던 시기, 징기스칸의 몽고군이 중국 전역을 휩쓸었다. 그 바람에 여진족의 금과 거란족의 요는 거의 몰락하였고, 한족의 송도 더욱 남쪽으로 밀려나 있었다. 이때 오갈 곳이 없는 거란의 잔병들이 거처를 마련하기 위해 고려를 침범해왔다. 고려는 몽고와 형제국의 동맹을 맺고 이를 물리쳤다. 그러나 날로 강력해진 몽고는 고압적인 자세로 고려를 위협하였다.

몽고는 사신 저고여를 고려에 보내 엄청난 공물을 요구하였다. 저고여가 귀국하던 도중 압록강 국경지대에서 피살되는 사건이 발생하였다. 몽고는 이를 핑계 삼아 고종 18년(1231) 살리타이가 고려를 침공하여 개경을 포위하였다. 위기를 느낀 고려는 저고여 살해 사건은 금나라의 소행이라 주장하고 몽고와 화친을 맺었다. 몽고군은 서경을 비롯한 서북면 지역 40여개 성에 다루가치(총독)를 남겨두고 철수하였다.

몽고군이 철군하자 실권자 최우는 몽고군이 수전에 약하다는 사실을 알고 도읍을 강화도로 옮겼다. 전국 각지의 백성들에게는 산성과 섬으로 이주하여 항전하도록 독려하였다. 이에 자극받은 몽고는 고종 19년(1232) 다시 2

차 침입을 감행하여 왕이 개경으로 환도할 것을 요구하였다. 고려가 응하지 않자 그들은 경주까지 남하하여 황룡사를 불태우는 등 약탈을 하였다. 고려는 전선이 길어진 몽고군을 게릴라전으로 곳곳에서 싸워 이겼다. 용인 처인성에서는 승장 김윤후가 몽고 원수 살리타이를 활을 쏘아 사살하자 몽고군은 서둘러 철군하였다.

몽골은 금을 완전히 정복한 후, 고려 정벌에 본격적으로 나섰다. 고종 22년(1235) 다시 3차 침입을 감행하였다. 2차 패퇴의 보복이라도 하듯 경상도와 전라도까지 침입하여 국토를 유린하였다. 강화도의 고려 조정은 불력으로 몽고군을 몰아내기 위해 팔만대장경을 만들었고, 전국 곳곳의 백성들은 항전을 계속하였다. 마침 몽고 내부에 권력암투가 벌어져 몽고군은 철군하였다.

몽고군은 고종 34년(1247) 고려에게 개경환도를 요구하며 4차 침입을 강행하였다. 그러나 몽고 황제 정종이 죽자 곧 철군하였다. 몽고군은 고종 40년(1253) 5차 침입을 하며 고려왕이 육지로 나와 개경으로 환도하면 철군하겠다고 약속하였다. 조정은 긍정적인 반응을 보였으나 최항이 반대하였다. 그러나 고종이 강화를 나와 승천부에서 몽고 사신을 영접함으로써 몽고군은 약속대로 철수하였다.

고종 41년(1254) 몽고는 여전히 왕의 출륙환도를 주장했으나 받아들여지지 않자 6차 침입을 감행하였다. 그들은 20만 이상의 고려인들을 살육하여 역대 침략 중 가장 큰 피해를 주었다. 하지만 별초군을 중심으로 한 고려군의 항전도 만만치 않아 몽고군도 막대한 피해를 보았다. 몽고군은 왕의 출륙환도와 고려왕의 몽고방문을 약속받고 철군하였다. 그러나 이는 지켜지지 않았다.

고종 44년(1257) 최항이 죽고 그의 서자 최의가 권력을 이양 받았다. 그해 몽고군이 7차 침입을 감행했다. 그동안 왕의 몽고 방문을 요구하던 몽고는 수위를 낮추어 태자의 방문으로 대신할 것을 제의했다. 고려도 이를 긍정적으로 받아들여 강화가 성립되는 듯 했으나 태자가 병이 났다는 핑계를 대며 둘째인 안경공 창을 보냈다.

이 사실을 알게 된 몽고는 고종 45년(1258) 8차 침입을 했다. 이때 유경과 김인준은 정변을 일으켜 야별초군을 이끌고 최의 집을 습격하여 살해하였다. 이로써 몽고에 강경자세를 취했던 최씨 무신정권은 4대 60년 만에 무너졌다. 고려 조정은 몽고에 개경환도를 약속했다. 이듬해인 고종 46년(1259)에는 왕태자가 대신들과 함께 몽고를 방문하였다. 이로써 두 나라 사이의 28년 간 지속되던 전쟁은 종식되었다.

그러나 고종은 개경으로 돌아가지 못했다. 재위 45년 10개월만인 1259년 숨을 거두고 강화 홍릉에 묻혔다. 개경환도가 이루어진 것은 그가 죽고 11년 만인 원종 11년(1270)에서야 이루어졌다. 새로 정권을 장악한 김준 등 무신들이 반대했기 때문이다.

강도(江都)

강화는 고려가 몽고에 대항하기 위해서 고종19년(1232) 전도한 이후부터, 다시 개경으로 환도한 원종 11년(1270)까지 39년간 머물렀던 수도였다. 최우는 수전에 약한 몽고의 약점을 최대한으로 이용하여 강화천도를 단행하였다. 강화도를 선정하게 된 이유는, 첫째 개경과 멀지 않다는 점, 둘째 밀물과 썰물의 차가 크고 강화해협의 물살이 세서 외부의 침입이 쉽지 않다는 점, 셋째 섬의 면적이 우리나라에서 다섯 번째에 해당될 만큼 넓고 기후가 온난하여 곡식이 잘 된다는 점, 넷째 한강, 임진강, 예성강과 서해 수로를 이용하여 지방과의 연결이나 운송에 유리하다는 점 등이다.

최우는 천도에 앞서 군대를 보내 궁궐을 지었다. 규모는 비록 작으나 송악산 아래 만월대와 비슷한 지형을 택하였고 뒷산(북산) 이름도 송악산이라고 불렀다. 궁전과 사사찰의 이름 또한 개경을 본떴고, 팔관회와 연등회 등도 옛 법도에 의거하였다. 고종 21년(1234) 흙과 돌로 내성과 중성을 쌓았고, 고종24년(1237)은 방비를 강화하기 위해 외성을 쌓았다. 이는 마치 개경의 궁성(내성), 황성(중성), 나성(외성)과 같은 구조다.

내성은 궁궐과 관청을 둘러싸고 있는 지금의 강화성으로 길이는 약 1.2km이다. 내성의 남문은 안파루(晏波樓), 북문은 진송루(鎭松樓), 서문은 첨화루(瞻華樓), 동문은 망한루(望漢樓)다. 비밀통로인 암문 4개 그리고 수문이 2개 남아있다. 당초에는 행궁, 이궁, 가궐 등의 여러 궁궐과 정궁이 있었던 넓은 터였다. 궁궐 정문은 개경 궁성처럼 승평문(昇平門)이라 했다. 현재 성의 동쪽 부분은 없어졌으나, 남쪽과 북쪽의 산자락에는 잘 보존되어 남아있다.

내성을 지키기 위해 고종 37년(1250)에는 둘레 약 9km에 달하는 중성을 축성하였다. 옥림리 성문고개에서 시작하여 봉악, 동북을 거쳐 송악(북산)을 돌아 용장현과 연화동을 지난다. 이어 남산에서 선행리, 냉정리 고개를 거쳐 다시 대문고개를 넘어 산등성이를 따라 도문고개 현당산으로 해서 창성에 이른다.

성곽에는 8개소의 문이 세워졌다. 갑곶진 큰길에 있던 선인문(宣仁門)은 후에 숭인문(崇仁門)이 되었고, 신지동 도문고개의 장패문(長覇門)은 회빈문(會賓門)으로 바뀌었다. 충렬사 뒤쪽의 시루미산 통로에 광덕문, 연화동 입구에는 선기문, 외국 사신을 위해 세운 선의문, 그리고 왕림을 고개의 북창문과 옥림리의 창희문이 있었다. 그러나 지금은 모두 무너져버렸고 겨우 문터

강화도성

만 남아있다.

외성은 중성을 수비할 목적으로 쌓은 토성이다. 강화읍 월곶리 휴암돈대에서 시작하여 길상면 초지리까지 강화 동쪽 해안선을 따라 그 길이가 약 23km에 달한다. 성곽의 너비는 약 1.5m이고, 높이는 평균 7m이다. 누문 6개소, 수문 17개소가 있었다. 성곽의 주 역할은 몽골군이 바다를 건넜을 때 섬에 상륙하지 못하도록 하는 것이었다. 해안의 돌출이 불규칙하고 갯벌이 많아 공사에 어려움이 따랐지만 완성된 후 제방 안쪽은 간척지로 기름진 농토가 되었다.

원종의 개경환도

고종이 죽자 맏아들이 제24대 원종으로 등극했다. 원종은 태자시절 몽고와의 화의조약에 따라 고종을 대신해서 몽고에 다녀온 적이 있었다. 당시 몽고는 4대 칸인 몽케가 죽자 후계 계승을 두고 그의 아우들인 쿠빌라이와 아리크부카가 대립하고 있었다. 원종은 열세에 있던 쿠빌라이를 지지하였다. 쿠빌라이는 1560년 칸에 오르자 원종을 극진하게 대접하였다. 고종이 사망했다는 소식이 전해지자 수하 장수로 하여금 태자를 호위하여 고려로 돌아가도록 했다.

귀국하여 제25대 왕위에 오른 원종은 몽고의 힘을 이용하여 무신들에게 빼앗긴 왕권을 회복하려고 하였다. 그는 강화에서 개경으로 환도를 추진하였다. 그러자 무신으로 실권을 장악하고 있던 임연이 친몽고 성향이 강한 원종을 폐위하고 그의 아우 안경공 창을 왕으로 세웠다. 원종은 이 사실을 몽고의 세조 쿠빌라이에게 알리자, 쿠빌라이는 즉각 고려 조정에 위협을 가하였다.

안경공 창이 물러나고 다시 원종이 복위하였다. 그는 출륙환도를 반대하는 무신실권자 임연이 죽자 재위 11년(1270) 개경으로 환도하였다. 이로서 고려는 39년간 머물렀던 강화도읍시대를 마감하였다. 아울러 백년간 지속된 무인정권도 종식되었다. 개경으로 환도하기 전 강화궁궐과 성곽은 몽고와 강화조건으로 모두 허물었다.

삼별초의 난

원종이 개경으로 환도하고 친몽고 정책을 펴자 배중손이 이끄는 삼별초(三別抄)가 난을 일으켰다. 삼별초는 본래 최우가 개경의 도성 안에 도둑이 많아지자 이를 막고 치안을 유지하기 위해 설치한 야별초에서 비롯되었다. 야별초의 권력이 커지고 소속된 군대가 증가하자 이를 좌별초와 우별초로 나누었다. 또 몽고군의 포로로 잡혔다가 탈출한 병사들을 모아 신의군(神義軍)을 조직했다. 좌별초와 우별초, 신의군을 합하여 만든 조직을 삼별초라 한다. 사병의 성격이 강했으나 국가의 녹봉을 받는 군대였다.

삼별초는 몽고군과 싸우는데 가장 큰 역할을 한 부대다. 친몽고 성향이 강한 원종의 출륙환도 명령을 따르지 않고 대몽 항쟁을 계속하였다. 원종은 처음에는 이들을 달랬다. 그러나 삼별초가 승화후 왕온을 새로운 왕으로 추대하자 원종은 추밀원사 김방경을 추토사로 삼아 이들을 토벌하도록 하였다. 이때 몽고도 군사를 보내어 여몽연합군을 형성했다.

삼별초는 토벌대에 대항하기 위해 강화도에 남아있던 귀족들과 백성들을 모두 1천 여척의 배에 태워 진도로 근거지를 옮겼다. 고려정부군은 삼별초에 대항할 힘이 없고 몽고군은 수전에 약한 점을 이용한 것이다. 삼별초군은 순식간에 남해안의 제해권과 전라도 일대를 장악하였다. 그러나 김방경과 몽고로 귀화한 고려인 홍다구가 이끄는 여몽연합군에 의해 배중손이 전사하고 진도도 함락되었다.

왕으로 추대했던 왕온이 홍다구에 의해 살해되자 김통정이 잔여 삼별초군을 이끌고 제주도로 근거지를 옮겼다. 제주에 내성과 외성을 쌓아 웅거하면서 때때로 배를 타고 육지의 주군을 공격하기도 했다. 그러나 김방경과 홍다구가 이끄는 여몽연합군에 의해 성이 함락되고 말았다. 이로서 삼별초의 난은 3년 만에 완전히 진압되었다.

이후 몽고는 제주에 탐라총관부를 설치하여 1273년부터 1290년까지 탐라를 직할하였다. 또한 고려 왕실은 원의 내정간섭에 시달렸다. 원종의 맏아들 제25대 충렬왕은 원나라 쿠빌라이(세조)의 딸 제국대장공주와 결혼하여 제26대 충선왕을 낳았다. 고려가 몽고의 외손 국가가 된 셈이다. 이후 제27대 충숙왕, 제28대 충혜왕, 제29대 충목왕, 제30대 충정왕, 제31대 공민왕,

제32대 우왕, 제33대 창왕, 제34대 공양왕까지 왕권은 몽고의 간섭과 권문세족의 억압으로 약화되었다.

2. 고려 후기

1) 천도론

몽고 내정간섭기

원종이 죽자 태자인 심이 1236년 제25대 충렬왕으로 등극하였다. 심은 태자시절 원나라에 가서 원 세조의 딸 홀도로계리미실 공주에게 장가들어 원의 부마가 되었다. 그는 머리를 몽고식으로 변발하고 호복을 입는 등 철저한 친원정책으로 실추된 왕권을 회복하려 하였다. 그러자 고려는 급속도로 원의 속국으로 전락하고 말았다.

원은 고려의 행정관제가 자신들과 다름없다고 비판하면서 격하시킬 것을 주장하였다. 그 결과 1275년에 중서문하성과 성서성을 합쳐 첨의부로, 추밀원 밀직사로, 어사대는 감찰사로 격하되고, 6부도 통폐합되어 전리사, 군부사, 판도사, 전법사로 바뀌었다. 게다가 묘호에 조(祖)나 종(宗) 대신에 왕을 붙이도록 하였고, 왕의 시호 앞에는 일괄적으로 충(忠)자를 붙이도록 강요하였다. 또한 폐하는 전하로, 태자는 세자로 격하되었다.

제25대 충렬왕에 이어 제26대 충선왕, 제27대 충숙왕, 제28대 충혜왕, 제29대 충목왕, 제30대 충정왕까지 약100년 동안은 몽고제국의 위력에 눌려 자주권을 잃은 시기였다. 이 시대 고려왕들은 원의 공주와 혼인하여 부마가 되었으며, 원은 이를 이용하여 고려를 통치하였다. 왕자들은 대개 어린 시절 원에서 자라면서 교육을 받고 귀국하여 왕이 되었다.

원은 고려왕을 자기들의 통제 아래에 두고, 마음에 들지 않으면 마음대로 왕을 교체하기도 하였다. 때문에 왕실을 비롯한 고려 상류사회는 친원세력이 발호하였다. 몽고인의 풍속이나 생활양식을 따르는 풍조가 사회전반에 만연하였다. 그러나 14세기 중엽에 들어서면서 원은 급격하게 쇠락해져갔다. 수년간에 걸친 내란과 무리한 정벌전쟁으로 국가재정이 악화되었다. 민생이 곤궁해지자 한족으로 구성된 홍건적의 난이 일어났다. 홍건적의 지도자였던 주원장은 1368년 명나라를 세웠다.

공민왕의 반원정책과 한양천도 계획

이 시기 충숙왕과 공원왕후 남양홍씨 소생인 공민왕이 제31대 왕으로 등극하였다. 그는 12세 때 고려를 떠나 몽고의 수도인 연경에서 어린 시절을 보냈다. 노국대장공주와 결혼한 후에도 줄곧 원에서 생활했기 때문에 허약해진 원의 속사정을 잘 알고 있었다. 그는 즉위하자마자 강력한 반원정책을 폈다. 원의 내정간섭 기관인 정동행성을 없애고, 철령이북 땅을 다스리고 있는 원의 쌍성총관부를 공격하여 영토를 회복하였다. 또 원의 간섭으로 바뀐 관제를 복구하고, 원의 연호와 몽골식 생활방식을 금하였다.

공민왕은 친원파를 숙청하고 권문세족들이 백성들로부터 불법적으로 수탈한 토지를 원래의 주인에게 돌려주려고 하였다. 또 농장의 노비들을 양인으로 해방시키고자 하였다. 이러한 공민왕의 개혁정치는 백성들의 환영을 받았다. 그러나 권문세족들에게는 큰 반감을 샀다. 그러자 공민왕은 수도를 한양으로 천도하여 새로운 정치를 실현하고자 하였다.

공민왕은 재위 5년(1356) 판서운관사에게 명하여, 남경 터를 보고 남경궁궐을 보수하도록 하였다. 이듬해는 한양으로 도읍을 옮기는 것에 대해 동정(動靜) 여부를 직접 점쳤다. ≪고려사≫ 기록에 의하면 "왕이 옥을 더듬어 정(靜)자를 얻었는데, 다시 이제현에게 명하여 점치게 하였더니 곧 동(動)자를 얻었다. 왕이 기뻐하며 길한 점을 얻어 참으로 마음에 부응하다고 하였다" 이는 한양으로 천도하고자하는 의사가 강했음을 보여주는 것이다.

당시 공민왕의 왕사였던 보우(普愚)는 풍수도참설을 근거로 한양에 도읍을 정하면 36개국이 모두 와서 조공을 받칠 것이라고 아뢰었다. 그러자 밀직제학 윤택이 아뢰기를 "묘청이 인종을 현혹하여 나라를 전복시킬 뻔했던 것이 먼 옛날의 일도 아니고, 하물며 지금은 사방에 근심이 있어 군사를 훈련하고 길러도 오히려 힘이 부족할까 염려되는데, 공사를 일으켜 백성을 괴롭힌다면 나라의 근본을 손상시키는 것이옵니다."하였다. 그러나 공민왕은 유택의 간언을 듣지 않앗다. 이제현에게 명하여 한양에 궐터를 보고 궁궐을 축조하게 하였다.

삼소와 백악산에 신경(新京) 건설

공민왕은 재위 9년(1360) 한양으로 천도를 결행하려고, 태묘에 가서 길흉을 점쳤더니 불길하게 나왔다. 그러자 공민왕은 한양천도를 포기하고 새로운 후보지를 물색하였다. 장단군 임진현 북쪽 5리에 위치한 백악(白岳) 땅을 친히 살피고 백악산 남쪽에 터를 잡고 궁궐공사를 착수하였다. 당시 사람들은 이를 신경(新京)이라 불렀다. 백악에 필요한 건설자재는 한양의 궁실을 헐고 옮기려고 하였다. 그러나 한양의 궁실을 헐면 그곳 백성들이 실망한다는 양광도안렴사 김일치의 말을 듣고 헐지 말라고 명했다.

백악의 땅은 본래 고려 삼소(三蘇) 중 좌소를 말한다. 고려는 풍수지리사상에 근거하여 개경의 부족한 지덕을 보완해서 국가수명을 연장하려는 의도로 좌소·우소·북소 삼소를 경영하였다. 삼소를 처음 설치한 것은 명종 4년(1174)이다. 삼소조성도감을 두어 송악을 중심으로 좌소는 장단군 백악산(白岳山), 우소는 개풍군 백마산(白馬山), 북소는 신계군 기달산(箕達山)에 각각 궁궐을 축조하였다.

한양에 이어 백악에 토목공사가 시작되자 백성들은 커다란 고통을 호소하였다. 윤택이 나서 공사 중단을 간청했지만, 공민왕은 백성들의 노고는 돌보지 않고 공사를 강행하였다, 백악 신궁이 완성되자 왕은 거처를 새 궁으로 옮겼다. 이에 대해 공민왕은 교서를 내려 말하기를 "난리와 재앙과 괴변이 자주 일어나니, 내가 이를 두려워하여 도선의 의견을 받아들여 백악 땅으로 도읍을 옮겼으니, 이는 국가 운명을 무궁하게 연장시키려는 의도이다."

그러나 공민왕은 불과 1개월 머무르다 백악을 떠나 개경으로 돌아왔다. 환궁을 한 이유에 대해서 설명한 기록은 없다. 다만 당시 왜구가 침략한 것으로 보아 이와 관련 있는 것으로 보인다. 백악에 머무름에도 왜구가 침략했다는 것은 삼소의 효과가 없다는 것을 인식한 것으로 추정한다. 그 후 다시 삼소 지역으로 천도하자는 기록은 없었다.

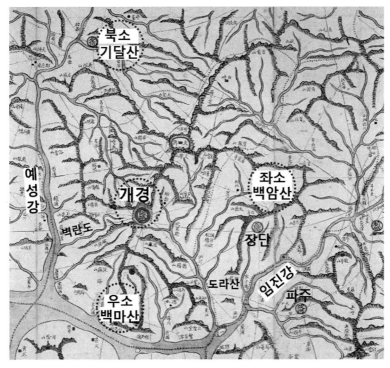

개경 삼소 위치

신돈의 충주천도론

공민왕 10년(1361) 10월 홍건적이 고려를 침입해왔다. 홍건적은 원이 쇠약해진 틈을 타서 일어난 한족의 농민 반란군이다. 그들은 수시로 고려 국경을 침입하고 서경까지 점령했었다. 반원정책을 강화했던 공민왕은 홍건적을 막아내기 위해 다시 원과 화해하고 유대관계를 강화하였다. 고려가 친원 정책을 강화하자 홍건적은 10만의 군사로 대대적인 침입을 감행하여 개경을 함락하였다. 공민왕은 경기도 광주를 거쳐 안동으로 피난을 떠났다.

이듬해 1월 고려군 20만이 공격을 가해 개경을 회복하고 홍건적을 압록강 이북으로 쫓아냈다. 홍건적 침입으로 개경의 궁궐이 완전히 불타 없어지는 등 막대한 피해를 입었다. 공민왕은 한동안 죽주, 진천 등에서 행궁생활을 해야만 했다. 왕이 개경 입성을 못하고 있는 상황에 공민왕 12년(1363) 김용이 반란을 일으키는가 하면, 일본의 쓰시마의 왜구들이 강화도까지 약탈하고 개경까지 위협을 하였다.

공민왕 14년(1365) 노국공주가 아이를 낳다가 사망하자 왕은 절망감에 사로잡혀 왕사 신돈에게 정권을 맡겼다. 신돈은 전민변정도감(田民辨正都監)을 설치하고 노비와 토지개혁을 강행하였다. 이로 인해 기득권 세력들이 큰 반발을 하였다. 신돈은 개경은 바다와 가까워 왜구의 침략에 약하니 도읍을 충주로 옮기자고 하였다. 공민왕은 중신들에게 천도 가부를 물었는데 대부분이 반대하였다.

신돈의 권력이 막강해지자 공민왕은 역모로 몰아 수원에 유배시킨 후 죽여 버렸다. 이후 공민왕은 동성애를 즐기고, 후계자가 없자 자신과 동성애를 한 홍륜에게 왕비와 정을 통하도록 했다. 그들 사이에 아들이 생기면 자기 자식으로 삼고 홍륜을 죽이려고 했다. 왕비에게 아이가 생겼다는 소식을 들은 공민왕이 홍륜을 죽이려다가 오히려 그에게 죽임을 당하고 말았다.

우왕의 철원천도론

공민왕이 살해되자 우왕이 10세의 어린나이로 제32대 왕으로 등극하였다. 우왕의 어머니는 신돈의 여종으로 공민왕과 동침한 반야다. 우왕은 풍수도참과 술수를 신봉하여 14년 재위하는 동안 거의 매년 천도와 이어(移御) 문제가 제기되었다. 그때마다 최영이 큰 연고도 없이 갑자기 도읍을 옳기면 민심이 소란해진다며 말렸다.

우왕 3년(1377)에는 왜구의 침입이 심하여 삼남지방은 물론 경기지방 및 강화도까지 약탈을 당하였다. 이때 개경은 바다와 가까워 왜구의 침공을 받기 쉬우므로 내륙지방인 철원으로 천도를 하자는 의견이 있었다. 우왕은 중신들에게 수도이전을 찬성하면 동(動), 반대하면 지(止)로 글자를 써서 가부를 결정토록 하였다. 모두 동자를 써서 철원으로 천도를 찬성하였다. 그러나 오직 최영만이 군사를 징집하여 굳게 지킬 계책을 말하며 반대하였다.

이때 이인임이 가뭄으로 온 땅이 비어 있는데 또 군사를 징발하여 농사를 짓지 못하게 하는 것은 좋은 계책이 아니라고 했다. 의견이 맞서자 종묘에 가서 태조의 진전 앞에서 동(動)과 지(止)를 놓고 점을 치게 했다. 천도를 멈추라는 뜻의 지자를 얻자 우왕은 도적이 매우 가까이 왔는데 점만 쫓을 수 없다며 정당문학 권중화를 철원에 보내 궁터를 살펴보게 하였다. 그러자 최영이 개경을 적에게 내주면 나라는 장차 날로 기울어질 터이니 옳은 일이 아니라고 반대하였다. 결국 최영의 주장대로 철원으로 천도는 중지되었다.

우왕의 천도론과 한양천도

우왕은 개경의 지기가 쇠퇴했다는 개경지기쇠퇴론을 믿고 있었던 것 같다. 왜구의 침입이 잦은 이유도 이 때문이라 생각하고 지기가 왕성한 땅을 골라 새로 도읍을 정하고자 하였다. 우왕 3년 7월에는 숭경부윤 진영세를 연주(지금의 연천)에 보내 궁궐터를 보게 했는데, 진영세가 돌아와 말하기를 "오역(五逆)의 땅이라 도읍을 세울 수 없다"고 하였다.

우왕 4년(1378)에는 정당문학 권중화와 판서운관 장보지를 협계(峽溪)에 보내 궁궐터를 보게 하였다. 이때에 전임 총랑 민중리가 도선의 밀기(密記)에 실려 있는 북소(北蘇) 기달(箕達)이라는 곳이 바로 협계인데 도읍을 옮길 만하다고 아뢰었다, 권중화도는 북소의 옛 궁궐터 1백80칸을 발견하였다며 찬성하였다. 그러나 협계가 궁벽한 산골짜기에 있어서 선박의 조운이 통하지 않는다고 하여 논의가 중지되었다.

우왕 8년(1382) 판서운관사 장보지 등이 글을 올려 변괴가 자주 일어나니 도읍을 한양으로 옮겨 재앙을 막기를 청하였다. 우왕이 그 글을 도당에 내렸으나 이인임이 불가하다고 고집하여 중지하였다. 그러나 우왕은 그해 8월 한양으로 도읍을 옮길 것을 결정하였다. 그러자 백주의 수령 홍순이 글을 올려 남경의 진산 삼각산은 화산(火山)으로서 목성(木姓)을 가진 사람의 도읍터이므로 그곳으로 도읍을 정하는 것은 마땅치 않다고 반대하였다. 그러나 우왕은 홍순이 서운관과 같은 전문음양가가 아니라며 듣지 않았다.

마침내 우왕 8년(1382) 개경은 시중 이자송에게 지키게 하고 한양으로 도읍을 옮겼다. 그러나 무슨 이유인지 천도 5개월 후인 우왕 9년(1383) 2월에 한양을 출발하여 다시 개경으로 돌아갔다. 이 때문에 천도가 아닌 순행으로 보는 견해도 있다. 이를 두고 이병도는 종묘사직 및 백관은 물론 정치·경제·사회·문화 등 국가의 중추기관이 모두 개경에서 운영되었다. 때문에 한양은 엄밀한 의미의 천도가 아니라 장래 천도를 위한 가천도(假遷都)라고 주장하였다.

위화도회군과 공양왕의 한양천도 논쟁

고려는 왜구의 노략질이 끊이지 않는데다가 명나라와의 관계도 악화되었다. 명나라는 원나라와의 관계를 끊고 자신들을 상국으로 섬기며 조공할 것을 요구하였다. 그러나 고려는 원과의 관계를 생각하여 이에 대해 소극적인 자세를 취하였다. 그러자 명은 일방적으로 철령 이북의 땅을 자신들의 요동부로 귀속시키겠다고 통보해왔다. 철령 이북이 원나라에 속했으므로 당연히 자신들이 차지해야 된다는 논리였다.

이에 고려 조정은 최영의 건의를 받아들여 요동을 정벌하기로 결정한다. 우왕 14년(1388) 4월 최영을 팔도통도사로 삼고, 조민수와 이성계를 좌우도통사로 임명하여 출전명령을 내렸다. 그러나 이성계는 이른바 사불가론을 내세워 좌도통사 조민수와 함께 위화도에서 군사를 돌려 회군을 하였다. 그들은 최영을 죽이고 우왕도 강릉으로 유폐시켰다가 사사하였다.

우왕의 아들이 아홉 살의 나이로 제33대 창왕으로 올랐다. 그러나 신돈의 후손이라는 누명을 쓰고 이듬해인 이성계에 의해 폐위 된 후 죽음을 맞이했다. 이성계는 심덕부·정몽주 등과 제20대 신종의 7세손인 정창부원군 왕요를 제34대 공양왕으로 앉혔다. 이제 정권은 이성계가 장악하였다.

공양왕 2년(1390) 서운관에서 상소를 올렸다. 도선밀기에 지기쇠왕설이 있으니, 마땅히 도읍을 한양으로 옮겨 개경의 지기를 쉬게 하자는 내용이다. 왕은 경연관 박의중에게 "도읍 옮기는 것을 어떻게 생각하느냐"고 물었다. 그러자 박의중은 "옛날에 군왕이 참위술수로써 국가를 보전했다는 말을 듣지 못했습니다."라고 반대하였다. 그러자 왕이 "내가 그 폐해를 알지 못하는 것은 아니지마는 음양의 설이 또한 어찌 거짓이겠느냐"하면서 평리 배극렴을 한양으로 보내 궁궐을 수리하게 하였다.

이에 좌헌납 이실이 상소를 올려 반대하기를, "참위설을 믿고 한양으로 도읍을 옮기고자 하는 일 자체가 옳지 못한 일입니다. 하물며 지금 추수를 다하지 않는데, 사람과 말이 곡식을 짓밟으면 반드시 백성의 원망을 초래할 것입니다." 그러자 왕이 꾸짖기를 "비록 도읍을 옮기지 않으면 군신을 폐하게 될 것이라고 하였는데, 네가 어찌 홀로 옮지 않다고 고집하느냐"고 하였다.

형조총랑 윤희종이 상소를 올려 천도를 반대하였다. "국운의 장구함은 왕이 덕을 쌓고 인정을 베풀어 나라의 근본을 배양하는데 달렸을 뿐인데, 어찌 도성 지세의 좋은 징조만 믿겠습니까. 옛날에 은나라 임금 반경이 경(耿)지방을 버린 것은 황하가 범람한 재난이 있었기 때문이고, 주나라 태왕이 빈(豳)지방을 버린 것은 적의 침범이 있기 때문이며, 주나라 평왕이 동쪽으로 천도한 것은 견융의 난이 있었기 때문입니다. 지금은 이러한 몇 가지 일도 없으면서 도읍을 옮기려고 하니 세상이 몹시 놀라게 되었습니다. 도읍을 옮기는 것을 중지하고, 사설에 미혹됨이 없게 하소서.”

그러나 공양왕은 판삼사사 안종원에게 개경을 지키게 하고, 도읍을 한양으로 옮겼다. 그러나 천도로 민심이 동요되었다. 형조판서 안원이 아뢰기를 “지난번 술사가 도읍을 옮겨 화를 피하자고 했으나, 도읍을 옮겼어도 사나운 범이 사람을 해치고 변괴가 그치지 않으니 술사의 말은 증험이 없습니다. 빨리 본래의 서울인 개경으로 돌아가서 하늘의 뜻에 응하고 사람의 기대를 위로 하소서”하니 왕이 그 말을 받아들여 이듬해 2월 천도한지 7개월 만에 개경으로 다시 환도하였다.

1392년 7월 정도전·남은·조준·배극렴 등은 공양왕을 폐위시키고, 이성계를 왕으로 추대하였다. 1393년 2월 이성계는 국호를 조선(朝鮮)으로 정하고 새로운 왕조를 열었다. 이로써 고려왕조는 개국한지 474년 만에 멸망하고 말았다. 마지막 왕인 공양왕은 공양군으로 강등되어 원주로 유배되었다가, 강릉으로 이배 되고, 다시 삼척으로 이배되었다가 1394년 4월 이성계가 보낸 사약을 마시고 죽었다.

참고문헌

강동석, 고려 강도(江都)의 성곽과 궁궐 재고찰, 문화재 54(4), 2021, 174 – 191.

김동욱, 고려초기 개경궁궐의 건물구성과 배치, 한국건축역사학회 춘계학술발표대회 논문집(2003. 5), 95 – 102.

김창현, 고려 개경의 구조와 그 이념, 신서원, 2002,

김철수, 도시계획사, 기문당, 2005,

문옥현, 강도시기 강화읍 외곽 토성의 구조와 성격, 한국중세고고학 10, 2021, 45 – 82.

민족문화추진회, 신편 고려사절요 상·중·하, 신서원, 2000.

박영규, 한권으로 읽는 고려왕조실록, 들녘, 1996.

박종덕, 고려시대 풍수지리사상의 이해 방향, 역사와경계 105, 2017, 211 – 244.

서긍 저, 민족문화추진위원회 역, 고려도경, 서해문집, 2005,

윤용혁, 고려 강화도성의 성곽 연구, 국사관논총. 제106집

이병도, 고려시대의 연구, 을유문화사, 1954,

이병도, 고려삼소고, 동양학보, 1927.

장지연, 개경과 한양의 도성구성 연구, 서울학연구 15집, 2000.

정경연, 정통풍수지리, 평단, 2003.

최혜숙, 고려시대 남경연구, 경인문화사, 2004.

홍순민, 우리궁궐이야기, 청년사, 2005.

언론보도문

노컷뉴스, 김일성대 고려 초기 대화궁유적 처음 공개, 2008. 7. 29.

조선신보, 대화궁 발굴에 참여한 김일성종합대학 역사연구실 정동철 실장과 리영식 연구사 인터뷰, 2008. 7. 16.

제5장

조선시대

제5장

조선시대

1. 한양천도 논의과정

1) 태조의 한양이도 교시

　　1392년 7월 17일 이성계가 백관의 추대를 받아 수창궁에서 왕위에 올랐다. 왕조가 바뀌면 제일 먼저 국호를 바꾸고 도읍을 천도하는 것이 대부분 나라들의 공통점이다. 그러나 이성계는 즉위 초에 고쳐야 할 국호를 비롯하여 법과 제도를 고려 것으로 그대로 유지하였다. 대신 도읍을 옮기는 것에 대해서는 매우 적극적이었다. 즉위 한지 한 달도 안 된 8월 13일 국사 전반을 의결하는 최고정무기관인 도평의사사에게 한양으로 이도(移都)할 것을 교시하였다. 그리고 8월 15일 삼사 우복야 이염을 한양부에 보내어 궁실을 수리하게 하였다.

　　태조가 천도를 급히 서둔 이유는 역성혁명에 따른 인심을 쇄신하려고 했던 것이다. 한양은 예전부터 목자지국(木子之國) 즉, 이씨(李氏)가 도읍할 땅이라는 풍수도참설이 유행했던 곳이다. 그러므로 이성계가 한양에 도읍을 정하는 것은 천명(天命)이라는 논리로 역성혁명에 대한 정당성을 확보하고자 한 것이다. 이로보아 세상에 흔히 알려진 것처럼 계룡산이 최초의 후보지라는 것은 야사로 전하는 것이지 정사가 아니다.

　　태조 이성계가 풍수도참을 얼마만큼 신봉했는지 ≪조선왕조실록≫ 기록을 보면 알 수 있다. 임금이 서운관의 관원을 불러 종묘를 지을 땅을 물으니, 서운관 관원이 "성안에는 좋은 땅이 없고, 고려 왕조의 종묘가 있던 옛터가 가장 좋습니다."라고 아뢰었다. 이에 임금이 말하기를 "망한 나라의 옛터를 어찌 다시 쓰겠는가."하자, 판중추원사 남은이 "그 옛 궁궐을 헐어 땅을 파내고 새 종묘를 짓는다면 어찌 불가함이 있겠습니까?"라고 아뢰었다. 이는 도읍을 옮기고자 하는 임금의 마음과 가지 않았으면 하는 신하들의 마음이 상징적으로 표출된 것이다.

당시 중신들은 그들의 기득권이 있는 개경에 그냥 눌러 살기를 원했다. 그러므로 망국의 옛터도 파내고 다시 쓰면 된다는 논리로 천도를 반대하였다. 그러나 이성계의 입장에서는 천도를 강행하여 새로운 터전에서 새로운 정치를 해보고 싶었다. 특히 한양은 진산인 삼각산이 화산이므로 목성인 이씨가 도읍을 정할 땅이라는 풍수도참이 유행하던 곳이다. 또 고려 때부터 남경이 설치될 만큼 풍수적으로도 이미 검증되었던 곳이다. 그러나 중신들은 풍수를 왜곡하면서까지 개경에 머물기를 원했다. 태조도 중신들의 반대에는 어쩔 수 없었는지, 10월 13일 고려 왕조의 종묘를 헐어버리고 그 땅 위에 새 종묘를 짓도록 명하였다.

2) 계룡산 행차와 신도건설

태조의 계룡산 행차

즉위 2년째가 되자 태조는 천도를 논의를 본격화 하였다. 태조는 지난해 11월 27일 정당문학 권중화를 보내어 양광도, 경상도, 전라도에서 왕자의 태를 묻을 만한 땅을 잡게 한 적이 있었다. 권중화가 전라도 진동현의 길지를 살펴보고 돌아와서, 1월 2일 태실의 길지 산수형세도와 양광도 계룡산 신도 후보지 지도를 바쳤다. 그러자 태조는 1월 7일 권중화를 다시 보내 태실을 완산부 진동현에 안치하고, 그 현을 승격시켜 진주(珍州)라 하였다. 그리고 분부하기를 이달 18일에 계룡산으로 행차할 것이라고 하였다.

태조는 1월 19일 예정보다 하루 늦게 계룡산 신도후보지를 살펴보기 위해서 개경을 출발하였다. 이때 영삼사사 안종원, 우시중 김사형, 참찬문하부사 이지란, 판중추원사 남은 등이 따라갔다. 1월 21일 회암사를 지나면서 왕사 자초(무학대사)를 청하여 같이 갔다. 1월 22일 왕이 행차 길에 병이 나서 한강변에 4일간 머물렀다. 이 틈을 타 중신들은 태조가 도읍 옮기는 것을 중단하고 개경으로 돌아가기를 바랐다. 정요는 거짓으로 현비가 병이 났다고, 또 평주와 봉주 등지에 초적이 나타났다고 보고를 하였다.

태조는 도읍 옮기기를 싫어하는 중신들의 거짓 보고라는 것을 짐작하고, "초적은 변방 장수의 보고가 있던가? 어떤 사람이 와서 알리던가?"하니 정요는 대답할 말이 없었다. 임금이 말하기를, "도읍을 옮기는 일은 세가대족(世家大族)들이 함께 싫어하는 바이므로, 구실로 삼아 이를 중지시키려는 것이다. 재상은 송경(개경)에 오랫동안 살아서 다른 곳으로 옮기기를 즐겨하지 않으니, 도읍을 옮기는 일이 어찌 그들의 본뜻이겠는가?"하니, 좌우에서 모두 대답할 말이 없었다.

남은이 아뢰기를, "신 등이 공신에 참여하여 높은 벼슬에 은혜를 입었사오니, 비록 새 도읍에 옮기더라도 무엇이 부족한 점이 있겠사오며, 송경의 토지와 집이 어찌 아까울 것이 있겠습니까? 지금 이 행차는 이미 계룡산에 가까이 왔사오니, 원하옵건대, 성상께서는 가서 도읍을 건설할 땅을 보시옵소서. 신 등은 남아서 초적을 치겠습니다."하였다.

임금이 말하기를, "도읍을 옮기는 일은 경들도 역시 하고 싶지 않을 것이다. 예로부터 왕조가 바뀌고 천명을 받는 군주는 반드시 도읍을 옮기게 마련이다. 지금 내가 계룡산을 급히 보고자 하는 것은 내 자신 때에 친히 새 도읍을 정하고자 하기 때문이다. 후대 왕이 비록 선대의 뜻을 계승하여 도읍을 옮기려고 하더라도, 대신이 옳지 않다고 저지시킨다면, 어찌 도읍을 옮길 수 있겠는가?"하였다. 그리고 어가를 출발하도록 명하였다.

남은이 "이민도로 하여금 점을 치게 하니, 현비의 병환도 반드시 나을 것이요, 초적도 또한 염려할 것이 없다고 하였습니다."고 아뢰었다. 태조가 말하기를, "그렇다면 거짓 보고한 정요를 처벌한 뒤에 가자"고 하니, 남은이 "어찌 정요를 처벌할 필요가 있겠습니까?"하였다. 이후 태조는 이에 대해서 더 이상 언급하지 않았다.

태조의 어가는 2월 5일 청주를 거쳐, 2월 8일 계룡산 밑에 이르렀다. 개경을 떠난 지 20일 만이다. 2월 9일 날이 밝자 태조는 여러 신하들을 거느리고 계룡산의 산수와 형세를 돌아보고, 삼사우복야 성석린, 상의문하부사 김주, 정당문학 이염에게 명하여 조운의 편리하고 편리하지 않은 것과 노정의 험난하고 평탄한 것을 살피게 하였다. 또 의안백 이화와 남은에게 명하여 성곽을 축조할 지세를 살피게 하였다.

2월 10일 권중화가 새 도읍의 종묘·사직·궁전·조시를 만들 지세의 그림을 바쳤다. 태조는 서운관과 풍수학인 이양달, 배상충 등에게 명하여 지면의 형세를 살펴보게 하였다. 판내시부사 김사행에게 명하여서는 먹줄로써 땅을 측량하게 하였다. 2월 11일 새 도읍지의 중심인 높은 언덕에 올라 지세를 두루 살펴보고, 왕사 자초에게 어떠냐고 물었다. 자초는 "능히 알 수 없다"고 대답하였다.

2월 13일 계룡산을 떠나면서 상의문하부사 김주, 동지중추 박영충, 전 밀직 최칠석을 그곳에 남겨두고 새 도읍의 건설을 감독하게 하였다. 2월 14일 청주에 도착, 2월 15일 국호 문제를 협의하기 위해 명나라에 갔던 한상질이 돌아왔다. 그는 예문관 학사로 지난해 11월 29일 나라 이름을 조선(朝鮮)이라 할 것인가, 화령(和寧)이라 할 것인가, 황제의 재가를 얻기 위해 명나라에 갔었다. 명나라는 이성계의 고향을 상징하는 화령보다는 조선이 아름답고 전래된 지 오래 되었다며 국호를 정하였다. 2월 24일 의빈의 기일이므로 회암사에 들려 중들을 공양하였다. 2월 26일 세자가 장단에서 임금의 어가를 맞이했고, 2월 27일 태조가 계룡산 행차를 마치고 도성으로 돌아왔다.

계룡산 행차의 정치적 의도

태조는 즉위하고 얼마 후 최고의 의결기관인 도평의사사에 한양으로 이도할 것을 교시했다. 태조가 새로운 도읍지로 마음에 두고 있는 곳은 한양이라는 뜻이다. 그런데 갑자기 계룡산에 도읍을 정하기 위해 행차를 하였다. 물론 지리·복서에 능한 권중화의 천거가 있었지만, 음력 정월의 찬바람 속에서 도성을 40여일이나 비우는 행차를 한 이유는 무엇일까? 태조가 정말 계룡산으로 천도할 생각이 있었다면 행차하기 이전에 서운관 관원을 보내서 후보지를 알아보게 했을 것이다. 또 조정에서 논의가 있어야 했는데 전혀 그러한 흔적이 없다.

이는 천도를 반대하는 중신들에게 상당한 충격을 주기 위한 태조의 고도의 정치적 행위로 여겨진다. 행차 도중 태조가 말한 것처럼 개경을 터전으로 살아온 재상들은 다른 곳으로 옮기기를 싫어했다. 심지어 왕의 행차를 방해하기 위해 초적의 난이 발생했다고 거짓보고까지 했을 정도다. 태조가 거짓보고한 정요를 처벌하고자 했을 때 남은이 감싸준 것도 그 보고가 정요 한 사람만의 생각이 아니라 여러 사람의 중지를 모았기 때문이었을 것이다.

태조는 계룡산 행차를 통해 자신의 천도 의지가 확고하다는 것을 중신들에게 알리고자 한 것 같다. 한양천도를 반대하면 그보다 더 멀리 있는 계룡산으로 천도할 수도 있다는 것을 보여준 것이다. 중신들 입장에서는 계룡산보다는 한양이 그래도 더 나을 것이니 한양천도에 반대하지 말라는 메시지로 보인다. 자초 무학대사가 계룡산 지세를 능히 알 수 없다고 짧게 대답한 것은 누구보다도 태조의 마음을 잘 알고 있었기 때문이다. 무학은 태조가 마음에 두고 있는 신도읍지는 계룡산이 아니라 한양이라는 것을 잘 알고 있었을 것이다.

태조가 계룡산을 떠나면서 도읍 건설 감독관으로 남겨 놓은 사람들의 벼슬도 종2품과 정3품이며 왕의 신임을 받는 실세들도 아니었다. 후에 한양궁궐조성 책임자가 정1품 좌의정이었던 것과 비교하면 도읍공사 책임자로는 격이 낮다고 하겠다. 이로 미루어 태조는 행차 때부터 계룡산을 크게 염두에 두지 않았음을 짐작케 한다. 태조는 조정에 돌아와서도 계룡산 신도읍지에 대해 별다른 후속 조치를 취하지 않았다. 오히려 행차 한 달 후인 3월 8일에는 신도읍지를 건설하는 백성들을 놓아 보냈다. 이어 4월 1일에는 건설기술자인 공장(工匠)들조차도 놓아 보냈다. 이는 사실상 공사 중단이나 마찬가지다.

계룡산 신도건설 중단

태조2년(1393) 12월 11일, 대장군 심효생을 보내어 계룡산에 가서 신도건설을 중단하게 하였다. 태조가 계룡산을 행차하지 불과 10개월 후의 조치다. 태조에게 계룡산 신도건설을 중단할 수 있도록 명분을 만들어 준 인물은 경기도관찰사 하륜이다. 하륜은 다음과 같이 상언하였다. "도읍은 마땅히 나라의 중앙에 있어야 될 것 이온데, 계룡산은 지대가 남쪽에 치우쳐서 동면·서면·북면과는 서로 멀리 떨어져 있습니다. 또 신이 일찍이 신의 아버지를 장사하면서 풍수 관련 여러 서적을 대강 열람했사옵니다. 지금 듣건대 계룡산의 땅은 산은 건방 (乾方)에서 오고 물은 손방(巽方)으로 흘러나간다 하옵니다. 이것은 송나라 호순신 (胡舜申)의 이른 바 물이 장생을 파하면 쇠패가 곧 닥치는 땅이므로 도읍을 건설하는 데는 적당하지 못합니다."

태조는 호순신의 책을 판문하부사 권중화, 판삼사사 정도전, 판중추원사 남재 등으로 하여금 하륜과 더불어 참고하게 하고, 또 고려 왕조의 여러 산릉(山陵)의 길흉을 다시 조사하여 아뢰게 하였다. 이에 봉상시의 제산릉형지안(諸山陵形止案)의 산수가 오고 간 것으로써 상고해 보니 길흉이 모두 맞았다. 이에 심효생에게 명하여 새 도읍의 역사를 그만두게 하니, 중앙과 지방에서 크게 기뻐하였다. 이로부터 호순신의 글은 널리 알려지게 되었다. 임금은 고려 왕조의 서운관에 저장된 비록과 문서들을 모두 하륜에게 주어서 검토하게 하고는, 천도할 땅을 다시 보아서 아뢰게 하였다.

참고로 호순신의 책은 ≪지리신법(地理新法)≫으로 종래의 풍수지리 서적

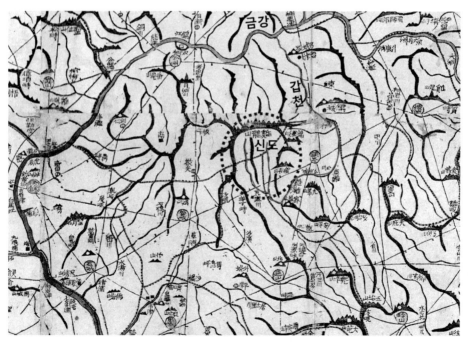

계룡산 신도 위치 (대동여지도)

을 참고하여 그 중 중요한 내용만 뽑아 정리한 것이다. 2권 1책으로 되어 있으며 내용은 오산도식(五山圖式), 오행론(五行論), 산론(山論), 수론(水論), 구성론(九星論), 형세론(形勢論), 택지론(擇地論) 등 모두 23장으로 구성 되어 있다. 오산도식에 의하면 물은 길방에서 득수하여 흉방으로 나가야 길한 땅이 되는데, 신도안의 경우 물이 길방인 장생으로 나가기 때문에 나쁜 땅이라는 논리다.

3) 무악천도론

무악천도론 등장

태조는 즉위3년(1394)이 되자 새로운 도읍지 입지선정 작업에 적극적이었다. 2월 14일 하륜과 정도전 등 중신들에게 역대 풍수서들의 요점을 추려서 바치게 하였다. 이는 신도시를 개발하는 데 있어서 그 사상적 기반은 풍수지리에 두었다는 것을 나타낸다. 이틀 후인 2월 16일 권중화 등이 ≪비록촬요(秘錄撮要)≫를 받치니, 임금이 하륜과 이직으로 하여금 강의를 진행하도록 하였다. 그리고 2월 18일 조준과 권중화 등 11인에게 서운관 관원들을 거느리고 무악의 땅을 살펴보도록 하였다.

무악은 모악(毋岳)에서 유래된 것으로 지금의 서울 서대문구에 있는 안산(295.9m)을 말한다. 신촌동과 연희동 일대의 땅이 신도 후보지로 거론된 것이다. 2월 23일 권중화와 조준 등이 무악으로부터 돌아와서 무악 땅은 좁아서 도읍을 옮길 수가 없다며 무악천도를 반대하였다. 그러자 하륜이 무악의 명당이 비록 협착하지마는 송도의 강안전과 평양의 장락궁과 비교하면 조금 넓은 편이다. 또 고려왕조의 비록과 중국에서 유행하는 지리의 법에도 모두 부합하다며 무악천도론을 찬성하였다. 그러자 태조는 친히 보고 정하겠다고 하였다.

태조는 7월 12일 음양산정도감(陰陽刪定都監)을 설치하고, 권중화·정도전·성석린·남은·정총·하륜·이직·이근 등 중신들과 서운관 관원들이 함께 지리와 도참에 관한 책을 모아서 교정하게 하였다. 그리고 8월 8일 태조는 친히 무악의 천도할 땅을 보려고 도평의사사와 대성, 형조의 관원 각각 한 사람씩과 친군위를 데리고 길을 떠났다. 8월 11일 임금이 무악에 이르러서 도읍을 정할 땅을 물색하였다. 서운관사 윤신달과 서운부정 유한우 등이 지리의 법으로 보면 여기는 도읍이 될 수 없다고 아뢰었다. 그러자 태조가 여기가 좋지 못하면 어디가 좋으냐고 물었다. 유한우는 개경의 지기가 아직 쇠하지 그곳에 궁궐을 새로 짓는 것이 좋겠다고 아뢰었다.

대노한 태조가 서운관 관리로 하여금 도읍될만한 곳을 다시 알리라고 하였다. 이에 최융과 윤신달과 유한우는 "우리나라에서는 부소 명당이 첫째이고, 그 다음이 남경입니다."고 하였다. 8월 12일 태조는 여러 재상들에게 분부하여 각각 도읍을 옮길 만한 터를 글월로 올리게 하니, 이날 무악천도 및 도참에 대한 중신들의 열띤 토론이 있었다.

무악천도 논쟁

먼저 판삼사사 정도전이 말하였다. "첫째, 이곳이 나라 중앙에 위치하여 조운이 통하는 것은 좋으나 골짜기에 끼어 있어서, 안으로 궁침과 밖으로 조시와 종묘사직을 세울 만한 자리가 없으니 왕의 거처로서 편리한 곳이 아닙니다. 둘째, 국가의 잘 다스려짐과 어지러움은 사람에게 있는 것이지 지리의 성쇠에 있는 것이 아닙니다. 셋째, 제왕의 도읍지는 자연적으로 좋은 곳이 있는 것이지, 술수로 헤아려서 얻는 것이 아닙니다. 넷째, 옛 도읍지로 동쪽에는 계림, 남쪽에는 완산, 북쪽에는 평양, 중앙에는 송경이 있는데, 계림과 완산은 한쪽 구석에 있고, 평양은 북쪽이 너무 가까워 도읍할 곳이 못된다고 생각합니다. 다섯째, 아직 나라의 터전이 굳지 못하니 먼저 백성을 진정시키고, 위로는 천시(天時)를 살피시고 아래로 인사(人事)를 보아 적당한 때를 기다려서 도읍터를 보는 것이 만전한 계책일 것입니다. 여섯째, 지금 지기의 성쇠를 말하는 자들은 마음속으로 깨달은 것이 아니라, 다 옛사람들의 말을 전해 듣고서 하는 말입니다. 삼가 바라옵건대, 전하께서는 인사가 다한 뒤에 점을 상고하시어 자칫 불길함이 없도록 하소서."

정도전의 말이 끝나자 문하시랑찬성사 성석린이 무악으로 천도를 반대하고 나섰다. "이곳은 산과 물이 모여들고 조운이 통할 수 있어 길지라 할 수 있으나, 명당이 기울어지고 좁으며, 뒷산이 약하고 낮아서, 규모가 왕의 도읍에 맞지 않습니다. 개경의 부소 명당으로 본 궁궐을 지으면 심히 다행일까 합니다. 어찌 부소 명당이 왕씨만을 위하여서 생겼고 뒷 임금의 도읍이 되지 않을 이치가 있겠습니까?"

이어서 정당문학 정총도 무악천도를 반대하였다. "도읍을 정하는 것은 옛날부터 어려운 일입니다. 천하의 큰 나라 중국도 관중(關中)이니 변량(汴梁)이니 금릉(金陵)이니 하며 두어 곳뿐인데, 어찌 우리 작은 나라로서 곳곳에 있겠습니까? 주나라가 관중에 도읍하였고, 진(秦)나라가 대신하여 관중에 도읍하였으며, 진나라가 망하고 한나라가 대신해도 역시 거기에 도읍하였으며, 변량은 5대가 도읍하고 금릉은 6조가 도읍한 곳입니다. 도선이 말하기를, 만약 부소에 도읍하면 세 나라 강토를 통일해 가질 수 있다고 했습니다. 왕씨가 5백 년에 끝나는 것은 운수이며 지리에 관련시킬 것이 아닙니다. 무악의 터는 명당이 심히 좁고 뒤 주룡이 낮으며, 수구가 쌓이지 않았으니, 길지라면 어찌 옛사람이 쓰지 않았겠습니까?"

그러자 첨서중추원사 하륜이 무악천도를 찬성하며 나섰다. "우리나라 옛 도읍으로 국가를 오래 유지한 것은 계림과 평양뿐입니다. 무악의 국세가 비록 낮고 좁다 하더라도, 계림과 평양에 비하면 궁궐의 터가 실로 넓습니다. 더구나 나라의 중앙에 위치하여 조운이 통하며, 안팎으로 둘러싸인 산과 물이 또한 증빙할 만하여, 우리나라 전현(前賢)의 비기에 대부분 서로 부합되는 것입니다. 또 중국의 지리에 대한 제가(諸家)들의 산과 물이 안으로 모여든다는 설과도 서로 가깝습니다. 임금이 일어남에는 스스로 천명을 갖고 있는 것이나, 도읍을 정하는 일은 경솔하게 논의할 수 없는 것입니다. 만약 한때의 인심에 순응하여 민폐를 덜려면 송도에 그대로 있을 것이요, 전현의 말씀에 의하여 만세의 터전을 세우려면 이보다 나은 곳이 없습니다."

이때 중추원학사 이직이 중도적인 입장으로 말하였다. "도읍을 옮기고 나라를 세우는 곳에 대하여 지리책을 상고해 보니, 대개 말하기를, 만 갈래의 물과 천봉의 산이 한 곳으로 향한 큰 산과 큰물이 있는 곳에 왕도와 궁궐을 정할 수 있는 땅이라 하였습니다. 이것은 산의 기맥이 모이고 조운이 통하는 곳을 말한 것입니다. 대저 터를 잡아서 도읍을 옮기는 것은 지극히 중요한 일로서 한두 사람의 소견으로 정할 것이 아니며, 반드시 천명에 순응하고 인심을 따른 뒤에 할 수 있는 것입니다. 무악의 명당은 신 역시도 좁다고 생각합니다."

태조는 여러 재상들의 의견이 천도를 옳지 않다는 것으로 모아지자 언짢은 기색으로 말하였다. "내가 개성으로 돌아가 소격전(昭格殿)에서 의심을 해결하리라." 그리고는 이튿날인 8월 13일 남경(한양)으로 행차하였다. 태조는 즉위하자마자 한양으로 천도할 것을 교시하였다. 이는 처음부터 한양을 새로운 도읍지로 마음에 두고 있었다는 뜻이다. 그러나 그동안 천도논란이 된 곳은 계룡산과 무악이지 한양이 아니었다. 이는 태조의 고도의 정치술수로 보인다. 처음부터 한양을 가지고 논쟁을 했다면 중신들의 반대가 심하여 한양천도 자체가 어렵게 되었을지도 모른다. 계룡산과 무악을 이용하여 자신의 천도의지를 확실하게 심어주고, 천도반대론자들의 진을 다 빼서 기진맥진하게 만들었다.

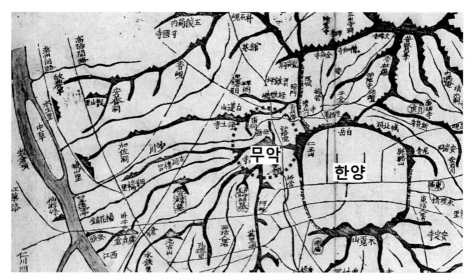

무악 위치 (대동여지도)

4) 한양천도 결정

무악에서 한양으로 온 태조는 이튿날인 태조3년(1394) 8월 13일 남경의 옛 궁궐터를 살피었는데, 산세를 관망하다가 윤신달에게 물었다. "여기가 어떠냐?" 그가 대답하기를 "우리나라에서는 송경(개경)이 제일 좋고 여기가 그 다음 가지만 아쉬운 것은 건방(서북)이 낮아서 물과 샘물이 마르는 것입니다." 태조가 "송경인들 어찌 부족한 점이 없겠는가. 이제 이곳의 형세를 보니 왕도가 될 만한 곳이다. 더욱이 조운하는 배가 통하고 사방의 도리(道里)도 고르니 백성들에게도 편리할 것이다."

또 왕사 자초에게 어떠한가라고 물었다. 자초가 대답하기를 "여기는 사면이 높고 수려하며 중앙이 평평하니, 성을 쌓아 도읍을 정할만합니다. 그러나 여러 사람의 의견을 따라서 결정하소서." 임금이 여러 재상들에게 의논하게 하니, 모두가 말하기를 "꼭 도읍을 옮기려면 이곳이 좋습니다."하였다. 다만 하륜만이 홀로 "산세는 비록 볼만한 것 같으나, 지리의 술법으로 말하면 좋지 못합니다." 결국 태조는 한양(漢陽)으로 도읍을 결정하였다.

8월 24일 최고 의사결정기관인 도평의사사에서 한양으로 도읍 정할 것을 상신(上申)하였다. "좌정승 조준과 우정승 김사형 등은 생각하건대, 옛날부터 임금이 천명을 받고 일어나면 도읍을 정하여 백성을 안주시키지 않음이 없었습니다. 그러므로 요(堯)는 평양(平陽)에 도읍하고, 하(夏)나라는 안읍(安邑)에 도읍하였으며, 상(商)나라는 박(亳)에, 주(周)나라는 풍호(豊鎬)에, 한(漢)나라는 함양(咸陽)에, 당나라는 장안(長安)에 도읍하였는데, 혹은 처음 일어난 땅에 정하기도 하고, 혹은 지세의 편리한 곳을 골랐으나, 모두 근본 되는 곳을 소중히 여기고 사방을 지정하려는 것이 아님이 없었습니다. 우리나라는 단군 이래로 혹은 합하고 혹은 나누어져서 각각 도읍을 정했으나, 고려의 왕씨가 통일한 이후 송악에 도읍을 정하고, 자손이 서로 계승해 온지 거의 5백 년에 천운이 끝이 나서 자연히 망하게 되었습니다. 삼가 생각하옵건대, 전하께서는 큰 덕과 신성한 공으로 천명을 받아 한 나라를 차지하시어 이미 또 제도를 고쳐서 만대의 국통(國統)을 세웠으니, 마땅히 도읍을 정하여 만세의 기초를 잡아야 할 것입니다. 그윽이 한양을 보건대, 안팎 산수의 형세가 훌륭한 것은 옛날부터 이름난 것이요, 사방으로 통하는 도로의 거리가 고르며 배와 수레도 통할 수 있으니, 여기에 영구히 도읍을 정하는 것이 하늘과 백성의 뜻에 맞을까 합니다." 왕은 아뢴 대로 하도록 지시하였다. 드디어 한양이 왕과 중신들의 합의에 의해 수도로 결정되었다.

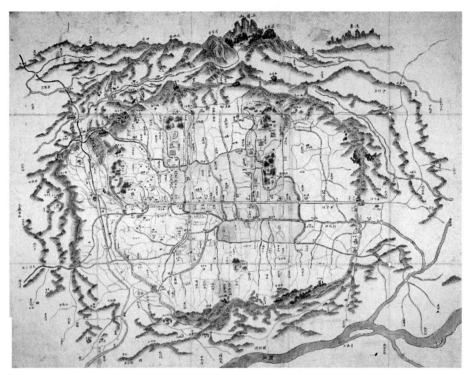

한양도성도(여지도)

2. 한양 건설

1) 한양천도 강행

한양이도

태조3년(1394) 9월 1일 신도궁궐조성도감(新都宮闕造成都監)을 설치하고 청성백 심덕부와 좌복야 김주, 전 정당문학 이염, 중추원학사 이직을 판사로 임명하였다. 9월9일 판문하부사 권중화, 판삼사사 정도전, 청성백 심덕부, 참찬문하부사 김주, 좌복야 남은, 중추원학사 이직 등을 한양에 보내서 종묘·사직·궁궐·시장·도로의 터를 정하게 하였다.

권중화 등은 고려 숙종 때 경영했던 궁궐 옛터가 너무 좁다며 그 남쪽에 해방(亥方)의 산을 주맥으로 하여 터를 정하였다. 여러 산맥이 굽어 들어와서 지세가 좋은 평탄하고 넓은 땅을 궁궐터로 정하고 임좌병향(壬坐丙向: 남향)으로 자리를 정하였다. 또 그 동편 2리쯤 되는 곳에 종묘 터를 정하고 임좌병향으로 건물을 배치하는 도면을 그려서 바치었다.

태조는 9월 22일 도평의사사에 명령하여 각 관청의 관원을 모아서 도읍을 빨리 옮기느냐 늦추느냐에 대하여 의논하게 하니, 모두 금년이 좋다고 말하였다. 마침내 10월 25일 개경을 떠나 한양으로 출발하였다. 각 관청의 관원 2명씩은 송경에 머물러 있게 하고, 문하시랑찬성사 최영지와 상의문하부사 우인열 등으로 분도평의사사(分都評議使司)를 삼았다. 10월 28일 새 서울에 이르러 옛 한양부의 객사(客舍)를 임시 이궁(離宮)으로 삼았다. 서울시는 이날을 기념하여 서울시민의 날로 정했다.

2) 궁궐·종묘·사직 공사

궁궐·종묘·사직 공사 과정

태조는 3년(1394) 11월 2일 도평의사사와 서운관의 관리들을 인솔하고 종묘(宗廟)와 사직(社稷)의 터를 살피었다. 11월 3일에는 도평의사사에서 중신들에게 종묘·사직과 궁궐과 성곽 공사를 빨리 하도록 독촉하였다. 종묘는 역대 왕과 왕비의 위폐를 봉안하여 효성과 공경을 높이는 곳이다. 사직은 왕이 토지신과 곡식신에게 제사를 드리는 제단이다. 궁궐은 국가의 존엄성을 보이고 왕명을 내는 곳이다. 성곽은 도성 안팎을 엄하게 하고 나라를 굳게 지키는 곳이다. 종묘사직, 궁궐, 성곽 이 세 가지는 왕조에서 제일 중요한 것이다.

11월 10일 태조는 직접 용산강에 거둥하여 종묘의 재목을 살펴보았다. 12월 3일 태조는 목욕재계하고 판삼사사 정도전에게 명하여 황천(皇天: 하늘)과 후토(后土: 토지)의 신에게 제사를 올려 왕도공사를 시작하는 사유를 고하게 하였다. 또 참찬문하부사 김입견을 보내서 산천(山川)의 신명에게도 고유하게 하였다. 산은 백악과 목멱산, 천은 한강과 양진(광나루)에서 행하였다. 태조는 명산대천에 제사를 지내는 것은 법전에 등록된 것으로 신령에게 도움을 빌고, 신령의 도움에 보답하는 것이라고 하였다.

12월 4일 중추원부사 최원을 종묘를 세우려는 터에 보내고, 또 첨서중추원사 권근을 궁궐 지을 터에 보내서 오방지신(五方祗神)에게 제사지내고서 그 터를 개척하였다. 태조는 직접 종묘의 터를 처음 닦은 광경을 나가보았다. 공사에 동원된 백성들과 승도들에게는 옷과 먹을 것을 보내주었다. 태조 4년(1395) 1월 29일 사직단을 짓기 시작하였다. 2월 19일에는 농사철이 돌아오므로 궁궐을 조성하는 각 도의 인부들을 돌려보내고 승도들로 대신하게 하였다. 이후로 태조는 수시로 종묘와 사직, 궁궐 공사현장을 방문하여 승려와 인부들을 위로하였다.

종묘

사직

마침내 태조4년(1395) 9월 29일 종묘와 궁궐이 한날한시에 준공되었다. 착공한지 1년도 안되었으니 당시 조선의 토목과 건축기술이 대단했음을 보여준다. 공사를 도맡아서 해낸 사람은 청성백 심덕부(1328~1401)이다. 그는 궁궐과 종묘의 건설공사를 총괄하여 채 1년이 안 되어 완성시켰다. 그의 업적을 적은 행장에는 치밀하게 계획하고 알맞게 맞추어 나가는 중에서도 부드럽고 너그럽게 진행시켜나갔으므로 백성들이 고통을 몰랐다고 적고 있다. 그리고 3개월 후인 12월 28일 새 궁궐에 들어갔다.

궁궐의 전각 이름

태조4년(1395) 10월 7일 임금이 정도전에게 분부하여 새 궁궐의 여러 전각의 이름을 짓게 하였다. 이에 정도전이 이름을 짓고 아울러 그 의의를 써서 올렸다. 새 궁궐을 경복궁(景福宮)이라 하고, 연침(燕寢)을 강녕전(康寧殿), 동쪽에 있는 소침을 연생전(延生殿), 서쪽에 있는 소침을 경성전(慶成殿)이라 했다. 연침의 남쪽을 사정전(思政殿), 또 그 남쪽을 근정전(勤政殿)이라 하고, 동루를 융문루(隆文樓), 서루를 융무루(隆武樓)라 하였다. 전문(殿門)을 근정문(勤政門)이라 하며, 남쪽에 있는 정문을 오문(午門)이라 하였다.

경복궁이란 이름은 ≪시경(詩經)≫ 주아(周雅)에 있는 '이미 술에 취하고

경복궁

이미 덕에 배부르니 군자는 영원토록 그대의 크나큰 복을 모시리라.'라는 시에서 따온 것이다. 강녕전은 ≪서경≫ 홍범구주의 오복 중에 셋째가 강녕이며, 대체로 임금이 마음을 바르게 덕을 닦으면 능히 오복을 향유할 수 있다는 뜻이다. 연생전은 동쪽은 천지운행에서 생(生)하는 기운이고, 경성전은 서쪽은 이루는 기운인 화(化)로 이를 본받아서 붙였다. 사정전은 천하의 이치는 생각하면 얻을 수 있고 생각하지 아니하면 잃어버리는 것이므로, 임금은 깊이 생각하고 세밀하게 살펴 정사를 잘 판단하라는 뜻이다.

근정전과 근정문은, 천하의 일은 부지런하면 다스려지고 부지런하지 못하면 폐하게 되므로 부지런히 정사를 다스리라는 뜻이다. 융문루는 문(文)으로써 다스림을 이루고, 융무루는 무(武)로써 난을 안정시키라는 뜻이다. 정문은 천자와 제후는 남쪽을 향해 앉아서 정치하는 것이 바른 것이다. 그러므로 백성들을 향해 바른 정치를 하라는 뜻이다.

궁궐의 배치

경복궁 궁궐터는 비교적 평탄한 자리에 조성 했으며, 동서에 비해 남북이 긴 장방형의 궁성을 쌓았다. 궁성의 문은 오행과 풍수의 원리에 따라 명칭을 붙이고 그림을 그려놓았다. 봄을 상징하는 동문은 건춘문(建春門)으로 천장에는 청룡이 그려져 있다. 가을을 상징하는 서문은 영추문(迎秋門)으로 천장에는 백호가 그려져 있다. 여름을 상징하는 남문은 오문(午門) 또는 정문(正門)이라 불렀으며 천장에는 주작이 그려져 있다. 광화문(光化門)은 후에 개칭한 이름이다. 겨울을 상징하는 북문은 신무문(神武門)으로 천장에는 현무가 그려져 있다.

궁성 안은 크게 외전(外殿), 내전(內殿), 후원(後苑) 세 영역으로 나누었다. 외전 영역에는 왕이 중신들과 국사를 돌보는 공적인 공간이다. 국가적 큰 행사를 거행하는 정전인 근정전, 임금이 신하들과 정사를 논의하는 편전인 사정전, 궁궐 안에 있는 각 관청의 부서인 궐내각사(闕內各司), 외국사신이나 대신들과 연회를 베푸는 경회루(慶會樓)를 배치하였다. 내전 영역은 왕과 왕비를 비롯하여 왕실의 사적 공간이다. 왕의 침전인 강녕전, 왕비의 처소로 중전(中殿)이라 불리는 교태전(交泰殿), 세자가 생활하는 동궁전(東宮殿) 등을 배치하였다. 후원 영역은 왕과 왕비와 왕실 가족들의 휴식 공간이다. 야트막한 인공산인 아미산(峨眉山), 연못 가운데 정자를 지어 휴식을 취하는 향원정(香遠亭) 등을 배치하였다.

궁궐 안에는 왕과 왕비로부터 왕실 가족, 대소 관원, 군인, 내시, 궁녀, 무수리, 노복에 이르기까지 여러 계층의 수많은 사람들이 기거하며 활동하였다. 그 여러 사람들의 활동공간으로서 각각에 맞는 건물이 할당되었으며, 건물에는 그 주인의 신분에 따라 이름도 달리 붙였다. 건물의 서열은 전(殿), 당(堂), 합(閤), 각(閣), 재(齋), 헌(軒), 루(樓), 정(亭)의 순이다.

전(殿)은 건물 가운데 가장 격이 높은 건물로 왕과 왕비, 대비가 공적인 의식 활동에 쓰는 건물이다. 당(堂)은 전보다 낮은 단계로 왕실 가족의 사적인 활동에 쓰는 건물이다. 합(閤)과 각(閣)은 전이나 당의 부속 건물 일 수도 있고 독립적인 건물 일 수도 있지만 전이나 당 부근에서 그것을 보위하는 기능을 한다. 재(齋)는 궁궐에서 활동하는 사람들이 공적인 일로 숙식을 하며 지내는 건물로 대청마루가 있다. 루(樓)는 바닥이 지면에서 사람 키 높이 이상의 마루로 되어 있는 건물로 경회루처럼 독립적인 것도 있지만 주요 건물에 붙어있는 경우가 많다. 정(亭)은 흔히 정자처럼 연못이나 산 속 경관 좋은 곳에 있으며 휴식이나 연회 공간으로 이용하는 건물이다.

궁궐 안의 주요 전각과 문들은 궁성 중앙의 남북직선 축에 맞추어 배치하였다. 그리고 각각의 공간들은 행각이 감싸도록 해서 좌우 대칭이 이루어지도록 하였다. 광화문(光化門)－흥례문(興禮門)－근정문(勤政門)－근정전(勤政殿)－사정문(思政門)－사정전(思政殿)－향오문(嚮五門)－강녕전(康寧殿)－양의문(兩儀門)－교태전(交泰殿)이 중앙의 일직선에 위치한다. 여기서 광화문에서 사정전까지는 외전이고, 향오문에서 교태전까지는 내전이다. 이는 정사를 보는 조정은 앞에 두고, 일상생활을 하는 침전은 뒤에 갖춘다는 뜻의 전조후침(前朝後寢) 궁궐 조성원리를 따랐다.

광화문에서 교태전까지 남북을 축으로 좌측 동쪽과 우측 서쪽이 서로 대칭되도록 부속건물을 배치하였다. 건물이나 문 이름은 음양의 원리에 따라 동쪽에는 문(文)이나 생(生)과 같이 시작을 뜻하는 글자, 서쪽에는 무(武)나 성(成)과 같이 마무리를 뜻하는 글자를 넣었다. 예컨대 광화문을 들어서면 동서 양편으로 서있는데 행각의 문은 동쪽은 협생문(協生門), 서쪽은 용성문(用成門)이다. 근정문 양쪽으로 동쪽에 일화문(日華門), 서쪽에 월화문(月華門)의 협문이 있다. 근정전의 동쪽 행각은 융문루(隆文樓), 서쪽 행각은 융무루(隆武樓)다. 사정전의 동쪽은 만춘전(萬春殿), 서쪽은 천추전(千秋殿)이다. 강녕전의 동쪽은 연생전(延生殿), 서쪽은 경성전(慶成殿)이 있다.

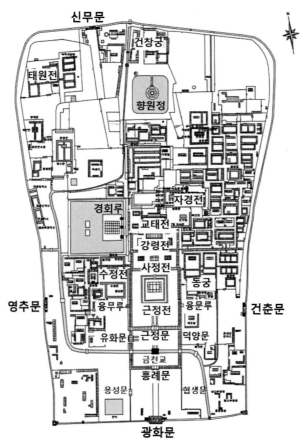

경복궁 공간구조

자료: 문화재청, 경북궁 변천사, 2007

궐외각사와 육조거리

궁성의 정문인 광화문(光化門)은 임금의 큰 덕이 온 나라를 비춘다는 의미이며 세 개의 출입문이 있다. 가운데 문은 왕이 다녔고, 동쪽은 문신들이 다녔고, 서쪽은 무신들이 다녔다. 광화문 앞에서 지금의 광화문사거리까지의 육조(六曹)거리는 오늘날의 세종로로 도성에서 제일 넓은 주작대로이다. 대로 좌우에는 궐외각사(闕外各司)의 관청이 배치되었다. 동쪽 편에는 문에 해당하는 관청인 의정부(議政府), 이조(吏曹), 한성부(漢城府), 호조(戶曹), 기로소(耆老所)가 배치되었다. 서쪽 편에는 무에 해당하는 예조(禮曹), 중추부(中樞府), 사헌부(司憲府), 병조(兵曹), 형조(刑曹), 공조(工曹)가 배치되었다.

의정부는 나라의 제반 정사를 맡고 모든 벼슬아치들을 감독하는 일을 맡았다. 이조는 문관의 선발 및 임면, 관리들의 능력평가 등에 관한 일을 맡았다. 한성부는 도성 안의 인구·주택·토지·도로·교량·산천을 관리하며 제반 범죄를 단속 조사하였다. 호조는 나라 안의 인구와 토지를 장악하며 각종 조세와 공납과 재정에 관한 일을 맡았다. 기로소는 나이가 70이상인 종2품 이상의 문관들을 우대하기 위하여 설치한 관청이다.

예조는 제사와 연회 등 국가의 의례에 대한 일과 외국사신의 접대 등 대외관계에 관한 일을 맡았다. 중추부는 일정한 직무가 없는 당상관들을 우대하기 위하여 설치된 관청이다. 사헌부는 관리들의 능력과 수완 및 비행을 조사하여 풍속을 바로 잡는 임무를 맡았다. 병조는 군사에 관한 일과 무관의 선발 및 배치, 궁궐의 수비 등에 관한 일을 맡았다. 형조는 각종 법률과 형벌, 소송사건과 노비들에 관한 일을 맡았다. 공조는 나라 안의 산림과 하천, 호수와 각종 토목공사와 수공업에 관한 일을 맡았다.

사헌부 앞에는 해치(獬豸)라 불리는 석상을 도로 양편에 세웠다. 상상 속 동물인 해치는 부정을 저지르거나 옳지 않은 일을 한 사람에게 달려들어 뿔로 받아 버린다는 영물이다. 사헌부는 시정의 잘잘못을 따지고 관원들의 비리를 조사하여 탄핵하는 사법기관이므로 그 앞에 해치를 세운 것이다. 이 거리를 통하여 궁궐로 들어가는 모든 관원들은 행동을 바르게 하고 말을 옳게 하며, 부정부패를 두려워하고 청렴결백해야 된다는 뜻을 담고 있다. 훗날에 경복궁에 화재가 자주나자 관악산의 화기를 막는 염승(厭勝)의 의미도 부여하였다.

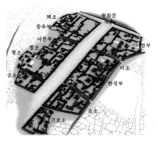

육조거리	육조거리 복원도	육조거리
출처: 해동지도	자료: 한국콘텐츠진흥원	자료: 서울역사아카이브

3) 성곽 공사

1차 도성축조 공사

경복궁 궁궐공사가 마무리되자 태조는 도성축조에 들어갔다. 태조4년 (1395) 윤9월 10일 임금이 도성 쌓을 자리를 돌아보았다. 윤9월 13일 도성조 축도감(都城造築都監)을 두어 판사·부판사·사(使)·부사(副使)·판관·녹사들을 임명하였다. 그리고 판삼사사 정도전에게 명하여 성 쌓을 자리를 정하게 한 다음 윤9월 25일 정도전이 정한 터를 살펴보았다. 12월 29일 이조에 명하여 도성의 현무인 백악을 진국백(鎭國伯)으로 삼고, 주작인 남산을 목멱대왕(木覓大王)으로 삼았다.

태조5년(1396) 1월 4일 임금이 도성 쌓을 터를 다시 둘러본 다음, 1월 9일 도성을 쌓기 시작했다. 추운 겨울이지만 농번기를 피한 것이다. 여기에 동원된 인원은 11만8천70여명이었다. 경상·전라·강원도와 서북면의 안주 이남과 동북면의 함주 이남의 장정들을 징발하였다. 성곽은 북쪽 백악산(북악산), 동쪽 낙산, 남쪽 목멱산(남산), 서쪽 인왕산을 연결하는 능선을 따라 쌓았다.

공사구역은 천자문의 자호(字號)로 정하였다. 백악의 동쪽에서 천자(天字)로 시작하여 한 바퀴를 돌아 백악의 서쪽에서 조자(弔字)로 그치게 하였다. 서쪽 산 돌재까지 합해서 땅의 척수가 무릇 5만9천5백척(尺: 18.1km)이다. 6백

척(약 193m)마다 한 자호를 붙였는데 모두 97자다. 각 도·주·군의 민호(民
戶)의 많고 적음을 헤아려 천자(天字)로부터 일자(日字)까지는 동북면, 월자
(月字)에서 한자(寒字)까지는 강원도, 내자(來字)에서 진자(珍字)까지는 경상
도, 이자(李字)에서 용자(龍字)까지는 전라도, 사자(師字)에서 조자(弔字)까지
는 서북면이 맡게 하였다.

한 글자 구간을 6등분으로 나누고, 두자마다 공사 감독관을 두었다. 감독
관은 판사 1명, 부판사 1명, 사·부사·판관은 12명을 임명하였다. 사후에 책
임을 묻기 위하여 공사 구역마다 책임자의 성명이나 자호 등을 새겨 두었다.
태조는 수시로 성 쌓는 역사를 돌아보았고 인부들의 노고를 살폈다. 감독관
들이 밤낮을 가리지 않고 공사를 시키므로 밤에는 못하게 하였다. 혹독한 추
위로 얼어서 죽는 자가 있을까 염려되어 바람 불고 눈 내리는 날은 공사를
쉬라고 하였다. 2월 27일에는 성문 밖 세 곳에 수륙재(水陸齋)를 베풀어 공
사로 죽은 사람의 혼령을 위로하고 그 가족들은 3년 동안 돌봐주도록 하였
다. 2월 28일 농번기가 돌아오므로 성 쌓는 장정들을 모두 돌려보내고 49일
만에 1차 공사를 마감했다.

대부분 성곽이 마무리 되었지만 동대문 부근은 완성하지 못했다. 지대
가 낮아 그 밑에다가 돌을 포개어 올리고 성을 쌓았으므로 그 힘이 다른 곳
보다 배나 들었기 때문이다. 안동과 성산부 사람들이 그 역사를 맡았으므로
경상도관찰사 심효생이 동대문 역사를 맡은 인부들은 10여일을 더 일하게
하여 마치도록 하자고 하였다. 그러자 판한성부사 정희계가 "씨 뿌릴 때가 되
었으니 모두 돌려보내 농사를 짓게 해야지, 안동과 성산 사람만 남겨놓으면 인심이
어떻겠냐. 공사를 마치지 못한 것은 지반이 약해서이지 백성이 게을러서 그런 것이
아니다"라고 아뢰자 태조가 옳게 여기고 함께 돌려보냈다.

성곽은 지대가 높고 험한 곳은 석성을 쌓았다. 1척 정도의 다듬어지지 않
은 네모 모양의 작은 돌들을 불규칙하게 쌓았다. 벽면은 수직상태로 쌓아 높
이가 15척(약4.8m)이나 되었으며 길이가 1만9천2백척(약 6.1km)이었다. 평탄
한 산에는 토성을 쌓았다. 아래의 넓이는 24척(약 7.6m), 위의 넓이는 18척
(약 5.7m), 높이가 25척(약 8m)이며, 길이가 4만3백척(약 12.8km)이었다. 수구
에는 구름다리인 운제(雲梯)를 쌓고 양쪽에다 석성을 쌓았다. 높이가 16척,

길이가 1천50척이다.

2차 도성축조 공사 및 성문 이름

농번기가 끝나자 태조는 2차 공사를 명하였다. 태조5년(1396) 8월 6일 경상·전라·강원도에서 축성인부 7만9천4백 명을 징발하여 축성공사를 시작하였다. 태조는 도성 건설현장을 시찰하고 감독관에게 술을 내려주며 축성에 깊은 관심을 가졌다. 마침내 9월 24일 성 쌓는 일을 모두 마치고 인부들을 돌려보냈다. 2차 공사에서는 1차에 쌓은 곳에 물이 솟아나서 무너진 곳은 석성으로 쌓았다. 석성으로 낮은 데는 더 쌓았다. 수구처의 다리도 빗물로 무너진 곳이 있으므로 다시 쌓았다. 성문 위에는 누각을 건설했는데 동문과 남문은 중층으로 하여 성곽의 위엄과 외관을 아름답게 하였다.

성문 이름은 정북은 숙청문(肅淸門), 동북은 홍화문(弘化門)이니 속칭 동소문(東小門)이라 하고, 정동은 흥인문(興仁門)이니 속칭 동대문(東大門)이라 하고, 동남은 광희문(光熙門)이니 속칭 수구문(水口門)이라 하고, 정남은 숭례문(崇禮門)이니 속칭 남대문이라 하고, 소북은 소덕문(昭德門)이니 속칭 서소문(西小門)이라 하고, 정서는 돈의문(敦義門)이며 서대문이라 하고, 서북은 창의문(彰義門)이라 하였다.

성문 이름은 대부분 유교 덕목인 인(仁)·의(義)·예(禮)·지(智)·신(信)·소(昭)·덕(德) 등을 방위의 오행에 맞추어 지었다. 예컨대 동은 오행이 목이

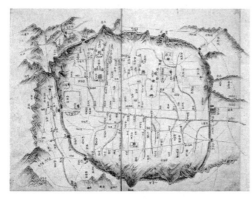

한양도성 (대동방여전도)

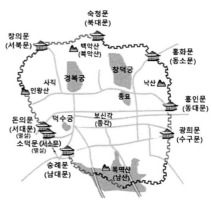

한양도성 성문

므로 목의 뜻을 가진 인을 넣어 흥인문, 서는 오행이 금이므로 금의 뜻인 의를 넣어 돈의문, 남은 오행이 화이므로 화의 뜻인 예를 넣어 숭례문이라 했다. 북은 오행이 수이므로 물이 엄숙하고 깨끗해지라는 뜻을 넣어 숙청문이라 했다. 중앙은 오행이 토이므로 토의 뜻인 신을 넣어 보신각(普信閣)이라 하였다.

3. 개경환도와 한양재천도

1) 개경환도

제1차 왕자의 난

태조7년(1398) 8월26일 이성계의 첫째부인 신의왕후 한씨 소생 왕자들이 사병을 동원하여 정도전·남은·심효생 등을 불의에 습격하여 살해하고, 이어서 둘째부인 신덕왕후 강씨 소생 방번과 방석을 죽인 사건이 발생하였다. 이 사건을 제1차 왕자의 난이라고도 한다. 이성계의 첫째부인 한씨는 방우·방과·방의·방간·방원·방연 등의 여섯 아들을 두고 이성계가 왕으로 등극하기 1년 전 세상을 떠났다. 둘째부인 강씨는 한씨와는 달리 명문세가에서 태어나 이성계가 출세하는데 큰 영향을 주었다. 그녀는 방번·방석 두 아들이 두었으며 정도전·남은·심효생 등 개국공신들과 친밀한 관계를 맺고 있었다. 이성계는 한씨 소생의 자식들을 물리치고 11세의 방석을 세자로 책봉하였다. 당시 장남인 방우는 39세였고 조선개국에 큰 공을 세운 방원은 26세였다.

이방원은 공을 따진다면 당연히 세자가 되어야 함에도 개국공신 책록에조차 제외 되는 냉대를 받았다. 이는 신권정치를 꿈꾸는 정도전의 견제 때문이었다. 정도전은 통치자가 민심을 잃으면 교체할 수 있다는 맹자의 역성혁명론을 주장하며 오늘날의 내각체임제와 같은 신권중심의 정치체제를 만들려고 하였다. 반면 이방원은 강력한 왕권중심의 정치체제를 만들려고 하였다.

이방원의 측근인 이숙번은 정도전 일파가 태조의 병을 핑개로 왕자들을 궁중으로 불러들인 후 한씨 소생 왕자들을 모두 죽이려고 한다는 음모설을 꾸몄다. 이방원은 이를 미연에 방지한다는 명목으로 사병을 동원하여 정도전 일파를 습격하여 살해하고, 세자 방석과 방번도 귀양 보낸 후 죽였다.

태조는 병중이어서 내막을 모르고 있다가 뒤늦게 이 사실을 알고 무척 상심하여 왕위를 둘째아들 방과에게 물려주고 상왕으로 물러났다. 방과는 개국의 공은 모두 정안군 방원의 공로인데 어찌 왕이 될 수 있겠느냐며 극구 사양했지만 방원의 양보로 제2대 정종에 올랐다. 그러나 조정은 방원의 세력으로 포진하였으며, 모든 권력은 방원의 뜻에 따라 좌우되었다.

개경환도

정종1년(1399) 2월 26일 도읍을 개경으로 옮길 것을 결정하였다. 왕자들끼리 골육상잔의 참변이 일어난 것은 풍수적으로 한양의 지세에 문제가 있다고 보았기 때문이다. 이 시기 경복궁에서는 까마귀 떼가 모여서 우는 등 이변이 속출하였는데, 변을 막기 위해서는 피방(避方)해야 된다는 서운관의 상언이 있었다. 정종은 종친과 좌정승 조준 등 여러 재상들을 불러 어느 방위로 피방해야 되는지를 물었다. 그러자 송도는 궁궐과 여러 신하의 제택이 완전하게 있으므로 송도로 환도하자고 의논을 정하였다. 애초부터 중신들은 송도에 집과 땅이 있는 터라 개경환도 말을 듣고 서로 기뻐하였다고 한다.

3월 7일 개경으로 환도하니 공후는 모두 따라가고 각사(各司)는 반씩만 따라갔다. 상왕인 태조는 신덕왕후 강씨가 묻힌 정릉을 지날 때 두루 살펴보고 머뭇거리며 눈물을 흘리었다. 3월 13일 개경의 궁궐 수창궁에 도착하였는데 태조는 옛 수도에 돌아온 것을 부끄럽게 여겼다. 태조는 수창궁에 들지 않고 시중 윤환의 옛집에 머물며, "내가 한양에 천도하여 아내와 아들을 잃고 오늘날 환도하였으니 실로 부끄럽도다. 그러므로 출입을 밝지 않은 때에 해서 사람들로 하여금 보지 못하게 하겠다." 하였다.

개경으로 환도해서도 국정은 거의 정안군 방원이 담당하였다. 정종은 정무보다는 격구 등의 오락에 탐닉했는데 이는 그 나름대로 보신책이다. 만약 권력에 욕심이 있었다면 아무리 형제지만 목숨부지가 어려울 수도 있었다. 그 덕분에 정종은 방원과 우애를 유지하며 지낼 수 있었다.

2) 한양재천도

제2차 왕자의 난

이방원이 정치실권을 장악하자 이를 시기하는 사람이 있었다. 방원의 바로 넷째 형인 회안대군 방간이었다. 그는 위세가 아우에게 미치지 못하였음에도 왕위 계승에 야심을 노골적으로 드러냈다. 마침 방원이 왕자들이 거느린 사병을 혁파하려 하자 불만이 고조되었다. 그러던 중 제1차 왕자의 난에 큰 공을 세운 박포가 논공행상에 불만을 품고 방간과 한편이 되었다. 박포는 방원이 방간을 죽이려 한다고 거짓 밀고를 하였다. 방간은 그 말의 진위도 가리지 않은 채 사병을 일으켜 반란을 일으켰다.

정종2년(1400) 1월 28일 방원과 방간의 군사는 개경에서 치열한 시가전을 벌였다. 그러나 방간은 방원을 당해낼 수 없었다. 박포는 붙잡혀 처형당하고, 방간은 유배되었다. 이를 제2차 왕자의 난이라고 한다. 결과적으로 방원에 대한 반대세력이 거의 제거되고 말았다. 이로서 방원은 정치적 입지를 더욱 돈독히 하였다. 방원의 심복인 하륜은 이제 더 이상 망설일 이유가 없다고 판단하고, 정종에게 주청하여 방원을 세제로 책봉토록 하였다. 그리고 11월 13일 수창궁에서 정종의 양위를 받아 제3대 왕인 태종으로 등극하였다. 태종은 정종을 높여 상왕으로, 태조를 태상왕으로 삼았다.

태종은 즉위하자 그동안 유지되어온 고려의 정치제도 바꾸기 시작했다. 도평의사사를 의정부로 고쳐 정무를 담당하게 했고, 권문세가의 힘을 약화시키기 위해 노비변정도감을 설치했다. 군사제도를 정비해 국방을 강화하고, 토지 및 조세제도의 정비를 통해 국가재정을 안정시켰다. 과거제도를 혁파하여 귀족 위주의 관리등용에서 능력과 실력 위주로 선발하였다. 그러나 태종은 두 차례의 골육상잔의 난 때문에 명분과 정통성에 약점이 있었다. 특히 아버지 태조의 노여움을 푸는 것이 급선무였는데 그것은 곧 한양으로 재천도하는 것이었다.

한양재천도 논쟁

태종 2년(1402) 7월 11일, 태종은 영사평부사 하륜, 정승 김사형과 이무를 불러 신도인 한양으로 돌아갈 것의 가부를 의논토록 하였다. 문무 각사의 의견을 수렴한 결과 신도로 돌아가야 된다고 말하고, 혹은 구도인 개경에 있어야 된다고 말하고, 혹은 도읍을 무악으로 옮겨야 된다고 말하는 등 의논이 분분하였다. 한양은 태조가 열의를 보이고, 개경은 대소신료들이 편안하게 여기고, 무악은 하륜이 태조 때부터 줄기차게 고집하는 곳이므로 쉽게 결단을 내리지 못하였다.

태종 3년(1403) 1월 8일에는 사헌부에서 한양에는 있는 종묘와 사직을 개성으로 옮기를 청했으나 태종은 불허하였다. 이는 신료들이 개성에 머물기를 얼마나 바라고 있는지를 알 수 있는 대목이다. 반면에 태상왕인 태조는 한양 환도를 열망하였다. 지신사 박석명을 태종에게 보내 "처음으로 내가 한양에 천도하였으니, 천도하는 번거로움을 내가 어찌 모르겠는가. 그러나 송도는 왕씨의 옛 도읍이니 그대로 거주할 수는 없다." 하였다.

이에 태종은 의금부에 지시하기를 "한양은 우리 태조가 창건한 땅이고, 사직과 종묘가 있다. 오래 비워 두고 거주하지 않으면 선조의 뜻을 계승하는 효도가 아니다. 명년 겨울에는 내가 마땅히 옮길 터이니 궁궐을 수리하게 하라"고 명하였다. 그리고 9월 9일 상지관인 유한우·윤신달·이양달을 한양에 보내 이궁(離宮) 지을 자리를 알아보도록 하였다. 그러자 성석린·조준·이무·조영무가 "한양은 궁궐이 있는데 어찌 이궁을 다시 지으려고 합니까?"라며 반대하였다. 또한 하륜은 도읍을 무악으로 옮기자고 하였다.

한양과 무악의 풍수논쟁

태종은 9월 26일 무악을 돌아보기 위해 하륜·조준·남재·권근·이천우 등 대신과 종친들을 대동하고 개경을 떠났다. 10월 2일 무악에 도착한 태종은 10월 4일 직접 중봉에 올라갔다. 그리고 사람을 시켜 백기(白旗)를 한강가에 세우게 하고 사방을 바라보았다. 그리고 말하기를, "여기가 도읍하기에 합당한 땅이다. 하륜이 말한 곳이 백기의 북쪽이라면 가히 도읍이 들어앉을 만하다." 하였다.

태종은 산을 내려오다가 지리를 아는 윤신달·민중리·유한우·이양달·이양 등을 모아 놓고 무악과 한양 둘 중에서 어느 것이 좋은가라고 물었다. 윤신달·유한우·이양 등은 한양은 전후에 석산이 험하고 명당에 물이 부족해 도읍할 수 없고 무악 땅이 도읍지로 좋다고 하였다. 반면에 이양달은 한양이 비록 명당에 물이 없다고 말하나 광통교 이상에서는 물이 흐르는 곳이 있고, 전면에는 물이 사방으로 빙 둘러싸고 있어 웬만큼 도읍할 만하다. 오히려 무악이 보국이 합치하지 못한 곳이라고 하였다. 민중리 역시 도읍을 정하려면 천리의 안쪽에 산수가 빙 둘러싸고 있는 곳이어야 하는데 무악은 보국을 갖추지 못한 곳이라며 반대하였다.

의견이 분분하자 태종은 종묘에 가서 송도와 한양과 무악을 고하고 그 길흉을 점쳐 도읍을 정하겠다고 하였다, 도읍을 정한 뒤에는 비록 재난이 있더라도 이의가 있을 수 없다고 엄명하였다. 그리고 완산군 이천우, 좌정승 조준, 대사헌 김희선, 지신사 박석명, 시간 조휴를 거느리고 종묘에 들에가, 상향하고 꿇어앉아 이천우에게 명하여 동전을 던지게 하였다. 그 결과 한양이 2길1흉, 개경과 무악이 1길2흉으로 나왔다. 태종은 드디어 한양 향교동 동쪽 가를 상지하여 이궁(離宮)을 짓도록 명하였다.

사실 태종은 즉위하자마자 태조의 뜻을 받들어 한양으로 재천도를 강력하게 희망하였다. 그러나 개경에 기반을 둔 신료들의 반대도 만만치 않자 이를 제압하기 위한 수단으로 무악을 둘러보았던 것이다. 한양에 경복궁이 있는데도 새로 이궁을 짓게 한 것은 정도전 때문이다. 경복궁은 정도전이 주관하여 지었고, 전각의 이름도 정도전이 붙인 것이다. 자신이 정도전과 이복동생들을 죽였던 곳이다. 그곳으로 다시 가는 것은 태종으로서는 달가운 일이 아니었다.

3) 한양재천도와 창덕궁

한양천도와 이궁조성이 결정되자 바로 공사에 착수하였다. 신하들은 흉년을 이유로 한양천도를 반대하고 나섰다. 이에 태종은 불쾌감을 나타내며 대소신료들이 현재 살고 있는 땅을 편안하게 여기고, 딴 곳으로 옮기기를 싫어하는 것이라고 하였다. 태종은 도읍을 한양으로 옮기겠다고 태조에게 아뢰었다. 그러자 태조는 기뻐서 "음양설에 의하면 왕씨가 5백년 송악에 도읍하고, 이씨가 나라를 얻어서 한양에 도읍한다고 하였다. 한양으로 천도하는 것은 하늘이 시켜서 하는 천명인 것이다."고 하였다. 그날 권근이 한양천도를 반대하는 상소를 올렸지만 태종은 윤허하지 않았다.

태종은 재릉에 참배하여 한양환도를 고하고 태종5년(1405) 10월 8일 송도를 떠나 10월 11일 한양에 도착하였다. 그러나 이궁이 완성되지 않았기 때문에 조준에 집에 머무르다가 10월 19일 이궁이 완성되자 입궁하였으며 이름을 창덕궁(昌德宮)이라 하였다. 임금이 덕을 밝혀야 창성해진다는 의미다. 이로서 조선은 경복궁의 법궁과 창덕궁의 이궁 양궐체제를 갖추게 되었다. 대개 법궁은 임금이 주로 거주하는 궁궐이고, 이궁은 화재나 전염병 등 만약의 사태에 대비하여 지어 놓은 궁궐을 말한다.

창덕궁은 경복궁처럼 땅을 반듯하게 골라 건축하지 않았다. 고려 만월대처럼 지형지세의 변화에 따라 자연스럽게 건축을 하였다. 그러므로 건물들이 경복궁처럼 좌우 대칭으로 이루어지지 않고 불규칙한 형태로 배치되어 있다. 창덕궁의 정문인 돈화문(敦化門)에서 정전인 인정전(仁政殿)까지 이어지는 길도 일직선으로 되어있지 않고 동쪽으로 꺾여서 있다. 꺾인 길 앞에는

창덕궁 배치도

자료: KBS WORLD Radio

금천교(禁川橋)가 있는데 인정전에 정면에 있지 않고 옆에 있다.

창건 당시 창덕궁의 규모는 외전 74칸, 내전 118칸 규모였다. 궁궐로 기능을 하기 위한 기본적인 것만 갖추고 이후 증축 공사를 계속했다. 정전인 인정전도 처음에는 3칸 규모였으나 태종이 세종에게 양위하면서 아들의 권위를 세워주기 위해 5칸 규모로 증축하였다. 또 정전 일대를 정비하여 제대로 궁궐다운 모습을 갖춘 후 후원을 조성하였다.

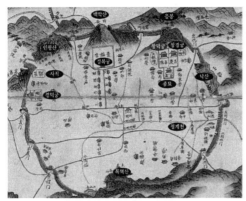 

| 궁궐배치도 (해동지도) | 창덕궁 인정전 |

4) 수강궁(창경궁)

태종은 재위 18년(1418) 52세 나이에 왕위를 셋째아들인 충녕대군에게 물려주고 상왕으로 물러났다. 장자인 양녕대군이 방탕한 생활을 일삼자 세자에서 폐하고, 충녕대군을 세자로 삼아 2개월 뒤 왕권을 이양했다. 태종은 상왕이 된 뒤에도 군권은 직접 통치하여 심정, 박습의 옥을 치조하였다. 또 대마도를 공략하는 등 1422년 56세로 생을 마칠 때까지 세종의 왕권안정을 위해 힘썼다.

세종은 9월 10일 경복궁 근정전에서 즉위한 후 창덕궁 인정전의 증축이 완료되자 9월 13일 창덕궁으로 거처를 옮겼다. 그리고 태종을 위하여 창덕궁 옆에 상왕전인 신궁을 지었다. 11월 3일 상왕전이 완공되자 궁의 이름을 수강궁(壽康宮)이라 하고, 태종의 거처를 옮겼다. 수강궁이란 궁명은 『서경

(書經)』홍범(洪範)의 '일수일강(日壽日康)'의 문구에서 취한 것이다.

수강궁은 태종의 이어 후에도 수시로 증축과 보수를 하였다. 세종 1년 (1419) 4월에는 남쪽 행랑과 궁문 및 문루를 지었으며, 7월에는 군인 3백 명을 모아 궁의 담장을 쌓았다. 궁중에는 선양정(善養亭)이란 정자가 있어 태종이 대신들과 함께 연회하는 곳이 되기도 하였다. 세종은 이곳에서 대마도를 정벌한 제장들을 위로하였다. 그리고 태종과 세종이 함께 명나라 사신 일행을 초청하여 잔치를 베풀었다. 이로 보아 수강궁은 외국 사신들에게 보여도 부족함이 없을 만큼 규모가 있었던 것으로 보인다.

수강궁은 단종이 재위 3년 만에 숙부인 수양대군에게 왕위를 내주고 상왕으로 물러나 거처한 곳이다. 세조 역시 재위 14년(1468) 병이 중하여 거처를 수강궁으로 옮겼다. 그리고 죽기 하루 전 예종에게 경복궁에서 가져온 면류관을 내려주었다. 예종은 불과 20세의 나이로 재위 1년2개월 만에 숨을 거두자 13세의 나이로 성종이 경복궁에서 즉위하였다. 성종은 할머니인 세조의 비 정희왕후 윤씨, 어머니인 덕종(의경세자)의 비 소혜왕후 한씨, 작은어머니인 예종의 비 인혜대비 한씨 3명의 대비를 모셔야 했다.

당시 창덕궁이 낡고 비좁아 수강궁을 확장하여 대비들의 처소로 삼기로 하였다. 성종 15년(1484) 확장공사가 끝나자 서거정으로 하여금 주요 전각의 이름을 짓게 하였다. 이때 지어진 이름이 창경궁(昌慶宮)이다. 성종은 조회에서 창경궁은 임금을 위한 것이 아니라 오로지 양전(兩殿)을 위해 지은 것이라고 하였다. 이로서 창덕궁은 왕이 정사를 보는 공적공간, 창경궁은 왕실 가족이 거주하는 사적공간으로 분류되었다.

창경궁의 법전은 명정전(明政殿)이고, 정문은 홍화문(弘化門)이다. 홍화문을 들어서면 금천교인 옥천교(玉川橋)가 있고, 이를 건너면 바로 명정문이다. 지세의 흐름에 따라 건물을 앉히다보니 남향이 아닌 동향을 하고 있다. 경복궁이나 창덕궁에 비해 문도 적고 거리도 짧다. 법전인 명정전 역시 단층인데다가 칸 수도 정면 5칸, 측면 3칸의 15칸이다. 경복궁의 근정전이 2층으로 25칸이고, 창덕궁의 인정전이 2층으로 20칸인 것에 비하면 왜소하다.

창경궁 전경

창경궁 명전전

동궐도

자료: 국가문화유산포털

4. 한성부 도시공간 조성

1) 시전

시전(市廛)은 육조거리(광화문네거리)부터 흥인문(동대문)까지, 종루(보신
각)부터 숭례문(남대문)까지 이어진 대로변에 설치된 상가다. 종루가 있다고
하여 종로(鐘路), 사람이 구름처럼 모이는 길이라 해서 운종가(雲從街)라고
불렀다. 정종 1년(1399) 개경에 있던 시전을 본떠 한양에 처음으로 시전을
건설하였으나 잦은 정변과 개경천도로 완성하지 못했다. 다시 한양으로 도

읍을 옮긴 뒤 태종 10년(1410) 2월 시전조성도감을 설치하여 4차에 걸쳐 시전 좌우에 행랑공사를 실시하였다. 관청이 주도하여 설치한 행랑을 공랑(公廊)이라한다. 공랑의 점포를 상인들에게 대여하고 그들로부터 국역을 지게 했는데 그 상인들을 시전상인(市廛商人)이라 불렀다.

시전상인들은 정부에 필요한 물품을 공납하는 대신에 그 보상으로 물건을 독점할 수 있는 특권을 부여 받았다. 이들 어용상인(御用商人)들은 물품별로 정해진 지역에서 상업 활동을 했다. 이들 중 경제적 사회적으로 확고한 위치를 차지한 선전(비단 상점), 면포전(무명 상점), 명주전(명주 상점), 지전(종이 상점), 저포전(모시·베 상점), 내외어물전(생선 상점) 등 6종류의 전을 육의전(六矣廛)이라고 한다. 육의전이 부담한 국역의 내용은 궁중의 수리 및 도배를 위한 물품과 경비부담, 왕실의 관혼상제의 수요품 조달, 중국에 보내는 조공(朝貢) 물자 등이다.

육의전의 부담이 과중하자 정부는 이들의 상권을 보호하기 위해서 사상인(私商人)들이 도성 안에서 장사하는 것을 금했다. 시전에 등록되지 않는 자가 성안에서 판매하는 하는 행위를 난전(亂廛)이라 하는데, 시전상인들은 이들의 상행위를 단속할 수 있는 금난전권(禁難廛權)을 부여받았다. 경제적으로 확고한 위치를 차지한 육의전의 각 전들은 저마다 도가(都家)라는 사무실과 도중(都中)이라는 조합을 조직하였다. 도중에는 도령위, 대행수, 상공원, 하공원등의 직원을 두었다.

국가는 경시서(京市署)라는 관청을 두어 시전상인들의 감독, 물가의 조정, 국역의 부과 등을 맡아보게 하였다. 국가에서 육의전에 국역을 부담시킬 때는 경시서를 통하여 상납시킬 품목과 수량을 각 전의 도가에 하명하면, 도가는 각 전의 부담 능력에 따라 물품을 징수하여 명령 있는 즉시로 납품하였다. 대신 시전상인들은 도성에서 유통되는 생필품을 전매함으로서 독점가격을 형성하여 막대한 이익을 얻었다. 그 결과 도시민들의 생필품 가격은 매우 비싸 심한 물가고를 초래하였고, 결국 정조 15년(1791)에는 금난전권을 제한하는 조치를 취하였다.

시전 행랑 뒤쪽으로는 말을 피하는 골목, 즉 피마(避馬)란 뜻의 '피맛골'이 있다. 운종가 큰 길로는 지체 높은 고관대작이나 양반들의 행차가 잦았기 때문에 그때마다 예를 갖추는 번거로움을 피하기 위해 일반 백성들이 애용한 길이다. 사람 하나 겨우 비켜갈 만한 좁은 골목에는 허름한 국밥집과 주점들이 들어서 있어 가벼운 주머니로도 끼니를 해결할 수가 있었다. 지금도 길 양쪽에 해장국·생선구이·낙지볶음·빈대떡 등을 파는 식당과 술집·찻집이 밀집해 있는 종로의 명소 가운데 하나이다.

운종가 곳곳에는 순막(詢漠)을 설치하여 임금이 행차하는 도중에 일반 백성들을 만나 고충을 들었던 곳이다. 운종가와 육조거리가 만나는 혜정교(惠政橋) 앞, 돈화문길과 운종가가 만나는 파자교(把子橋) 앞, 주변의 철물점 때문에 철물교(鐵物橋)라 불렸던 통운교(通雲橋: 靑雲橋) 앞 등이 대표적인 순막 설치 장소였다.

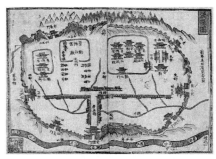 

1770년 한양도의 시전모습   종로와 피맛골 모습

자료: 서울역사아카이브

2) 한성부의 행정구역과 주거지역

조선 초기 한성부의 관할구역은 도성 안과 성저십리(城底十里)이다. 성저십리는 도성에서부터 인근 10리에 이르는 지역으로 동쪽은 양주의 송계원, 서쪽은 양화진(합정동, 망원동)과 고양의 덕수원, 남쪽은 한강의 노량진이었고, 북쪽은 특별히 정한 것이 없었던 것 같다. 태조5년(1396) 4월 19일 한성부를 5부(部) 52방(坊)으로 나누고 방명표를 세우게 하였다. 부는 오늘날의 구(區)에 해당되며, 동부·서부·남부·북부·중부이다. 방은 오늘날의 동(洞)

에 해당되며, 동부는 12방, 서부는 11방, 남부는 11방, 북부는 10방, 중부는 8방으로 나누었다.

당시 한성의 인구는 세종 10년(1428) 한성부의 장계에 따르면, 성중 5부의 인구는 103,328명, 성저십리의 인구는 6,044명으로 성중의 인구가 성 밖의 인구보다 훨씬 많았다. 성내 거주 지역을 살펴보면, 햇볕이 잘 들고 터가 넓은 북촌에는 고위관료들이, 남산자락 비탈진 지역인 남촌에는 하급관리와 가난한 선비들이 살았다. 도성 중앙부에는 기술관이나 잡직에 종사하던 중인계층이, 종로의 중심지역에는 상공업에 종사하던 상인이 모여 살았다.

도성에서 주택의 크기는 벼슬과 신분에 따라 일정한 제한이 있었다. 한양 천도 이후 처음 집터 규모의 제한을 주장한 사람은 장지화다. 그는 태조 4년 (1395) 1월 14일 상소하기를 "지금 신도인 한양의 면적은 5백여 결(結)에 불과한데, 만약 개성부에서 정한대로 정1품에게 60부(負)를 주고 차차로 내려오면, 문무

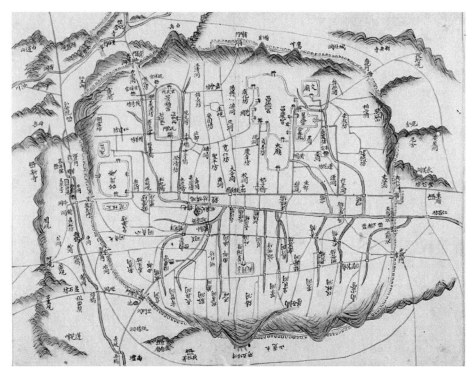

동여도의 경조오부

관의 현직자도 골고루 줄 수 없거늘, 하물며 산관(散官)과 서민에게 어떻게 주겠습니까? 원하옵건대 다시 부수를 정하여 최고 30~40부를 넘지 않게 하면 모두 유감이 없이 각각 살 땅을 얻을 수 있을 것입니다."하였다.

이에 따라 정1품은 35부(약1,365평), 이하 한품에 5부씩 내려 6품에 이르러 10부(약390평), 서민은 2부(약78평)씩 주었다. 대군과 공주는 30부, 왕자 및 옹주는 25부로 정하였다. 가옥의 규모도 제한하여 세종 때 대군은 60간, 왕자와 공주는 50간, 2품 이상은 40간, 3품 이상은 30간, 상민은 10간을 넘지 못하게 하였다. 당시에 성내의 모든 토지에 사유가 인정되지 않아 토지의 매매는 공식적으로 할 수 없었다. 다만 건물의 매매행위는 가능했으며, 주거는 자유로운 의사에 따라 옮길 수 있었다.

3) 한성부의 도로

도로점유와 정비

조선시대 도성안의 도로에 관한 논의로서 최초로 기록되고 있는 것은 태종 7년(1407) 4월 20일 한성부에서 올린 도성에 대한 사의(事宜) 조목이다. 그 내용은 도성을 건설할 때는 5부와 52방에 방명표를 세워서 도로의 구획이 확연하였는데, 조정이 개경에 머물러 있는 동안 이것이 모두 퇴락하였으니, 방과 다리와 거리의 이름을 다시 세우도록 해달라는 것이다.

그때 아뢰기를, "본래 성안은 큰 길 이외에 작은 길도 모두 평평하고 곧아서 차량의 출입이 편리하였는데, 지금 무식한 사람들이 자기의 주거를 넓히려고 길을 침범해 울타리를 만들었으니 길이 좁고 구불구불해졌으며, 혹은 툭 튀어 나오게 집을 짓고, 심한 자는 길을 막아서 다니기에 불편하고, 화재가 두렵사오니 도로를 다시 살펴서 전과 같이 닦아 넓히소서. 아울러 지붕을 띠로 덮은 민가가 너무 조밀하여 화재가 두려우니, 각 방에 한 관령마다 물독을 두 곳에 설치하여 화재에 대비토록 하옵소서. 또 길옆의 각호는 도로가에 나무를 심게 하고, 냇가의 각호도 두 양안에 제방을 쌓고 나무를 심게 하소서."하였다.

태종 15년(1415) 한성부가 도로의 제도를 다시 올려서 윤허를 받았지만 이렇다 할 결과가 없었다. 그러다가 세종 8년(1426) 2월 15일과 16일 양일에

도성 안에서 큰 불이 나서 경시서와 전옥서, 북쪽의 행랑 106칸, 중부의 인가 1,630호, 남부의 인가 350호, 동부의 인가 190호가 불타고, 많은 인명피해가 초래하는 참변이 일어났다. 방화대책의 하나로 일정한 도로 폭의 확보와 기존 도로망의 재정비가 시급히 요청되었다. 그해 세종은 도성 도로제도의 개선책을 한성부·호조·공조와 함께 의논케 하였다.

한성부에서 아뢰기를, "주례고공기에 의하면 나라를 경영함에 있어, 도성의 도로는 남북으로 아홉 길[구경(九經)], 동서로 아홉 길[구위(九緯)]로 하되, 천자는 남북으로 구궤(九軌)의 길을 통하게 하고, 제후는 남북으로 7궤의 길을 통하게 하고, 빙 둘러서는 5궤의 길을 통하게 하고, 들에서는 3궤의 길을 통하게 하는 법에 따른다 하였습니다. 도성내의 대로(大路)는 7궤가 되어야 할 것이고, 중로(中路)와 소로(小路)는 들에서의 3궤 길의 법에 따라, 중로는 2궤로 하고, 소로는 1궤로 하되, 그 양쪽 가의 도랑인 수구(水溝)는 함께 계산에 넣지 마소서."하였다.

이렇게 해서 대로·중로·소로의 노폭은 결정되었으나 그것이 제대로 실시되기에는 적지 않은 난관이 있었다. 그 첫째 난관은 철거해야 할 주거의 수가 너무나 많다는 점이다. 둘째는 철거 대상가옥 중에 권문세가의 집 특히 왕실의 주거가 포함되어 있어 이것도 과감하게 철거해 버릴 수 없는 문제였다. 이에 대해 세종은 성안 도로의 넓고 좁음은 태조가 도읍을 세울 때에 이미 정한 것이다. 간특한 백성들이 길을 침범하여 집을 짓는 바람에 화재가 일어났다. 다시 정비를 하였으나 또 전처럼 침범한 집들이 있다 하니 철거하자면 몇 집이나 되는지 물었다. 대언 등이 만여 호에 이른다고 하자 헐게 하는 것이 마땅한지를 다시 의논하라고 하였다.

도로규모 및 도로망

≪경국대전(經國大典)≫ 공전(工典) 교로조(橋路條)에 도성내의 도로폭에 관하여 규정하였다. "대로의 넓이는 56척으로 하며, 중로는 16척으로 그리고 소로는 11척으로 한다. 또 도로 양편에 수구(도랑)를 두는데 그 넓이는 각각 2척이다."라고 규정하였다. 이 척수를 오늘날의 단위로 환산하면 영조척(營造尺) 1척(尺)은 31.21cm이다. 그러므로 대로 56척(7궤)은 17.5m, 중로 16척(2궤)은 5m, 소로 11척은 3.43m이고, 도랑의 넓이는 62cm 정도가 된다. 당시 1궤는

한 차선으로 너비를 8척(2.5m)으로 보았다. 소로 11척은 수레 1궤가 통과하고도 양쪽에 사람이 한 둘씩 통행할 수 있게 정한 것이다. 이상에서 살펴보면 조선시대의 도로제도는『주례고공기』를 따랐고, 도시도로망에 순환의 개념을 적용하였고, 1궤 8척의 너비는 오늘날 자동차 도로의 최소 차선폭(2.5m)과 같다는 점이다.

도성에 대로는 3개 있는데, 첫째는 광화문에서 황토현(광화문네거리)까지 통하는 육조거리이고, 두 번째는 황토현을 중심으로 흥인지문(동대문)에서 돈의문(서대문)까지 연결된 동서 관통로인 종로이며, 세 번째는 종루(종각)에서 숭례문(남대문)까지 이어진 도로이다. 특히 동대문에서 서대문에 이르는 동서도로는 도성의 중심축으로 당시 세계의 어느 도시에 비교해도 손색이 없는 길고 넓은 도로였다. 중로는 현 종로3가에서 돈화문까지의 궁궐길, 서울대학교 병원과 창경궁 사이길, 을지로 입구에서 광희문까지의 길, 충무로, 사직단에서 중화동을 거쳐 청진동에 이르는 길, 소공동에서 서소문에 이르

한성부의 도로망 (해동지도)

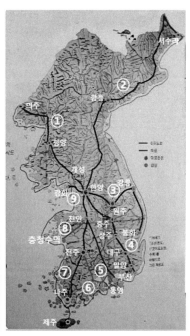

지방 간선도로

는 길 등이 대표적이었고, 그 밖에 많은 소로들이 있었다.

한편 도성 안의 길이 성문을 통하여 지방으로 가는 도로망과 연결된 것은 다음과 같다. 제1로는 의주로로 돈의문(서대문)을 나가서 국토의 서북단인 의주까지 이어진 1,086리의 길이다. 제2로는 관북로로 흥인문(동대문)으로 나가서 국토의 동북단인 서수라까지 가는 2,459리의 길이다. 제3로는 관동로로 흥인문(동대문)을 나가서 동쪽 평해군까지 이르는 880리의 길이다. 제4로는 영남좌로로 숭례문(남대문)을 나가 동남쪽 부산진에 이르는 960리 길이다. 제5로는 영남우로로 숭례문(남대문)을 나와 용인을 지나 문경과 상주를 거쳐 통영까지의 530리 길이다. 제6로는 통영로 또는 삼남대로로 숭례문을 나와 노량진을 거쳐 과천, 수원, 천안, 공주, 삼례, 전주, 운봉, 함양, 고성을 거쳐 통영에 이르는 연장930리의 길이다. 제7로는 호남로로 숭례문(남대문)을 나와 노량진과 삼례와 정읍을 지나 관두량까지 460리 길이고, 여기서 제주도까지는 수로로 970리이다. 제8로는 충청수영로로 숭례문을 나가 서남쪽으로 보령에 이르는 길이다. 제9로는 강화로로 돈의문을 나가 서쪽으로 강화부에 이르는 길이다.

4) 하천 정비

태종의 개천 정비

청계천(淸溪川)은 백악, 인왕, 목멱의 산과 골짜기에서 흘러내린 물줄기들이 도성 가운데를 서에서 동으로 가로질러 흐르는 하천이다. 청계천이란 이름은 일제 초기에 붙여진 것이고 조선시대에는 개천(開川)으로 불렸다. 개천이란 어느 정도 인공적으로 정비한 하천을 말하며 자연하천을 개천이라 하지 않는다. 구거(溝渠, 도랑)보다는 규모가 큰 하천을 가리키는 보통명사다.

도읍으로 정해지기 이전 개천은 자연 상태였다. 사방이 산으로 둘러싸여 있는 지형 특성상 성안의 모든 물들은 개천으로 모인다. 우리나라 기후는 계절풍의 영향으로 봄, 가을, 겨울은 건조하고 여름은 고온다습하다. 개천은 봄, 가을·겨울은 대부분 물이 말라 건천으로 있다가 여름 장마철은 홍수가 날 정도로 유량 변화가 심하였다. 개천 주변에는 시전행랑과 민가가 밀집해 있어 비가 올 때마다 가옥이 침수되고 다리가 유실되는 등 피해가 심하였다.

태종은 한양으로 재천도한 이듬해부터 하천의 바닥을 쳐내서 넓히고, 양안의 둑을 쌓는 등 하천 정비 사업을 실시하였다. 태종 6년(1406) 1월 궁궐 수축을 위해 징발된 충청도와 강원도 장정 3천명 가운데 6백 명을 뽑아 개천 파는 일을 맡겼다. 또 3월에는 관리의 품계에 따라 장정을 차출하여 개천을 파고 도로를 닦게 하였다. 그러나 7년(1407) 5월 큰 비가 내려더니 주변 지역이 침수되는 큰 피해를 보았다.

그러자 태종은 재위11년(1411) 하천을 정비하기 위한 임시도구로 개거도감(開渠都監)을 설치하였다. 그리고 경상도·전라도·충청도 3도의 군인 5만2천8백 명을 동원하여 대대적인 개천 공사를 실시하여 한 달 만인 2월 15일 준공하였다. 물길을 바로 잡기 위해 하상을 파내고 하폭을 넓히는 한편 제방을 쌓았다. 당시로는 운하를 파는 거와 같은 대역사였다. 상류부분인 장의동·종묘동과 중류인 문소전·창덕궁 문 앞은 석축으로 쌓았고, 하류인 종묘동부터 수구문까지는 나무로 방축을 하였다. 그리고 광통교와 혜정교 등 중요한 다리는 모두 돌다리로 만들었다.

태종은 이 역사에 동원되는 역군들의 처우에 세심한 배려를 기울였다. 작업시간을 엄격하게 지켜 혹사시키지 않도록 하였다. 역군들의 식량이 넉넉지 못한 것을 염려하여 군자감이 보유한 쌀 10,400석을 풀어 한 사람에 3두씩 배급하였다. 전의·혜민서·제생원 등에는 미리 약제를 준비해서 역군 중에 환자가 발생하는 경우에는 지체하지 말고 치료하도록 하였다. 그럼에도 불구하고 사망자가 64명이나 발생하는 난공사였다. 개천정비가 마무리되자 한양은 도시형태가 어느 정도 완비되었다. 태종의 개천정비는 이후 지방도시의 하천정비사업에 모델이 되었다.

세종의 지천 정비

태종 때 개천정비 공사가 대역사이긴 했지만 도성의 배수시설이 완비된 것은 아니었다. 개천 본류는 정비되었지만 개천으로 유입되는 지류와 세류는 아직 자연 그대로의 상태였다. 도성의 물이 빠져나가는 수구 또한 도성을 처음 쌓을 때 그대로였다. 이 때문에 큰 비가 오면 빈번하게 수해를 입었다.

특히 세종3년(1421) 6월 7일 시작한 장마는 한 달 넘게 물을 퍼붓듯이 내려서 막대한 인명과 재산 피해가 발생했다.

이에 한성부사 정진이 상소를 올렸다. "상왕께서 개천을 정비하고 돌다리를 만들었으나, 지류와 작은 시내를 다 파서 넓히지는 못하였습니다. 상왕께서 백성을 너무 자주 동원할 수 없다는 심려에서 다시 공역을 일으키지 않았습니다. 그러나 지금 비가 한 달이 넘어도 그치지 않아서 도성 안이 다시 침수될 우려가 있습니다. 별도로 수문 하나를 더 만들어 물이 빨리 빠져나가게 하고, 종루 이하로는 지세가 낮으므로 도랑을 깊고 넓게 하여 수재에 대비해야 합니다. 좌우 행랑의 뒤에도 도랑 하나를 만들어 물길을 하천 하류로 바로 연결시키면 크게 편리할 것입니다. 진장방에는 산골짜기에서 여러 곳의 물이 세차게 흘러 내려, 격류로 쏟아져 경복궁 동쪽 면의 내성을 무너지게 하니 내를 넓히고 돌을 쌓아 물길을 방비해야 합니다. 경복궁 서쪽 성 밖에도 마땅히 내를 넓혀 흐름을 터놓아야 할 것입니다. 정선방·연화방·창선방·덕성방에 있는 다리들은 수레와 가마가 상시 지나는 곳으로 견고해야 함에도 나무로 만들었으니 돌다리로 만들게 하소서."하였다. 이에 임금은 공조에 명하여 농한기를 기다려 시행하도록 하였다.

세종은 태종 때와는 달리 일시에 큰 공역을 일으키지는 않았다. 세종 4년(1422) 1월부터 세종 16년(1434) 2월까지 10여 년 간에 걸쳐 농한기만을 이용하여 소규모의 보수·확장을 거듭함으로써 개천의 배수기능을 완비하였다. 세종 23년(1441)에는 마전교 서쪽 수중에 표석을 세우고, 표석에 척(尺)·촌(寸)·분(分) 등 눈금을 새겨 수위를 측정할 수 있도록 하였다. 수표(水標)는 개천의 수위를 계수화하여 사전에 홍수를 예방하는데 도움이 되었다.

세종 때 주목할 만한 사항은 개천의 성격을 생활하천으로 규정하였다는 것이다. 풍수적으로 도심 중심부를 흐르는 명당수는 늘 깨끗하게 유지되어야 한다. 만약 오염되면 패역과 흉함이 끊이지 않는다고 하였다. 그러나 개천은 하수도가 없던 시절 온갖 쓰레기와 오물들이 흘러들어왔다. 이를 두고 명당수로 늘 깨끗하게 유지해야 한다는 풍수론적 주장과 생활하수를 버릴 곳이 없으므로 개천으로 배출해야 한다는 현실론적 주장이 맞서고 있었다.

세종 26년(1444) 11월 집현전 수찬 이선로가 개천에는 더럽고 냄새나는 물건을 버리지 못하게 하여 늘 깨끗해야 한다고 주장하였다. 이에 영의정 황희를 비롯한 대신들이 모여 더럽고 냄새나는 물건을 개천에 버리지 못하게 하고 한성부에서 무시로 규찰하여 버리는 자를 검거하게 하라고 하였다. 그러자 집현전 교리 어효첨이 반대하고 나섰다. 도읍에는 사람들이 번성하게 사는지라 번성하게 살면 더럽고 냄새나는 것이 쌓이기 마련이다. 개천으로 더러운 것을 흘려 내보내야 도읍이 깨끗하게 될 것이다. 도읍의 물까지 산간의 깨끗함과 같게 하고자 한다면 능히 실행할 수 없다고 하였다. 이에 세종은 어효첨이 논설이 정직하여 감동받았다면서 개천을 생활하천으로 결정하였다. 이로서 개천은 도성에서 배출되는 많은 생활쓰레기를 씻어내는 하수도로서 기능을 하였다.

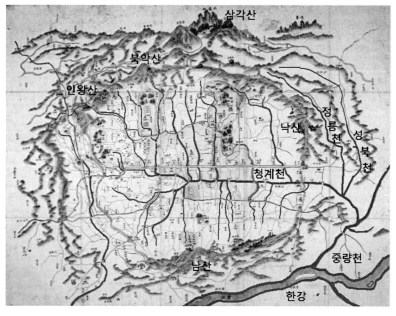

개천과 지천 (여지도)

5) 한양의 도시문제

한양은 원래 인구 10만 명으로 계획된 도시였다. 그런데 중종 말 한양의 인구는 농촌인구의 유입으로 15만 명으로 증가하였다. 흉년이 들자 토지를 소유하지 못한 백성들이 고향을 떠나 일거리가 있는 한양으로 이주하였다. 거주지가 없는 이들은 빈 땅을 찾아 무단으로 집을 지었다. 도로를 침범하여 집을 짓는가 하면 궁궐과 관청 벽에까지 붙여서 집을 지었다. 대부분 초가들이 다닥다닥 붙어있다 보니 도성은 화재와 전염병에 매우 취약하였다. 한번 불이 나면 수천 채의 집들이 소실되고 수만 명의 이재민이 발생하였다. 또한 땔감과 건축자재를 얻기 위해 산을 벌거숭이로 만들고, 경작을 위해 산야를 불사르고, 한 치의 땅이라도 개간하기 위해서 개천의 제방을 무너뜨렸다.

마침내 세조는 재위 2년(1456) 산야에 불사르거나 초목을 베는 것을 금지시켰다. 당시 공조에서 아뢰기를 "산야와 개천의 초목을 불사르게 되면, 지기가 윤택하지 못하고, 조금만 가물어도 하천과 연못이 고갈된다. 크고 작은 내와 개천은 모름지기 언덕의 풀이 무성해야 무너지지 않는다. 그런데도 어리석은 백성들이 한 치의 밭이라도 개간하고자 개천 양쪽 가의 초목을 베어 버리는 까닭에 조금만 비가 오면 곳곳에서 무너지는 것이다. 이제부터 이를 금지토록 하고 위반하는 자는 벌해야 한다." 그러나 민가철거는 쉽지가 않았다. 세조 8년(1462) 민가를 철거하면서 보상으로 도성내 공한지를 나누어주고, 쌀을 주며 부역을 면제 해주는 등의 조치를 취했지만, 인구의 증가와 토지의 부족으로 실효를 거두지 못했다.

성종은 인정으로 정치를 이끈 군주였다. 민가가 궁궐 벽에 바로 붙어 있는데도 철거를 하지 말라 이르고, 대신 더 이상 짓지 못하도록 하였다. 그러나 왕의 명령은 지켜지지 않았다. 백성들의 무허가 건축과 무단 토지점유는 생존을 위해 필사적인 것이기 때문에 규제만으로는 해결될 수가 없었다. 그러나 성종의 뒤를 이은 연산군은 달랐다. 그는 강력한 왕권을 휘두르며 민가의 궁궐 인접을 금지시키고 강제철거를 강행하였다. 약 2만 명 정도가 철거와 추방을 당했는데 당시 인구를 감안하면 엄청난 숫자다.

연산군 11년(1505) 11월 18일 기사를 보면 "궁궐은 깊숙하지 않으면 안 되는데, 근래에 비록 여러 번 금표(禁標)를 세웠지만 범하는 자가 끊이지 않으니, 이것은 인가가 궁성에 너무 접근해 있는 까닭이다. 동서의 성터를 마땅히 물려야 할 것이니, 동으로는 후원을 환하게 바라볼 수 없는 곳까지 한계하고, 타락산 고지에도 아울러 담을 쌓아 사람들로 하여금 올라가서 궁궐을 바라 볼 수 없게 할 것이다. 서쪽으로는 관상감 고개로부터 예빈시 모퉁이에 이르기까지 줄을 띠어 경계를 정한 다음, 경계 안에 있는 인가는 기한을 정하여 철거도록 하라. 종묘의 삼면에 있는 인가도 마땅히 철거하고 담을 쌓아라."고 하였다. 이 때문에 의지할 곳 없는 사람들은 길가에 둘러 앉아 눈물을 머금었다. 연산군의 강제철거는 민심이반을 가져와 1506년 9월 중종반정의 빌미가 되었다.

반정으로 집권한 중종은 연산군 때 강제 철거당한 백성들을 위무하고, 금표를 철거하는 등 규제를 풀었다. 한양은 다시 인구가 날로 불어나서 철거 이전의 모습으로 되돌아가게 되었다. 인가가 궁궐 및 종묘 근처까지 조밀하게 들어서고 이로 말미암아 일반 백성뿐만 아니라 사대부까지도 집 없는 사람이 많았다. 인구가 많다보니 화재가 빈번하게 발생하고, 역병이 전염될 우려가 컸다. 산에 집을 짓는 것을 금해도 산 밑에 집을 짓고, 냇가와 길옆을 무단 점유하였다. 한양은 인구의 증가로 심각한 도시문제에 봉착했으나 인정주의를 내세운 중종과 인종, 명종 대에는 이를 해결하지를 못했다. 더구나 유교적 전통으로 화재는 임금의 부덕으로 초래한 것이므로, 화재를 빌미삼아 백성의 거처를 빼앗는 것은 폭군이나 하는 짓이라고 여겼다. 심각한 한양의 도시문제는 임진왜란이 일어나면서 많은 가옥이 파괴되고 인구가 급속하게 줄어들면서 재정비가 이루어졌다.

종로를 무단 점유한 주택들 (1890년)

남대문 성벽에 붙여지은 주택 (1880년)
자료: 한국학중앙연구원

5. 조선후기의 한양

1) 임진왜란과 도시재건

임진왜란과 도성파괴

조선 전기와 후기를 나누는 기준은 임진왜란을 중심으로 하고 있다. 일반적으로 태조부터 선조까지를 전기, 광해군에서 철종까지를 후기, 고종과 순종시대는 근대로 구분한다. 조선이 건국되고 약 200년 동안 부분적인 외침을 제외하고는 거의 전쟁이 없는 평화시대였다. 그 사이 조선은 성리학의 발달과 붕당정치로 문약해지고, 왜(일본)와 여진족에 대한 지나친 우월감으로 국방정책을 소홀히 하였다.

당시 일본은 토요토미 히데요시(豊臣秀吉)가 등장하여 100년 동안 지속되던 전국시대를 종결하고 통일국가를 수립하였다. 토요토미는 자신을 위협할 수 있는 무장 세력들의 힘을 밖으로 쏠리게 하려는 의도로 조선을 침략하였다. 오랜 내전을 통해 병법과 무술, 무기가 발달한 일본은 20만 대군을 동원하여 선조 25년(1592) 4월 13일 부산에 상륙하였다. 동래성을 격파한 왜군이 파죽지세로 한양을 향해 올라오자 조선은 신립으로 하여금 조령에서 적을 막도록 하였다. 그러나 신립은 충주 탄금대에 배수진을 치고 싸우다 대패하고 말았다. 다급해진 선조는 4월 29일 백성을 버려둔 채로 의주로 피난을 떠났다.

이 사실을 알게 된 백성들은 분노하여 노비문서를 보관한 장예원을 불태우고, 경복궁·창덕궁·창경궁 세 궁궐을 모두 불 지르고 말았다. 조상대부터 차별과 가난한 생활을 해온 그들의 울분이 일시에 폭발한 것이다. 5월 3일 왜군은 텅 비어있는 도성에 무혈입성 했다. 왜군은 종묘를 신병이 나타나 괴롭힌다는 이유로 불태우고 주산에서 내려오는 맥은 참호를 파서 끊어 버렸다. 이후 한양은 1593년 4월 18일 왜군이 물러나기까지 근 1년간 왜적의 수중에 있으면서 철저하게 파괴되었다. 특히 종로 이북의 인가는 모두 전소되었다.

한양수복과 궁궐 재건계획

선조 26년(1593) 10월 1일, 선조가 피난처에서 돌아오자 한양의 도시 제반시설들은 잿더미가 되어있었다. 머무를 곳이 없는 선조는 지금의 덕수궁 자리인 정릉동의 월산대군 집에 임시로 행궁을 차리고 거처를 정해야 했다. 선조에게 제일 시급한 것은 종묘와 궁궐의 재건이다. 선조는 경복궁 후원에 임시궁궐을 지을 준비를 하라고 하였다. 그러자 비변사에서 재정이 고갈되었고 인심이 못마땅하게 여길 것이라며 반대하자 그만두었다.

선조 31년(1598) 왜군은 토요도미가 사망하자 조선에서 철수하기 시작했다. 이순신이 11월 19일 노량 앞마다에서 일본 수군과 마지막 전투를 벌인 것을 끝으로 7년간의 임진왜란은 끝이 났다. 그러나 조선의 국력은 완전히 파탄되고 국토는 황폐화 되어서 파괴된 궁궐 재건은 엄두를 낼 수가 없었다. 선조 39년(1606)에 가서야 어느 정도 질서와 재력이 회복되자 종묘궁궐영건도감을 설치하였다.

경복궁 중건은 광화문에서 근정전에 이르기까지는 좌우에 월랑을 설치하고, 근정전에서 사정전·강녕전까지는 전후좌우에 회랑을 세워 법궁의 체제를 갖추는 것으로 계획되었다. 그 규모가 상당히 컸는지 인력과 물자의 투입이 과도하다는 지적도 있는 등 논의가 활발하였다. 그러나 공사착공 시기에 가서는 경복궁 대신 창덕궁을 중건하는 것으로 계획이 바뀌었다. 경복궁은 풍수가 나쁘다는 이유에서다.

일찍이 선조는 명나라 사신 서관란과 풍수를 주제로 이야기를 나눈 적이 있었다. 서관란이 "이 도읍은 자좌오향(子坐午向)이어서 매우 좋지 않습니다. 서쪽을 등지고 동쪽을 바라보게 하면 좋을 것입니다."했다. 그러자 선조가 "대인의 학문은 하늘을 꿰뚫고 게다가 풍수에도 밝으시오. 지금 다행히 대인의 말씀을 듣게 되었으니 천재일우의 기회이오. 우리나라가 해외에 치우쳐 있어 지리를 알지 못하니, 대인이 가르쳐 주시는 것이 어떻겠소."하였다. 그러자 서관란이 "이곳의 산형은 좋지 않으며 옛 궁전인 경복궁은 인왕산과 너무 가깝습니다. 만약 향배를 약간 동쪽으로 향하게 하여 바로 남산과 마주 보게 하였다면 좋았을 것입니다."하였다.

선조 39년(1606) 11월 전현령 이국필이 상소하여 경복궁의 불길하니 창덕궁을 먼저 중건해야 한다고 극력 주장하였다. 그러자 조정의 대세는 창덕궁으로 기울었다. 선조40년(1607) 이미 준비해 놓은 물자와 인력을 가지고 공사를 시작했다. 그러나 그해 전국적으로 흉년이 들어서 전답 결수에 따라 면포를 거두어 창덕궁 중건 경비에 충당하려던 계획이 차질이 생겼다. 더구나 41년(1608년) 2월 선조가 사망하자 공사는 중단되었다. 선조는 임진왜란 때 의주로 피난 갔다가 돌아와 죽을 때까지 14년 4개월 동안을 궁궐이 아닌 정릉동 월산대군 집에서 지내다 세상을 떠났다.

광해군의 궁궐 공사

1608년 2월 정릉동 월산대군 집 행궁에서 제15대 왕으로 즉위한 광해군은 우선 조정의 기풍을 바로잡고 파탄지경에 이른 국가재정을 회복하는데 힘썼다. 또 전란 중에 불타버린 궁궐과 종묘를 복원하였다. 광해군 1년(1608) 5월 종묘가 준공되고, 8월에는 창덕궁의 인정전 등 중요한 전각들이 건립되었다. 이듬해인 광해군 2년(1609) 10월 창덕궁의 영건이 거의 끝나갔다. 그러나 광해군은 창덕궁으로 이어하는 것을 매우 꺼렸다. 10월 3일 창덕궁으로 갔다가 불과 보름 만에 다시 정릉동 행궁으로 돌아와 경운궁(慶運宮: 지금의 덕수궁)이라 이름하고 3년 반을 더 머물렀다.

표면상 이유는 선조의 삼년상이 끝나지 않았는데 화려한 궁궐로 이사하는 것이 도리가 아니라고 했지만 풍수의 길흉설이 작용한 것으로 보인다. 광해군 5년(1613) 1월 1일 기사를 보면 왕이 지관 이의신에게 비밀리에 "창덕궁은 큰일을 두 번 겪었으니 거처하고 싶지 않다."라고 말하였다. 큰일 두 번은 단종과 연산군이 폐위되었던 일을 가리키는 것이다. 그러자 이의신이 "이는 도성의 기운이 쇠퇴했으므로 빨리 다른 곳으로 옮기는 것이 좋겠습니다."라고 대답하였다. 그래서 광해군은 창덕궁에 거처하지 않고 경운궁에서 머물렀다. 신하들이 거처 옮기기를 여러 차례 청했지만 따르지 않았다.

광해군은 재위 6년(1614) 영창대군을 강화도에 안치시킨 후 살해하고 인목대비까지 폐위하는 이른바 폐모살제를 하였다. 그리고 이듬해 경운궁에서 창덕궁으로 이어했으나 오래 있을 뜻이 없었는지 창경궁의 재건 공사를 재촉하였다. 창경궁이 완공되었지만 광해군은 거처하지 않고 인왕산 아래에 인경궁(仁慶宮)을 짓도록 하였다. 술사인 성지와 시문룡이 인왕산에 왕기가 서렸다고 했기 때문이다.

인경궁 공사가 본격적인 단계에 이른 광해군 9년(1617) 6월 술사인 김일
룡이 이궁을 새문동에 건립하기를 청하였다. 이곳은 광해군의 이복동생 정
원군의 집으로 왕기가 있으니 이를 빼앗아 새 궁궐을 짓자는 주장이다. 신하
들의 인경궁을 완공한 뒤에 공사를 일으키자고 청하였지만 광해군은 듣지
않았다. 광해군 15년(1623) 3월 많은 어려움 끝에 인경궁과 경덕궁(敬德宮)이
동시에 공사가 마무리되어가고 있었다. 그러나 광해군은 새 궁궐에 들어가
지도 못하고 인조반정이 일어나 왕위에서 쫓겨나고 말았다.

인조반정과 경희궁

정원군의 맏아들 능양군이 조선 제16대 왕인 인조로 등극하였다. 정원군
의 집에 왕기가 있다는 예언이 들어맞은 셈이다. 인조 1년(1623) 인경궁과
경덕궁이 완공되었다. 그 규모는 경복궁의 3분의2에 해당되어서 조선 후기
의 왕들은 창덕궁을 법궁으로 경덕궁을 이궁으로 이용하였다. 경덕궁과 인
덕궁은 경복궁 서쪽에 있으므로 서궐(西闕), 경복궁은 북궐(北闕), 창덕궁과
창경궁은 동궐(東闕)이라 불렀다.

그러나 인조2년(1624) 3월 이괄의 난이 일어났다. 인조반정에 대한 논공
행상에 불만을 품은 평안병사 이괄이 1만2천명의 군사를 이끌고 반란을 일
으켰다. 반란군이 개성을 지나 임진강을 건넜다는 소식이 전해지자 인조는
도성을 버리고 공주로 피난 갔다. 장만·정충신·남이흥 등이 천안에서 반란
군을 평정하자 인조는 보름 만에 한양으로 돌아왔다. 그 와중에 창덕궁과 창
경궁이 크게 불탔으므로 경덕궁에 9년을 머물렀다. 인조는 도성 부근에 왕
의 피난처가 없음을 한탄하며 남한산성 보수를 신속하게 진행 시켰다.

인조14년(1636) 12월 병자호란이 일어나자 남한산성으로 피난했다. 그러
나 성 내부 물자가 고갈될 때까지 청이 포위를 하자 40일 만에 항복하고는
창덕궁으로 돌아왔다. 이때 인경궁의 전각들을 헐어다 창덕궁과 창경궁의
전각 수리 공사에 사용했다. 그 바람에 인경궁은 대궐로써 모습을 잃어버렸
다. 경덕궁은 그대로 남아 이궁으로 쓰이다가 영조 36년(1760) 인조의 아버
지 원종(정원군)의 시호 경덕과 음이 같다하여 경희궁(慶熙宮)으로 바뀌었다.

영조는 치세의 거의 절반을 경희궁에서 보냈으며 정조의 즉위식도 이곳에서 거행되었다. 그러나 경희궁은 고종2년(1865) 흥선대원군이 경복궁을 중건하면서 건축자재로 사용하기 위해 숭정전, 회상전, 정심합, 서현합, 흥정당만 남기고 대부분 헐리고 말았다. 1910년 일제는 경희궁 빈터에 일본인들을 위한 경성중학교를 세웠다. 경성중학교는 광복 후 서울고등학교가 되었다가 현대그룹 사원연수원으로 활용되었다. 현재는 발굴조사와 함께 복원중이다.

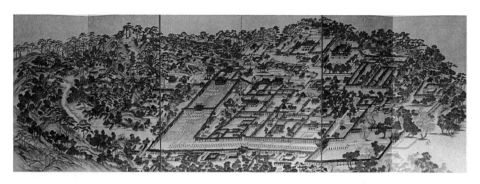

서궐도

자료: 파인민화연구소

경덕궁 공간 배치 (자료: 나무위키)

경희궁 숭정전

2) 조선 후기 한양

조선 후기 상업의 발달

임진왜란과 병자호란을 겪으면서 국고는 바닥이 났고 백성들의 살림살이는 궁핍하여 도성은 쉽게 복구되지 못했다. 광해군의 궁궐 중건 노력이 있었지만 경복궁은 손도 못 대는 형편이었고, 일반 관아나 시전행랑, 민가 건물들의 복구는 지지부진했다. 겨우 가건물을 세우거나 허술한 초가를 짓는 것으로 지탱하고 있었다. 그러다보니 한양의 인구는 약 4만 명 정도까지 크게 감소하였다. 그러나 효종, 현종, 숙종, 경종 대를 거치면서도 점차 복구가 이루어지자 인구가 급증하였다. 현종 13년(1672) 10월 13일 한성부에서 보고한 경중오부(京中五部) 호수는 2만4천8백 호이고, 인구수는 19만2천 명이었다. 특히 영조 대에 들어와서는 도시개발이 활발하게 이루어져 수도의 면목을 일신시키고, 임진왜란 이전보다 더한 번영을 누리게 되었다. 영조 2년(1726년) 12월 30일 도성오부의 호수가 3만2천7백 호로 기록 되어있다. 현종 13년과 비교하면 7천9백호 정도 늘어난 숫자다.

17세기 후반 이후 한양의 도시인구가 증가한 이유는 농촌으로부터 유입된 인구가 늘었기 때문이다. 당시 지구는 소빙하기(小氷河期)로 전 세계에 걸쳐 자연재해가 빈번했다. 농촌에서 생계를 잇지 못한 농민들이 서울로 몰려들었다. 이때는 대동법의 실시와 상평통보가 전국적으로 통용되어 상업이 발달하면서 노동력의 상품화가 진전되던 시기다. 자신의 품을 팔아서 생계를 이어갈 방도가 다양해지면서 농민들이 서울로 몰려들었다. 이들은 주로 도성 안보다는 도성 밖 경강 주변에 자리 잡았다. 경강은 원래 삼강(三江)이라 하여 한강, 용산강, 서강을 지칭하는 용어로 세곡과 물자들이 유입되는 곳이다.

한강은 한남동에서 노량진까지로, 주로 한강 상류지방에서 내려오는 물자들이 집하되어 도성으로 반입되는 곳이었다. 용산강은 노량진에서 마포까지로, 주로 한강 상류를 따라 경상, 강원, 충청, 경기도 지방의 세곡을 실어오는 배들의 종착점이다. 서강은 마포에서 양화나루까지로 주로 바다를 통해 유입되는 전라, 충청, 황해, 경기 등지의 세곡의 집하되는 곳이다. 농촌을 떠나 경강 변에 정착한 사람들은 화물을 하역하거나 운반하는 노동자이거나 또는 상업에 종사하는 자가 많았다. 겨울철에는 한강의 얼음을 채취하여 빙고에 저장하는 일에 고용되기도 하였다.

이들은 노동력을 제공하였지만 또한 소비자이기도 해서 도시근교에서 채소나 과일을 생산하는 농업과 생필품을 생산하는 수공업을 발전시켰다. 아울러 채소와 생필품을 유통시키는 상인을 등장시켜 상업의 발전을 가져왔다. 상업이 발전하자 경강은 날로 번창하여 처음 삼강이었던 것이 오강(한강, 용산강, 서강, 마포, 망원), 팔강(오강에다 뚝섬, 두모포, 서빙고), 십이강(팔강에다 연서, 안암, 왕십리, 전농지역)으로 발전하였다. 강변에 상업 활동을 하는 상인들을 경강상인이라 하며, 이 중에서도 가장 번성한 곳은 마포였다. 서강과 용산이 세곡운송의 중심지라면 마포는 상품유통의 중심지였다. 그러므로 마포지역에는 15개의 시전이 설치되었을 뿐 아니라, 오가는 뱃사람을 대상으로 한 주점이 600~700여 곳에 달할 정도였고, 색주가들도 번창하여, 그야말로 흥청거리는 곳이었다.

도성외부의 팽창과 발전은 도성 안에도 영향을 주어 상가가 확대되었다. 경강지역과 도성을 연결하는 길목인 남대문과 서소문 사이에 칠패시장이 창

조선후기 경강의 마을 분포도

자료: 고동환, 조선후기 서울의 공간구성과 공간인식, 2003

설되었다. 또 함경도와 강원도로 가는 길목인 동대문 안쪽에는 이현(梨峴: 배오개, 현 동대문시장)시장이 형성되었다. 조선 초기 만들어진 시전상가와 함께 칠패시장, 이현시장은 조선 후기 한양의 3대시장이다. 종로의 시전은 어용상인들로 금난전권(禁難廛權)을 행사하자, 칠패와 이현시장 상인들은 이에 대립하며 상업을 발전시켰다. 또한 도성 밖의 주요 역로가 통과하는 길목인 송파, 누원(도봉동 지역), 말죽거리(양재역) 등에도 새로운 유통 거점이 조성되어 오늘날 부도심의 성격을 띠게 되었다.

인구증가와 도시공간구성

18세기 이후 한양은 인구가 증가하고, 상업이 발달하면서 도시공간의 확대를 가져왔다. 외부에서 몰려든 유민들이 도성 밖에 집단거주하면서 한양의 도시공간은 성 밖으로 확대되어 갔다. 원래 한성부의 관할구역은 도성 안과 도성 밖 십리 즉 성저십리(城底十里)까지를 경계로 삼고 있었다. 그 범위는 동쪽으로는 양주의 송계원(松溪院: 지금의 서울 중랑천 인근)과 대현(大峴: 지금의 서울 성동구 금호동에서 옥수동 넘어가는 고개)까지이다. 서쪽으로는 양화나루와 고양의 덕수원까지이며, 영조 때는 지금의 모래내 지역인 사천(沙川)까지 확대되었다. 남쪽으로는 한강 노량진까지, 북쪽으로는 특별히 정한 것이 없이 북한산 주변을 경계로 삼았다. 당시 한성부는 백악산(북악산), 인왕산, 목멱산(남산), 낙산으로 둘러싸인 사대문 안쪽 공간과 그 밖의 외부공간으로 구분되었다.

조선 후기에 이르러 도성 밖의 인구가 크게 증가하였다. 정조 때 발간된 ≪호구총수≫에 의하면 1789년 성안의 호구(戶口)는 22,094호에 인구가 112,371명이고, 성 밖은 21,855호에 인구가 76,782명으로 기록되어 있다. 세종 때와 비교하면 성안의 인구는 10만 명에서 11만 명으로 거의 늘지 않았다. 그러나 성 밖은 6천 명 정도에서 7만6천 명으로 크게 늘었다. 성안과 성밖의 가옥 수의 비율이 51%와 49%이란 점은 한양의 모습이 도성 안과 밖의 구분이 모호해졌다는 것을 의미한다. 즉 성곽을 경계로 한 도읍의 범위가 무의미해졌다고 할 수 있다.

당시 거주지의 분포와 형태는 신분과 경제력에 따라 지역분화 현상이 뚜

렷이 나타났다. 조선전기 때와 마찬가지로 궁궐에서 가까운 경복궁과 창덕궁 북촌에는 권문세가들이 모여 살았다. 지금의 남산인 목멱산 자락 남촌에는 세력이 미약한 하급관리나 가난한 양반들이 주로 거주하였다. 관아가 모여 있는 지금의 광화문광장에서 종각역 사이 청진동 일대는 중간 신분층인 서리나 역관, 의관, 검률관, 도서화원 등이 집단 거주하였다. 운종가인 종로와 개천 일대에는 상가, 시장, 환락가 등이 이루어져 상공업과 서비스업에 종사하는 사람들이 거주하였다. 상민과 천민들은 성벽 바로 밑이나 낙산의 비탈진 곳에 집을 짓고 살았다.

경강지역은 지방에서 올라온 이주민들이 터를 이루었다. 이들 중 상업으로 돈을 벌어 경제력을 갖춘 강상들은 서부인 마포 일대에 집단을 이루며 살았다. 이들의 거주지를 강대(江臺)라고 불렀다. 17세기 이 지역은 경제적 실력이 지배하는 사회가 되었기 때문에 이들은 무엇보다도 경제적 이해관계에 민감했다. 이러한 성향 때문에 도성안 사람들은 강대사람들을 소송하기 좋아하는 사람들이라고 불렀다.

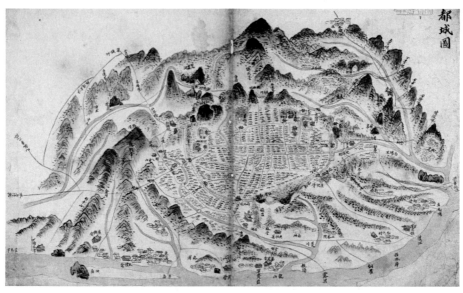

도성 밖으로 도시공간이 확장된 동국여도의 도성도

경계가 모호해진 동성 안과 밖
자료: 한국학중앙연구원

물류의 중심지였던 마포나루
자료: 국사편찬위원회 우리역사넷

한양의 도시문제

조선후기 한양은 인구의 증가로 큰 도시문제가 발생하였다. 17세기 후반 이후 소빙하기 기후로 인해 흉년이 계속되자 전국의 유민들이 한양으로 몰려들었다. 한양은 왕도이기 때문에 자기 고을 사람에게만 진휼을 하는 지방과 달리 모든 지역의 유민들에게 골고루 진휼을 시행하기 때문이다. 이들은 양반가의 노비가 되어 살거나, 각종 화물의 하역이나 짐을 나르는 품팔이 노동자 등 도시 빈민층으로 전락하였다.

전국 유민들이 도성으로 몰려들자 주택과 식량, 땔감 문제가 심각해졌다. 이들은 도로와 공한지를 무단 점령하여 마구잡이로 불량주택을 지었다. 때문에 큰 도로가 좁은 길로 변해서 수레 하나 돌릴 수 없을 정도가 되었다. 정부에서 강력한 단속을 해도 속수무책으로 불량주택은 늘어만 갔다. 평지에 주거지를 마련하지 못한 도시빈민들은 법적으로 엄격하게 금지된 도성 주변의 산지를 무단 점유하여 개간하거나 하천변에 집을 짓고 살았다. 이조차도 할 수 없는 하층민들은 광통교 등 다리 아래에 움막을 치고 살았다.

한양의 도시인구가 증가하자 취사와 겨울철 난방을 위한 땔감이 부족하게 되었다. 그러자 곧 한양을 둘러싼 산들이 헐벗게 되었다. 한성부에서는 도성을 둘러싼 십리 내의 산에는 금표(禁標)를 세우고 개간과 벌목을 엄격하게 금했다. 그러나 대부분의 산들이 중턱까지 개간되었다. 또 사람이 죽으면

시신을 묻을 땅이 부족한 것도 문제였다. 영조실록 3년(1727) 5월 25일자 기사에는 "당초 서울의 금표는 십 리를 한정으로 하여 동·서·남쪽은 하천으로 경계를 삼고, 북쪽은 산등성이를 경계로 삼았다. 근래 인구가 많이 불어나 서울 근교에는 한조각의 빈 땅이 없으니 백성들이 원하는 대로 모래내를 경계삼아 장사를 지내도록 하라"고 하여 사산금표지역을 축소케 하였다.

당시 한성은 불량한 초가집들이 다닥다닥 붙어있고, 식수와 화장실, 하수구 등 위생시설이 엉망이다 보니 화재와 전염병에 매우 취약한 도시가 되고 말았다. 박제가는 그의 저서 ≪북학의≫에서 "도성에는 분뇨를 다 수거하지 못하여 악취와 오물이 길가에 가득하다. 다리나 석축에도 쌓여 있어 장맛비가 크게 내리지 않으면 씻겨 내려가지 않는다. 개똥이나 말똥이 사람들의 발에 늘 밟힌다. 사람들이 땅 귀퉁이나 길거리에 똥·오줌을 쏟아 버려서 식수인 우물물이 짜다. 아궁이에서 나오는 재도 모조리 길거리에 버려서 바람에 재가 날려서 눈을 뜰 수 없을 정도다. 날리는 재는 빨래를 더럽히고 음식물조차 불결하게 만든다."고 적어 당시 한양의 공기오염, 수질오염, 악취문제가 심각했음을 보여주고 있다.

가축을 방생한자는 곤장 백대, 재를 버린 자는 곤장 팔십대를 때린다는 조선시대 금표

영조의 개천 준설

조선 제21대 왕 영조는 세종이후 개천 정비에 가장 큰 힘을 쏟았다. 영조의 치적은 탕평책, 균역제와 함께 개천 준설(濬川)이라 해도 무리가 아니다. 개천은 태종과 세종 때 정비한 이후 영조 때까지 약 350년 동안 큰 변화가 없었다. 도성인구가 10만 명 정도일 때는 생활하수를 처리하는데 특별한 문제가 없었다. 그러나 인구가 급증하면서부터는 생활하수의 증가로 개천이 감당할 수 없게 되었다. 더구나 가난한 사람들이 개천 변에 집을 짓고 채소밭을 경작하자 수로가 막혀 배수가 안 되었다. 땔감의 부족으로 사람들이 산의 나무를 함부로 베어내자 조금만 비가와도 산의 토사가 쓸려 개천을 메우게 되었다. 이 때문에 영조가 즉위한 1724년경에는 토사가 쌓여 하천 바닥이 평지와 같은 높이가 되었다. 적은 비에도 개천이 범람하여 많은 피해를 초래하므로 준천이 불가피한 상황이었다.

준천을 시행하기 앞서 영조는 재위 34년(1758) 5월 수차례에 걸쳐 조정의 대신과 한성부 관리와 백성들에게 준설의 여부를 물었다. 영조 35년(1759) 10월 준천을 관리할 기관으로 준천사(濬川司)를 설치하고 그 책임자로 홍봉한·이창의·홍계희를 준천당상으로 겸직하게 하였다. 10월 23일 영조가 준천당상을 만나 부역에 자원한 자의 숫자를 묻자, "지금 7~8천에 이르렀으니 얼마 안가서 1만 명을 넘을 것입니다."라고 대답하였다. 영조 36년(1760) 2월 판윤 홍계희와 호조판서 홍봉한이 도성의 시내와 도랑이 여러 해 막혀 있으므로 빨리 준천을 하자고 극력 주장하자, 2월 18일 공역을 시작하였다.

이때의 준천은 송기교(현재 광화문네거리와 신문로 접점지점)에서 영도교(현재 영미교길) 까지 총 8개 구간으로 나누어 진행되었다. 개천에 두텁게 쌓여 있는 토사를 걷어내고 개천의 깊이와 폭을 예전처럼 회복하였다. 무너진 다리를 보수하고, 상류와 지류는 물론 경복궁, 경희궁, 창덕궁, 창경궁 등 궁궐 안에 있는 물길도 준설하여 물이 잘 통하게 하였다. 이 준천은 4월 15일까지 총 57일간 시행되었으며, 동원된 인력은 한성부민 15만명, 고정(雇丁,고용인력) 5만 명 등 모두 20만 명이고, 전(錢) 35,000민(緡), 쌀 2,300여 석(石)이 투입되었다. 준천의 대역사가 진행되는 중에 영조는 수차례 공사현장을 방문하여 한편은 작업을 독려하고, 다른 한편으로는 일꾼들을 위로하였다. 또

한 준천의 시말(始末)과 장래에 해야 할 일을 기록한 ≪준천사실(濬川事實)≫
을 편찬하여 이후 개천 준설의 지침으로 삼도록 하였다.

영조는 49년(1773) 6월 다시 개천 정비를 위한 공역을 실시하여 2개월 후
인 8월 초 완성하였다. 이때 공사는 1760년 공역 때 인력과 물자부족으로
시행하지 못했던, 개천 양쪽 제방에 돌을 쌓아 튼튼하게 하는 일, 구불구불
한 수로를 곧게 바로 잡는 일, 또한 양안에 버드나무를 심어 큰비가 올 때도
제방이 무너지지 않도록 하였다. 준천의 대역사가 끝나자 영조는 8월 6일
왕세손(후에 정조)과 함께 광통교에 행차하여 완성된 석축을 살펴보았다. 관
리들과 역부들의 공로를 치하한 다음, 오언과 칠언시 각 1구를 내려 보내,
여러 신하들에게 화답해 올리라고 명하였다. 또 준천명(濬川銘)과 소서(小序)
를 짓고, 다리 밑에 돈 20관을 흩어서 아동들에게 줍게 했다. 이는 영조가
청계천 준설사업에 얼마나 많은 공을 기울였는지 알 수 있는 대목이다.

한편 영조가 개천 준설을 위하여 대역사를 시작한 것은 빈민들을 구제하
기 위한 구휼의 목적도 있었다. 그것은 곧 두 차례의 전란 이후 생계를 위하
여 도성으로 몰려든 유민들에 대한 구휼이었다. 국가에서는 이들을 구휼하
기 위하여 도성축조나 준천과 같은 큰 토목공사를 일으켜 이들을 고용하였
다. 영조가 실시한 준천 역시도 5만여 명의 고용 인력이 투입되었다. 즉 준
천 사업은 오늘날 뉴딜정책인 공공근로사업과 같은 것이었다.

영조의 개천준설 참관 장면
(자료: 서울특별시)

1910년대 청계천에서 빨래하는 모습
(자료: 서울특별시)

6. 화성신도시와 경복궁 중건

1) 정조의 화성행궁 건설

사도세자 묘 이장

정조(1752~1800)는 역대 왕들 중에서 가장 효성스러운 왕으로 꼽힌다. 11세 (1762년) 때 사도세자가 뒤주에 갇혀 죽는 모습을 지켜본 그는 잠시도 아버지의 억울한 죽음을 잊지 않았다. 사도세자를 죽게 한 노론세력들은 어린 세손조차 제거하기위해 온갖 모략을 꾸몄다. 홍국영 등의 경호를 받으며 가까스로 목숨을 지킨 정조는 1776년 3월 25세의 나이로 제22대 왕으로 등극하였다.

그는 즉위하자마자 "과인은 사도세자 아들이다."라고 선언하였다. 이는 사도세자의 정치적 입장을 계승하고, 수십 년 동안 노론 위주의 지배질서를 개혁하겠다는 뜻을 담고 있다. 실제로 정조는 사도세자를 죽이는데 주도적인 역할을 한 정후겸·홍인한·윤양로 등을 제거하였다. 그리고 사도세자의 존호를 장헌(莊獻), 묘의 봉호를 영우원(永祐園)으로 고치고 이장의 뜻을 밝혔다.

양주 배봉산 자락에 있던 묘는 봉분의 띠가 말라죽고, 청룡이 뚫리고, 뒤를 받치는 곳은 물결이 심하게 부딪치고, 바람이 순하지 못하고, 똬리를 튼 뱀이 무리지어 있는 등 지세가 좋지 않았다. 정조는 풍수의 동기감응론을 믿고 지관들에게 길지를 찾도록 명하였다. 많은 후보지 중에서 일찍이 고산 윤선도가 천년에 한번 만나기 어려운 곳이라며 효종의 유택으로 추천하였던 화산(花山)을 이장지로 정했다.

그러나 왕권강화를 원치 않는 노론 신하들은 화산이 도성으로부터 백리 밖에 있다는 이유로 이장을 반대하였다. 왕릉은 임금이 하루 만에 참배를 하고 돌아올 수 있는 거리인 백리 안에 있는 것이 원칙이다. 정조13년(1789) 이때까지 정조에게는 대를 이어줄 자손이 없었다. 그러자 신하들도 이장에 대해서 반대하지 않았다. 마침 7월 13일 금성위 박명원의 천장해야 된다는 상소를 모든 신하들이 찬성하여 실행에 옮겨지게 되었다.

수원 신도시 건설과 능 행차

정조는 7월 15일 이장을 위해 화산에 있는 수원 읍소재지를 철거하고 팔달산 밑으로 옮기게 했다. 당시 구읍의 호구 수는 221호에 인구는 676명이었다. 정조는 이들 백성이 안심 하도록 이주대책을 세웠다. 광주부 소속의 두 면을 수원부에 이속시키고, 돈 10만 냥을 주어 백성과 곡식을 옮기는 비용으로 쓰도록 하였다. 또 이 지역의 민심을 끌기 위해 수원부의 죄수들을 석방하고, 귀양 간 수원 백성들은 죄의 경중을 막론하고 모두 놓아 고향으로 돌아오도록 하였다.

팔달산 밑은 국세가 크게 트여 도시 및 진(鎭) 터로 합당한 곳이다. 정조는 이곳을 큰 도시로 육성하여 개혁의 진원지로 삼고자 했다. 한양은 노론들이 기득권을 가지고 있었기 때문에 잘못된 정치구조를 바꾸기에는 한계가 있었다. 그러나 신하들은 이때까지 정조의 내심을 모른 채 단순한 효심의 발로로만 생각하고 있었다.

정조13년(1789) 10월 7일 왕이 직접 참여한 가운데 사도세자의 시신을 이장하고, 10월 17일 묘역을 완공한 다음 현륭원(융릉)이라 불렀다. 그리고 정조는 이듬해인 재위 14년(1790) 2월부터 매년 연례행사로 현륭원을 참배하였다. 정조가 사망하는 재위 24년(1800)까지 12차례나 찾았다. 정조의 능행은 단순히 참배만을 위한 것은 아니었다. 왕실의 권위를 극대화시키고 백성들을 직접 접촉할 수 있는 기회로 삼았다.

정조의 능행 때 어가를 따르는 인원이 6천명이 넘었고 동원된 말만도 1,400여 필이나 되었다. 정조는 재위 9년(1785) 장용위를 만들어 친위 무사

팔달산 아래 수원행궁

들로 하여금 국왕을 호위하게 하였다. 당시로는 대단한 구경거리였고 임금 행차 때 백성들은 격쟁이라 하여 징을 쳐 억울함을 왕에게 직접 호소하기도 하였다. 정조는 이러한 과정을 통해 왕권을 강화하고 노론 강경파 세력들을 무력화 시켜 나갔다.

수원 신도시 육성책

정조가 현릉원을 자주 행차하자 거처인 행궁이 팔달산 아래 신읍지에 건설되었다. 정조 13년(1789) 9월 행궁과 객사, 향교가 조성되고, 이듬해 2월 9일 능행 때 정조는 수원의 동헌을 장남헌(壯南軒), 내아를 복내당(福內堂), 사정(射亭)은 득중정(得中亭)이라 이름하고 친필로 현판을 썼다. 그리고 2월 11일 경기도관찰사와 수원부사에게 신읍의 육성책을 강구하도록 지시하였다. 다음은 정조의 지시 내용이다.

"이번 행차에 수원부를 둘러보니 관사는 비록 틀이 잡혔으나 민가가 아직 두서가 없다. 집이란 것이 땅굴도 아니고 움막도 아니어서 달팽이 껍데기나 게딱지같다. 짧은 시일에 대도시로 발전하기란 어려운 일이다. 그렇다고 사람들을 불러 모을 방안을 강구하지 않는다면 어찌 내가 마음을 놓을 수 있겠는가. 신읍을 옛적 고을보다 낫게 하는 것은 오직 조정에서 꾸려나가기에 달려있다. 사람들을 모아들이려면 우선 생활할 수 있게 꾸려주어야 한다. 생활을 꾸려주자면 먼저 그들의 마음을 기쁘게 해주고 그들이 생업에 재미를 붙이게 해줘야 한다. 가장 좋은 방법은 토지의 구획을 정해주는 것이고, 그 다음은 힘써 옮기도록 하는 것이다. 반복해서 생각해도 이 두 가지에서 벗어나지 않는다. 힘껏 농사를 짓도록 해주는 것 외에도 직접 장사하여 이익을 보게 한다면 장차 집집마다 면모가 달라지는 성과가 있게 될 것이다."하였다. 그리고 2월 15일 수원부에 지시하기를 "수원의 새 고을에 사는 민호(民戶)에 대하여 10년 동안 조세를 면제하는 토지 5백결을 주라"고 하였다.

정조14년(1790) 2월 좌의정 체제공이 수원을 발전시킬 수 있는 방안에 대해서 아뢰었다. "거리를 정연하고 빽빽하게 만드는 방법은 전방(廛房)들을 따로 짓게 하는 것입니다. 서울의 부자 20~30호를 모집하여 무이자로 1천 냥을 주어서, 새 고을에다가 집을 마주보도록 지어놓고 그들로 하여금 장사를 하여 이익을 보게 한 다음, 몇 해를 기한으로 차차 나누어 갚게 한다면, 조정에도 별로 손해가 없고 새 고을에는 부락을 이루고 도회를 형성할 수 있게 될 것입니다. 그러나 개인의 힘으로 만들어낼 수 없는 것은 바로 기와입니다. 그러므로 1만 냥 안팎의 돈을 시험 삼아 수원부에 내주어 기와를 굽게 하여, 사려는 사람들에게 팔되 절대 이익은 취하지 말고 본전만을 받는다면, 기와집을 어느 정도 세울 수 있고 나라 돈도 축내지 않을 것입니다. 그리고 이익을 마련하는 데는 별다른 도리가 있는 것이 아닙니다. 고을의 근방에다가 한 달에 시장을 여섯 번 세우고 한 푼이라도 절대 세를 거두지 말고 단지 서로 장사하는 것만을 허락한다면, 사방의 장사치들이 소문을 듣고 구름 떼처럼 모여들어서 전주나 안성 못지않은 큰 시장이 형성될 것입니다. 이렇게 되면, 주민들은 저절로 살림에 재미를 붙일 것이고, 비록 다른 고을의 백성들이라도 필시 모아들이기를 기다릴 것이 없이 제 발로 찾아올 것입니다. 만약 고을의 모양을 새롭게 하고자 한다면 이보다 더 나은 방법이 없을 듯합니다."하였다.

이에 대해서 정조가 여러 재상들에게 물으니 김화진, 이문원, 김사목, 정호인은 옳다고 찬성하였다. 반면에 서유린과 서유방 형제는 서울 시전에 지장을 준다는 이유로 반대하였다. 정창순은 교통하기 편리하고 장사하는 이익이 있다면 특혜를 주지 않더라도 사람이 몰려든다며 수원만 특혜 주는 것을 반대하였다. 정조는 수원 육성책에 대체적인 합의가 이루어졌다며 추진을 채제공에게 위임하였다. 그리고 균역청의 돈을 풀어 수원이 본고장인 사람들이 장사를 하려고 하면 점포 내주는 것을 지원하라는 지시도 내렸다.

수원 인재 육성책

정조는 수원의 인재를 육성하려는 뜻에서 유생과 무사들을 시험보이고 시취하는 규정을 정하였다. 그리고 유생이건 무사이건 막론하고 매월 그달 안에 새로 이주하는 사람의 거주지·성명·나이·부조(父祖)의 직함 및 명가인지, 반벌인지, 또는 중인·서인·공노비·사노비 출신인지 등 내력을 자세히 적어 책을 만들어 매번 그 다음 달에 보고하라고 하였다. 이러한 수원 육성책은 적지 않은 효과가 있어서 해남에 사는 사람들까지도 천리 길을 마다 않고 이사를 해오는 경우가 있었다.

그러나 수원을 대도시로 육성하여 국정개혁의 진원지로 삼으려는 목표에는 충분한 성과를 거두지 못했다. 신도시로 이주하여 집을 짓는 사람 절반은 유생들이었다. 이들은 수원부의 새 고을인 수성(隋城)에 호적을 둔 사람만

응시할 수 있는 과거를 보기 위해서 위장 전입하였다. 유생들 중에는 집은 향리에 두고 호적만 옮기거나, 가족을 데리고 온다 핑계하고 임시동안만 머물다 가거나, 집을 짓는다하고는 빌리는 경우가 많았다. 이들은 과거가 끝나면 즉시 돌아가는 무리들이었다.

정조는 비리를 저지른 유생은 각별히 조사해 적발하도록 하고 그 폐단을 근절토록 지시하였다. 유생들을 이주시켜 수원을 육성하려는 정책이 효과가 없자 정조는 화성을 축조한 후 상업도시로 발전시켜 인구를 유입하려는 계획을 하였다.

2) 화성 축성

화성 건설

정조는 재위 17년(1793) 1월 12일 수원도호부의 호칭을 화성(華城)으로 바꾸고, 수령도 정삼품인 부사에서 정이품인 유수로 승격시켰다. 화성은 사도세자 묘소의 주산인 화산에서 따온 말이다. 유수부는 한성과 정치, 군사, 지리적으로 밀접한 관계가 있는 지방도시다. 당시 조선에는 4개의 유수가 있었다. 고려의 수도이자 제2도시였던 개경, 유사시 왕의 피난처로 행궁이 있는 강화, 한성 근교로 남한산성 행궁이 있는 광주, 그리고 신도시 화성이다. 정조는 친위 군사조직인 장용위를 장용영(壯勇營)으로 확대하여 한양의 내영과 수원의 외영으로 나누었다. 장용외영에 군사 2만여 명을 주둔시킬 정도로 정조는 화성을 중시 여겼다. 마치 한나라를 세운 유방의 고향 풍패(豊沛)와 같이 여겼다.

수원의 읍치가 점차 자리를 잡게 되자 정조는 축성을 결심하게 된다. 정조 14년(1790) 6월 10일 부사직 강유가 건의하기를 "수원은 장용외영으로서 국가의 중요한 진이고 더구나 또 막중한 능침을 받드는 곳이나 방어설치가 없다. 수원에 성을 쌓아 오산의 독산성과 서로 견제하게 한다면 유사시 어떤 적도 감히 엿보지 못할 것이다."하였다. 정조 17년(1793) 12월 8일 강동당상 조심태와 경기관찰사 서용보를 소견하는 자리에서 성 쌓는 법에 대해서 논의하였다. 정조는 이날 비변사에 회동하여 성역을 주관하고 실행하는 성역소좌목(城役所

座目)을 마련하였다. 화성은 정약용의 성설(城說)을 설계의 기본 지침으로 하며, 채제공이 성역공사를 총괄하고, 조심태가 감독케 하는 등 인력동원과 책임자에 대해서 논의 하였다.

정조 18년(1794) 1월 15일 수원성 축조에 대해 하명하였다. 정조는 신하들과 함께 높은 곳에 올라 고을 터를 바라보고, "이곳은 본디 허허벌판으로 인가가 겨우 5, 6호였었는데 지금은 1천여 호의 민가가 즐비한 큰 도회지가 되었다."고 감탄하고, 팔달산에 올라 성 쌓을 터를 두루 살펴보았다. 그리고 새로운 도시건설의 구체적인 구상을 면밀히 하교하였다. 드디어 2월 28일 역사적인 화성착공의 막이 올랐다. 화성의 전체적인 배치는 팔달산을 주산으로 하고, 자연 지세를 효과적으로 이용 산성과 평지성의 특성을 잘 살렸다. 성의 모양은 본래 중국 성처럼 장방형으로 계획했었다. 그러나 현륭원 조성 때 이주한 주민들이 모여 사는 북쪽을 성안으로 편입하기위해서 팔달산에서 일자(一字)의 안산 산줄기를 따라 길쭉한 버들잎 모양으로 축조하였다.

화성 규모

성의 둘레는 4,600보(5,744m), 높이는 20척(4.9m~6.2m), 면적은 18만8천m²이다. 축성재료는 석재와 벽돌을 함께 사용하였다. 화성성역의 실질적인 역할을 담당할 석수·목수·개와장·미장이 등 각 직능별 기술자들이 전국에서 모여들었다. 정조 18년(1794) 5월 22일 채제공이 재정상의 문제로 수원성을 쌓는데 승군을 동원하자고 건의했으나, 정조는 한명의 백성도 강제로 노역시키지 않겠다고 하였다. 성역에 동원된 모든 역부에게 매일 2전 5푼씩의 임금이 지급되었는데 당시로는 상당한 금액이어서 각지에서 인부들이 모여들어 곤욕을 치를 정도였다.

대규모의 축성공사가 2년 6개월 만인 정조 20년(1796) 8월 19일에 완공되었다. 공사를 빨리 마칠 수 있었던 것은 종래의 강제 징발된 부역 대신 인부들에게 임금을 지불했고, 각 직종의 전문 인력인 장인을 1,280명이나 투입했고, 축정재료의 규격화를 실시했고, 거중기 등 축성기구를 개발했다는 점 등을 꼽을 수 있다. 정조는 성곽이 완성되자 화성 축성공사의 전말을 소상히 기록한 보고서를 작성케 했다.

정조 20년(1796) 11월 9일 ≪화성성역의궤(華城城役儀軌)≫가 완성되었다. 여기에는 축성계획, 도제, 의식, 동원된 인력과 경비, 사용된 기계 등 축성의 전말과 당시의 모든 상황을 소상히 기록하였다. 정조는 화성유수 조심태에게 이르기를, "성을 쌓는 비용이 거의 80만 냥에 가까운데, 소중한 역사를 조금이라도 구차 하게 하고 싶지 않은 것이 나의 본래 생각이다. 이 책을 간행하여 모든 사람들로 하여금 성의 공사에 관한 본말을 분명히 알도록 해야 할 것이다."하였다. 이 기록으로 인하여 1950년 한국전쟁으로 파괴된 성곽을 원래대로 복원할 수 있었다. 또한 1997년 12월 유네스코(UNESCO)의 세계문화유산으로 등록되었다.

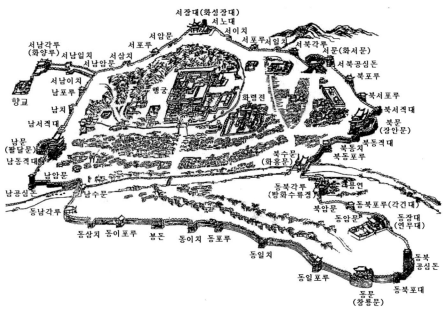

화성 성벽

자료: 화성의궤

화성 부호대책

정조 21년(1797) 1월 29일 화성을 순행한 정조는, 화성이 완성되었으니 이제 집집마다 부유하게 하고 사람마다 화락하게 하는 것이다. 즉 호호부실

인인화락(戶戶富實人人和樂)하도록 화성 읍내 중심부가 한양의 운종가처럼 번화하게 할 방도를 강구하라고 지시하였다. 이에 따라 2월 22일 비변사에서는 화성의 부호(富戶)대책으로 모삼절목(帽蔘節目)이라는 상소를 올렸다. 상소내용을 간추리면 다음과 같다.

한성부내의 재력이 풍부한 도매상들과 개성, 평양, 의주, 동래의 거상들로부터 이주신청을 받아, 응모자 중에서 상업에 능하고 근면 성실한 20명을 선발하여 계를 만들게 한다. 이들에게 인삼거래와 무역의 권한을 주는 대신 화성에 이주하여 집을 짓고 살면서 사업을 하도록 한다. 이들을 초가에서 살게 할 수 없으므로 대로의 남북 쪽에다 각기 기와집을 연달아 지어서 거주하도록 한다. 20인의 계인들은 각자 차인과 수종을 데리고 와서 각각 집을 짓고 살도록 도와주어서 호구를 늘리는 방편으로 삼는다.

계인이 처음 옮겨서 무역을 크게 하려면 자본이 부족할 것이므로, 영남감영 소관의 남창에 있는 돈 5만 냥과 평안병영의 창고에 유치해 둔 돈 5만 냥을 기한을 정하여 빌려주어서 밑천을 삼도록 한다. 그 이자는 받아서 성을 수리하는 비용으로 쓰도록 한다. 후일 계인의 숫자가 늘어나면 잡다한 폐단이 생길 것이므로 20인 외에는 1인도 더 정하지 못하게 한다. 이와 같은 사업을 하는 것은 성안에 사람이 많이 살게 하기 위한 방편이다. 원래 성안에 살던 사람들도 같이 혜택을 받아야 하므로, 그 이익을 매년 1천 냥씩 교리청(校吏廳)에 떼어주어서 혜택이 고루 미치도록 한다.

정조의 화성 부호대책은 상업에만 한정된 것이 아니다. 농업과 공업에도 여러 대책들을 강구하였다. 정조 22년(1798) 4월 27일 현륭원의 수구에 둑을 쌓아 대규모 방죽인 만년제를 완성했다. 이 보다 앞서서는 장안문 밖의 진목천에 둑을 막아 만석거를 조성했다. 정조는 저수지 물을 이용하여 외곽에 버려진 넓은 땅을 옥토로 바꾸어 병농일치(兵農一致)의 국영시범농장인 대유둔(大有屯)을 설치하였다. 대유둔의 3분의 2는 장용외영의 장교·서리·군졸·관예 등에게 나누어 주고, 나머지 3분의 1은 가난한 백성들에게 나누어 주었다.

정조는 만석거와 만년제의 성공에 힘입어 화성 서쪽에 축만제를 쌓고 서둔이라고 불렀다. 각 둔전에는 소를 비롯한 모든 농기구를 지원하여 많은 소출을 올렸다. 소출은 50대50으로 나누어 반은 경작자가 갖고, 나머지 반은 수성고(修城庫)에서 받아 화성의 보수와 관리 비용으로 사용하였다. 이 같은 정조의 농업정책은 다른 지역까지 확대되었으며 오늘날 수원이 농업과학교육의 중심도시가 될 수 있었던 배경이 되었다. 공업정책으로는 지소동(현 팔달구 연무동)에는 4천 냥의 금융지원을 해주어 제지공장을 차리고, 우만동 봉녕사에는 두부제조를 전담케 했다.

노론 벽파의 반발과 정조의 죽음

화성 신도시의 발전이 활발하게 추진되자 이에 위기감을 느낀 노론 벽파세력들이 강경하게 비판을 하고 나섰다. 정조 20년(1796) 3월 26일 이명연과 오정원 등이 기호지방의 보리가 큰 흉작이라며 화성공사의 일시 정지를 요구하였다. 또 화성 공사가 거의 마무리 단계에 있을 때인 7월 2일 봉조하 김종수는 호남에서부터 호서로 전파되는 유언비어가 있다고 내각에 편지를 보내 알려왔다. 그 내용은 첫째, 진나라처럼 축성을 한다. 둘째, 한나라처럼 매관을 한다. 셋째, 수나라처럼 사치를 한다. 넷째, 당나라처럼 여알(女謁)을 한다. 다섯째, 전례(典禮)에 관한 것 등 터무니없는 것들이다. 그러나 다수파인 노론이 화성 축조를 비난하는 여론을 연속으로 제기되자 정조는 상당한 정치적 부담을 느꼈다. 8월에 화성 공사가 완료되고 9월 예정된 낙성연에 정조는 참석하지 않았다.

노론 벽파의 노골적인 공세는 정조 22년(1798) 8월 26일 헌납 임장원이 장문의 상소를 계기로 본격화 되었다. 그는 임금이 행해야 할 도리에 대해서 언급하며 정조의 화성건설에 대해서 신랄한 비판을 하였다. 백성들이 곤궁하고 국가재정도 부족한 상황에서 으리으리하도록 장엄하고 화려한 화성공사는 지나치다는 내용이다. 이후 노론 벽파의 발언권이 세지고 정조는 반대세력의 정치공세에 시달려만 했다. 자신들의 정치자금 줄인 한양의 상인들을 빼오고, 화성의 장용외영에 2만의 군사를 보유하고, 경제적 실력을 갖춘 상공인들을 정치세력화하자, 위기감을 느낀 노론 벽파세력들이 대반격을 가한 것이다. 그러나 정조를 뒷받침해 줄 남인 등 정치세력들은 힘이 약해서 왕을 지켜주질 못했다.

정국 주도의 역량에 한계를 느낀 정조에게 24년(1800) 6월 초순에 병마가 찾아오더니, 갑작스럽게 6월 28일 유시(酉時) 향년 49세의 나이로 창경궁 영춘헌에서 눈을 감고 말았다. 정조의 죽음을 놓고 오늘날까지도 반대세력인 노론 벽파가 독살했다는 의문이 가시지 않고 있다. 정조가 죽자 11세의 어린세자 순조가 등극했다. 그러나 너무 어려서 영조의 계비인 대왕대비 정순왕후가 수렴청정을 하였다. 강경 노론 벽파인 정순왕후는 곧바로 남인세력들을 제거하고 정조 개혁의 상징인 규장각을 격하시키고 장용영을 해체하였다. 화성건설을 주도하였던 정면시와 서유린 등 정조의 최측근들은 국가재정을 고갈하고 백성들의 생활을 궁핍하도록 만든 원흉으로 비판받게 되었다. 아울러 화성의 발전도 침체에 빠지게 되었다.

3) 경복궁 중건과 대한제국

홍선대원군의 경복궁 중건

정조가 죽자 조선은 큰 혼란에 빠지게 된다. 순조를 대신한 정순왕후의 수렴청정은 남인과 시파, 천주교 세력들을 모두 축출하고 경주김씨 일파 중심의 벽파 조정을 세운다. 그러나 시파이면서 벽파에 협조하였던 안동김씨 김조순은 그의 딸이 순조의 비로 책봉되자 벽파 세력들을 숙청하였다. 그는 어린 왕을 보필하며 조정의 요직을 안동김씨 일문으로 채우고 세도정치를 시작하였다. 견제세력이 없는 가운데 안동김씨 세도세력들은 갖가지 전횡과 부정부패를 일삼았다. 더욱이 왕족 중에서 자신들의 권력에 위협이 될 만 한 자가 있으면 처단하기를 서슴지 않았다. 게다가 서구열강들의 침략이 잇따르자 왕권은 약화되고 조선은 급격하게 와해위기에 처하게 되었다.

1863년 12월 철종이 후사 없이 죽자 신정왕후 조대비는 홍선군 이하응의 둘째아들 명복을 자신의 양자로 입적시켜 왕위를 잇게 한다. 고종이 12세의 어린 나이므로 홍선대원군으로 하여금 섭정의 대권을 위임시켰다. 홍선대원군은 가장 먼저 안동김씨의 세도정치를 분쇄하고 왕권강화를 위한 과감한 개혁정치를 추진하였다. 왕실의 권위를 회복하고 국가의 면모를 일신하기 위해서는 상징적인 사업이 필요했다. 대원군은 임진왜란 때 불타버린 경복궁을 중건하기로 결심하고 고종 2년(1865) 영건도감(營建都監)을 설치하고, 공사 시작 일을 4월 13일로 잡았다.

영건도감에서는 재원마련을 위해서 왕실과 종친, 지방 수령, 부자들에게 원납전(願納錢)이라는 명목아래 공사비 일부를 자진 기부토록 하였다. 원납전을 바칠 수 없는 각 지방 백성들에게는 자진 부역하도록 하였다. 당시 조선의 국력으로 불가능해 보였던 경복궁 중건이 어느 정도 순조롭게 진행되었다. 그러나 고종 3년(1866) 3월 마감용 목재에 기름을 칠을 하는 창고에서 불이 났다. 불은 크게 번져 형태를 갖추어 가던 800여 칸의 건축물과 엄청난 목재들이 삽시간에 불타 버렸다.

모든 사람들은 공사가 중단될 곳이라고 예견했으나 대원군은 온갖 비상수단을 동원하여 공사를 강행하였다. 바닥난 재정난을 타개하기 위해서 서울 4대문을 통과하는 사람과 우마차에게 통과세를 부과했다. 부족한 목재를 확보하기 위해 양반들의 선산이나 마을 성황당의 소나무도 주인의 허락 여부와 상관하지 않고 마구 베어왔다. 종래 엽전의 백배에 달한다는 당백전을 만들어 유통시키고, 백성들을 강제 부역토록 하였다. 이러한 조치로 양반 귀족부터 백성들에 이르기까지 원성을 샀고 물가는 폭등하여 경제혼란이 벌어졌다.

고종 4년(1867) 7월 우여곡절 끝에 경복궁의 중건이 이루어졌다. 규모는 7,225칸으로 조선 말기의 건축, 공예, 미술의 결정체라고 할 만한 것이다. 고종은 재위 5년(1868) 7월 대왕대비 철인왕후(철종의 비), 왕대비 신정왕후(익종의 비) 등과 함께 완공된 경복궁에 입주하였다. 1592년 4월 29일 왜군을 피해 선조가 피난을 가면서 불태워진 후 276년 만에 경복궁은 다시 조선의 정궁으로 웅장한 모습을 나타낸 것이다. 그러나 세계열강의 다툼장이 된 조선은 힘을 잃었다. 고종 32년(1895) 8월 20일에는 일본 낭인들이 경복궁에 난입하여 명성황후를 살해하는 이른바 을미사변이 일어났다.

그리고 1910년 한일합방이 되자 일제는 궁 안의 4,000여 칸에 이르는 건물들을 헐어냈다. 1917년 창덕궁에 화재가 발생하자 경복궁의 일부를 헐어 그 재목으로 창덕궁 재건에 사용하기도 하였다. 또한 일제는 1918년 7월 근정전 정면에다 근정전을 완전히 가리는 커다란 석조건물인 조선총독부 청사를 착공하여 1926년 10월에 완공하였다. 이는 조선의 맥을 완전히 끊는 일제의 만행으로 경복궁의 면모와 위엄이 훼손되었다. 1945년 8월 15일 해방이 되자 총독부건물은 정부종앙청사로 이용되었으나, 민족정기바로세우기 차원에서 1996년 12월 완전히 철거하였다.

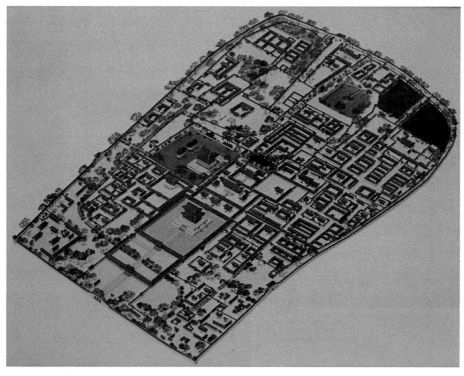

중건 된 경복궁

자료: 고종 때 제작된 북궐도

대한제국과 환구단

고종21년(1884) 갑신정변을 계기로 김옥균, 박영효, 서광범 등 급진계화파들은 조선의 국왕을 황제로 격상하고자 하였다. 공식적인 호칭을 전하에서 폐하로 높여 불렀다. 그러나 갑신정변의 실패로 중단되었으나 1894년 갑오개혁 때 중국의 연호를 폐지하였다. 고종 33년(1896) 1월부터 연호를 건양(建陽)으로 했으나 아관파천으로 중단되었다. 아관파천은 명성황후가 시해된

을미사변 이후 일제의 무자비한 공격에 위협을 느낀 고종과 왕세자가 약 1년간 러시아공관으로 피신한 사건을 말한다.

고종 34년(1897) 2월 고종이 환궁하자 독립협회와 수구파 일부가 연합하여 칭제건원(稱帝建元)을 추진 8월에 연호를 광무(光武)로 고치고, 9월에는 환구단(圜丘壇)을 세웠다. 그리고 10월 12일 환구단에서 황제즉위식을 올림으로써 대한제국이 성립되었다. 환구단은 원구단이라고도 하며 황제가 하늘에 제사를 드리는 제단이다. 하늘에 제사를 드리는 것은 하늘을 대신하여 나라를 다스리는 천자(天子)만이 할 수 있는 의식이다. 조선은 태조와 태종대에는 환구단을 원단으로 이름을 바꾸어 제사를 지내왔다. 이후로는 명의 압박과 사대주의 성리학자들이 제후국인 조선에서 이를 거행하는 것은 안 된다며 끊임없이 반대하여 폐지되었다. 다만 역대 왕들의 위패를 모신 종묘와 토지와 곡식 신을 모신 사직에만 제사를 지내왔다.

환구단은 고종이 머물렀던 덕수궁과 마주보는 자리에 위치한다. 공간 구성은 제사를 지내는 3층의 원형 환구단, 환구단의 신위를 보관하는 3층 팔각건물 황궁우, 하늘의 소리를 전하는 용 문양을 새긴 3개의 석고단(石鼓壇)으로 되어 있다. 환구단이 원형인 것은 하늘 모양을 본떴기 때문이다. 이로서 조선은 천지인(天地人)을 상징하는 하늘 제사인 환구제, 땅 제사인 사직제, 사람 제사인 종묘제를 모두 거행하는 황제국의 면모를 갖추었다. 그러나 이들 국가의례는 일제에 의해 모두 폐지되고 말았다.

환구제를 거행하는 환구단에는 모두 17신위가 모셔져 있다. 하단에는 12신위가 있는데 동쪽에는 목화토금수지신·북두칠성·이십팔수·주천성신·오악지신·사해지신, 서쪽에는 풍백지신·운사지신·뇌사지신·우사지신·오진지신·사독지신을 배치했다. 중단에는 2신위를 모셨는데 동쪽에는 대명지신, 서쪽에는 야명지신을 배치했다. 상단에는 3신위를 모셨는데 동쪽에는 천신인 황천상제와 인신인 태조고황제, 서쪽에는 지신인 황지기를 배치했다. 태조고황제인 이성계를 배향한 것은 천명을 받아 나라를 세운 공덕이 하늘과 짝하기 때문이라는 것이다.

일제감정기인 1913년 조선총독부는 황궁우와 석고단은 남겨두고 본단인 환구단을 헐었다. 그 자리에는 조선경성철도호텔을 지었는데 지금의 조선호

텔이다. 일제가 환구단을 파괴한 이유는 일본 천황만이 유일하게 하늘에 제사를 지낼 수 있다는 이유에서다. 국가의례인 종묘제와 사직제는 1960년대 말 복원되고, 환구제도 2008년 복원 되어 재현 행사를 하고 있다. 그러나 환구단의 복원 없는 환구제는 의미가 반감된다고 하겠다.

| 고종 때의 환구단 전체 모습 | 현존하는 황궁우와 석고단 |

자료: 문화재청

7. 조선후기의 지방도시

1) 지방도시의 성격

지방도시의 특징

우리나라는 왕이 거주하는 도읍은 발전하는 반면에 지방도시는 크게 발전하지 못했다. 일반적으로 지방도시는 상업과 공업이 성행해야 발전한다. 그러나 우리나라는 전통적으로 사농공상(士農工商)의 신분제도가 엄격하여 상공업이 발전하지 못했다. 농업을 위주로 한 산업구조에서 지방 실력자들은 도시에 거주하지 않고 농촌에서 집성촌을 이루고 살았다.

양반 지주들은 농토를 소작농들에게 빌려주고 수확물의 상당량을 도지세로 걷어 풍족한 생활을 하였다. 소작인들은 지주의 땅을 붙여야 살 수 있었기 때문에 지주의 집 근처에 모여 살았다. 때문에 지방은 농촌을 위주로 발전하였다. 반면에 도시는 행정과 군사 기능만을 수행하는 관아만 존재할 뿐

경제적 기능이 발전하지 못했다.

이러한 현상은 같은 동양문화권인 중국과 일본과도 큰 차이를 나타낸다. 일본은 중세부터 병농(兵農)의 분리와 상공업이 성장하여 지방도시가 활발하게 발전하였다. 중국은 고대부터 지방도시에 상거래를 하는 시(市)라는 특정 지구를 지정하였고, 중세에 와서는 지방 각 도시에 초시(草市)라고 불리는 정기시장이 전개되었다. 이들 나라는 봉건제도로 인한 지방자치가 일찍부터 실시되었고 상업이 발전하여 지방도시의 발전을 도모할 수가 있었다. 그런데 우리나라는 강력한 중앙집권 통치체제와 유교의 영향으로 상공업을 천대하고 억압하여 결국 지방도시의 발전을 가져오지 못하였다.

대동법 실시와 상업발전

그러나 우리나라도 대동법이 실시되면서 상업이 성행하며 지방도시가 발전하기 시작했다. 대동법이란 각 지방에서 국가에 바치는 공물을 쌀로 대신하는 법이다. 공물은 조정에서 1년간 소비할 품목과 소비량을 각 군현의 특산물에 부과하여 징수하는 제도였다. 부패한 관리들은 농민들의 생산량은 고려하지 않은 채 과중하게 특산물을 부과하였다. 농민들이 특산물을 내지 못하면 대신 구해서 바치고 그 대가로 쌀이나 면포를 농민들에게 받아냈다. 이 과정에서 부정하게 폭리를 취하는 자들이 많았다.

이를 개혁하고자 광해군 1년(1608) 이원익의 주장에 따라 경기지역에서 대동법을 처음 실시하였다. 과세 기준을 종전의 호구를 기준으로 했던 것을 토지 소유 결수로 바꾸었다. 쌀을 납부하기 어려운 지방에서는 대동전(大同錢)이라는 돈으로 대신 내게 했다. 토지가 없는 농민들은 부담이 줄어들었으나 토지를 소유한 양반지주들의 반발은 극심했다. 당시 경기도 일원의 땅은 권력실세들이 차지하고 있었는데 이들의 불만이 아주 높았다. 결국 광해군은 재위13년(1623) 인조반정으로 왕위에서 내쫓기고 말았다.

인조 때는 특산물을 공물로 바치는 것이 곧 백성들의 충성심이라고 여기고 대동법 확대에 적극적이지 않았다. 효종이 즉위하자 김육, 조익 등이 강력히 주장하면서 강원도, 충청도, 전라도, 경상도 순으로 점차 확대되었다. 숙종 34년(1708)에는 황해도까지 실시되었다. 대동법이 평안도와 함경도를 제외하고 전국으로 확대되자 상업이 크게 발전하였다.

정부는 징수한 대동미와 대동전으로 관청에 필요한 물품을 공인이나 상인에게 구입하였다. 자연스럽게 물품을 만드는 수공업과 지역의 특산물을 구입하는 상업이 활기를 띠었다. 상인들은 수공업자들과 계약을 맺어 물품을 생산하고 전국적인 상업망을 개척했다. 지방의 장시들이 활기를 띠기 시작하면서 그 숫자가 늘어나 18세기 중엽에는 1,000여 개로 증가하였다. 대개는 5일장으로 하루 왕래가 가능한 30~40리 거리를 기준으로 하나의 상권이 형성되었다. 장시에는 객주, 여각 등 숙박업뿐만 아니라 상품도매와 창고업, 운수업, 위탁 판매업, 자금 대부 및 어음발행 등 은행업까지 성행하였다. 자연히 도시로 인구가 모이고 건물이 들어서기 시작했다.

지방도시의 입지조건

조선시대 지방도시 대부분은 삼국시대와 고려시대에 형성된 것이다. 행정의 편리와 국방상의 요충지, 교통이 편리한 곳에 입지가 결정되었다. 우리

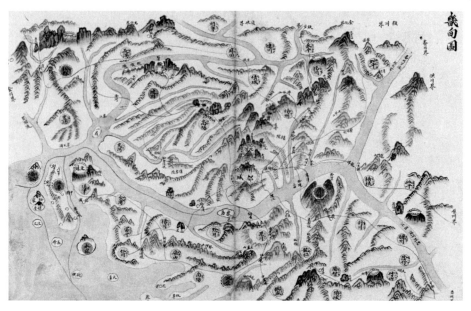

경지지역의 물길

자료: 동국여도의 기전도

나라 지형은 산이 많기 때문에 육로보다는 수로를 이용하여 인력과 물자를 이동하였다. 따라서 일정 규모 이상의 도시들은 인근 도시와 수로로 연결되며, 하천의 크기와 수에 따라 도시 규모가 달라진다. 작은 하천이 모이는 상류지방이 현(縣) 정도의 도시라면, 비교적 큰 하천이 모이는 중류지방은 군(郡)이 되고, 여러 개의 하천이나 강이 모이는 곳은 목(牧)이나 부(部)가 되었다. 청사 소재지가 있는 읍내에서 이웃 읍내까지의 거리는 대략 30~50리(약 8~15km) 정도이며, 이는 보행으로 하루 왕복거리에 해당된다.

당시는 풍수가 성행하던 때이므로 도(道), 부(部), 목(牧), 군(郡), 현(縣)의 청사 소재지는 지리적으로 가장 좋은 곳에 위치하였다. 보통 큰 산맥에 있는 산을 조종산(祖宗山)이라 하고, 여기서 이어져 내려온 산 중에서 특출하게 생긴 산을 진산(鎭山)으로 삼았다. 진산은 그 도시를 지켜주는 산이란 의미다. 조선시대 편찬한 인문지리서인 ≪신증동국여지승람≫은 거의 모든 도시의

풍수지리 입지조건을 잘 갖춘 낙안읍성

자료: 1872 지방지도

진산을 표시해놓았다.

대개의 도시들은 진산을 등지고 좌로는 청룡, 우로는 백호, 앞에는 주작의 산들이 감싸주는 공간 안에 위치한다. 공간 안에는 비교적 수량이 풍부한 하천이 흘러 명당수 역할을 해준다. 하천 물이 도시 밖으로 빠져나가는 곳을 수구(水口)라 하며, 이중환은 ≪택리지≫에서 수구가 좁은 곳이 입지가 좋다고 하였다. 청사 소재지는 진산 아래 야트막한 평지에 위치하며 앞에는 평탄한 들판이 있다.

2) 지방행정조직과 읍성

지방행정조직

지방의 행정구역은 태종 13년(1413) 구획한 것을 대체적으로 유지하였다. 전국을 경기, 충청, 전라, 경상, 강원, 황해, 평안, 함경 등 팔도로 나누고, 도(道) 밑에 부(部)·목(牧)·대도호부(大都護府)·도호부(都護府)·군(郡)·현(縣)을 두었다. 각도 소재지에는 감영(監營)을 두고 종2품인 관찰사가 근무하였다. 관찰사의 임기는 1년이며 감사(監司)라고도 부른다. 관찰사 밑에는 부윤(府尹)·목사(牧使)·대도호부사(大都護府使)·도호부사(都護府使)·군수(郡守)·현령(縣令)·현감(縣監) 등의 수령이 있는데 이들의 임기는 3년이다.

부는 부윤(종2품)이 근무하던 도시로 경주·전주·평양·의주·함흥 다섯 곳이다. 이들 도시는 감영이 소재할 때는 부윤은 관찰사가 겸임하고 대신 실무는 서윤(庶尹, 종4품)이나 판관(判官, 종5품)이 담당하였다. 감영의 소재지가 바뀌는 수도 있었다. 경기도 감영은 지금의 서울 서대문 밖에 있다가 1896년 수원으로 옮겼다. 오늘날 수원이 경기도청 소재지가 된 이유다. 충청도 감영은 충주에 있다가 선조 35년(1602) 공주로 이전하였다. 경상도 감영은 상주에 있다가 선조 34년(1601) 대구로 이전하였다. 함경도 감영은 함흥에 있다가 선조 33년(1600) 영흥으로 이전하였다. 그러나 전라도 감영은 전주, 강원도 감영은 원주, 황해도 감영은 해주, 평안도 감영은 평양에 계속 있었다.

감영이 어느 지역이 있느냐에 따라 도의 명칭이 바뀌는 경우도 있었다. 예컨대 충청도는 충주와 청주의 이름을 따서 붙인 것인데 감영이 공주로 옮기자 충공도 또는 공청도 1628년 홍성을 넣어서 공홍도 1646년에는 홍충도로 불리기도 했다. 각도 이름은 지역의 대표적인 도시 이름을 따서 붙인 것이다. 경기도는 서울과 궁궐의 500리 이내로 왕이 직접 다스리는 땅을 의미한다. 충청도는 충주와 청주, 경상도는 경주와 상주, 전라도는 전주와 나주, 황해도는 황주와 해주, 강원도는 강릉과 원주, 함경도는 함흥과 경성, 평안도는 평양과 안주이다.

목은 정3품인 목사가 다스리는 도시로 관찰사 밑의 이름이 주(州)로 된 21곳에 설치하였다. 경기도는 광주·여주·파주·양주 4목, 충청도는 충주·청주·공주·홍주 4목, 경상도는 상주·진주·성주 3목, 전라도는 나주·제주·광주·능주 4목, 황해도는 황주·해주 2목, 평안도 안주·정주의 2목, 강원도는 원주 1목, 함경도는 길주 1목을 각각 두었다. 이중 공주나 원주처럼 관찰사가 있는 도시는 부윤이나 목사를 관찰사가 겸임하였다. 경기도 광주는 도성 수비를 담당하기 때문에 종2품의 목사가 다스렸다.

대도호부는 정3품인 대도호부사가 다스리는 도시로 안동·창원·강릉·영흥·영변 등 5곳이다. 도호부는 종3품인 도호부사가 다스리는 도시로 약 70여 곳이 있었다. 군은 종4품인 군수가 다스리는 도시로 약 80여 곳이 있었다. 현은 지방관을 파견하는 가장 작은 행정단위다. 큰 현은 종5품인 현령이 작은 곳은 종6품인 현감이 근무하였는데 약 175개 고을이 있었다. 수령들은 중앙에서 혼자 파견되며 지방 관아에 있는 육방(六房)들이 보좌하였다. 육방은 이방(인사, 비서), 호방(호구, 납세), 예방(예악, 제사, 학교), 형방(법률, 소송), 병방(군무, 역원), 공방(공사, 건축)이다.

각 도시들은 등급이 승격되기도 하고, 강등되는 경우가 많았다. 예를 들어 왕비가 나면 고을의 등급이 승격되고, 역적이나 죄인이 나면 강등 되었다. 그때마다 관아의 규모도 달라졌다. 예컨대 고려 때 7대 어향(御鄕)이라 불리던 인천은 이자겸의 난으로 인해 인주(仁州)에서 인천(仁川)으로 강등했다. 조선 태종 때 지방제도를 개편하면서 인천군(仁川郡)으로 개칭했다. 그런데 세조의 왕비인 정희왕후의 외향이란 이유로 인천군을 높여서 도호부로 승격시켰다.

읍성의 공간구조

읍성은 도시민들의 생명과 재산을 지키기 위한 방어시설이다. 대부분의 도시들은 성을 쌓았는데, 읍(邑)이란 글자 자체가 성으로 둘러싸인 고을을 형상화한 것이다. 우리나라는 산지가 많아서 중국처럼 네모난 성보다는 산이나 골짜기의 지형에 따라 굽어진 성이 많다. 대개 읍성은 북쪽으로 산을 의지하고, 남쪽으로는 평탄한 곳을 골라 쌓았다. 그래서 대부분 남문을 정문으로 삼고 있으며, 북쪽에는 길이 없기 때문에 문을 내지 않았다. 그러나 고창읍성처럼 남쪽이 높고 북쪽이 낮은 지형에서는 북문을 정문으로 삼은 곳도 있다. 읍성을 쌓을 때는 풍수지리적인 면에서 자리를 골랐고, 크기는 지역에 따라 백성들이 살기에 알맞을 정도였다.

읍성 공간 안에는 식수로 쓸 수 있는 우물과 샘물이 반드시 있어야 하며, 관아와 객사, 관원과 백성들의 집, 시장과 여인숙 등이 있었다. 관아(官衙)는 관원들이 정무를 보는 공간으로 기본적으로 동헌(東軒)과 내아(內衙)가 있다. 동헌은 수령이 집무하는 곳으로 관아의 동쪽에 있다하여 붙여진 이름이며 일반 행정과 재판을 다루었다. 동헌의 편액으로는 선화당(宣化堂), 제민헌(齊民軒)처럼 선정을 베풀겠다는 뜻을 당호로 삼았다. 내아는 수령 가족의 생활공간으로 서쪽에 있다하여 서헌(西軒)이라고도 하였다. 동헌과 내아는 담이나 행랑으로 격리하고, 가운데 협문을 내서 다니게 했다.

관아 정문은 2층으로 된 문루(門樓)를 만들어 1층은 출입문으로 쓰고, 2층은 전망을 하거나 집회공간으로 활용하였다. 대개 문루에 올라보면 읍성이 한눈에 들어온다. 1층 출입문은 삼문인데 가운데 문은 수령과 사신이나 빈객이 드나들었다. 동헌에서 바라보고 왼쪽인 동문은 양반이나 아전들이, 오른쪽인 서문은 군관이나 일반 백성들이 드나들었다. 문루에는 편액을 걸었으며 산골은 강산루(江山樓)와 벽서루(碧棲樓), 바닷가는 해산루(海山樓)와 읍해루(揖海樓) 같은 이름을 썼지만 온주아문(溫州衙門)처럼 지역 이름을 많이 섰다. 일제강점기인 1914년 부군폐합령이 내려지면서 대부분 관아가 헐리고 군청이나 면사무소가 들어섰다.

객사(客舍)는 출장 관원이나 사신이 머물던 숙소로 객관(客館)이라고도 하였다. 정당(正堂)을 가운데 두고 좌우에는 객실인 익실(翼室)을 두었다. 정당에는 전패(殿牌)를 안치하고 수령을 비롯한 관원들이 초하루와 보름에 대궐을 바라보며 절하였다. 객사는 임금을 상징하는 전패가 있었기 때문에 동헌보다 더 중요하게 여기는 경우도 있었다. 관찰사 등이 고을에 들리면 이곳에 머물며 잔치를 벌이기도 하고, 고을 선비들을 만나 시를 짓기도 하였다. 객사의 편액은 관(館)이라고 했는데, 앞에는 대개 그 고을의 옛 이름을 땄다. 예컨대 경주 객사는 동경관(東京館), 고령 객사는 가야관(伽倻館), 전주객사는 풍패지관(豊沛之館) 등이다. 일제강점기 때 대부분의 객사가 헐리어 학교 건물로 사용하였다.

향청(鄕廳)은 지방의 양반들이 중앙에서 내려온 수령을 자문하는 자치기구로 조선 초기에는 유향소(留鄕所)라고 불렀다. 관리들이 백성을 괴롭히는 것을 막고, 풍속을 바로 잡는 등 향촌 교화를 목적으로 한다. 우두머리인 좌수(座首)는 수령의 자문뿐만 아니라 각종 인사와 송사를 처리했으며 환곡을 취급하였다. 이 때문에 동헌 다음의 두 번째 관아라는 뜻으로 이아(貳衙)라고 불렀다. 지방 관리들은 임기제인 수령보다 그 고을에 대대로 살고 있는 향청을 더 두려워하였다. 그러다보니 그 권한을 남용하여 민폐를 끼치는 사례가 많았다.

이 밖에도 이방이 근무하는 건물로 백성들의 민원을 주로 처리하는 작청

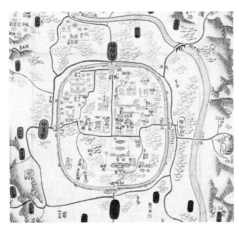

읍성이 있는 도시공간구조
자료: 1872 지방지도, 전주

읍성이 없는 도시공간구조
자료: 1872 지방지도, 김제

(作廳), 관아에 필요한 물품을 조달하고 회계 사무를 관장하는 관주(官廚), 곡식이나 옷감을 보관하는 창(倉)과 군기와 무기를 보관하는 고(庫)가 있다. 고을의 수호신인 성황을 모신 성황사(城隍祠), 죄수를 가두는 옥(獄) 등도 도시공간에 있었다. 또 읍성의 필수적인 요소는 아니지만 관아나 향교 앞의 큰길가에는 선정비가 있다. 임기를 마치고 떠나는 수령에게 재임기간 동안에 잘 다스렸다고 백성들이 고마워하면서 수령의 이름과 업적을 새긴 비석이다.

향교의 위치와 공간구조

향교(鄕校)는 중국과 우리나라 유현(儒賢)들의 위패를 모시고 제향을 받들며 유학을 가르쳐 인재를 양성하는 기관이다. 즉 문묘제사와 관학 두 가지 기능을 담당하는 교육기관이다. 도성 안에는 성균관(成均館)이 있었고 각 지방에는 향교를 설치했다. 향교는 처음에는 읍성 안에 있었지만, 후에는 학문하기에 알맞고 풍수적으로 좋은 곳을 찾아서 읍성 밖으로 나갔다. 향교가 위치한 마을은 교동, 교촌 등으로 불리었다.

향교의 공간구조는 대성전(大成殿)·동무(東廡)·서무(西廡)의 제사공간과 명륜당(明倫堂)·동재(東齋)·서재(西齋)의 강학공간으로 나눈다. 대성전에는 중앙에 공자(孔子)의 위패를 모시고 안자(顔子)·증자(曾子)·자사(子思)·맹자(孟子) 4성(四聖)과 송대(宋代) 6현(六賢)인 주돈이(周敦頤)·정명도(程明道)·정이천(程伊川)·장횡거(張橫渠)·주희(周熹)를 배향하였다. 동무에는 우리나라의 18현 가운데 9현인 설총, 안향, 김굉필, 조광조, 이황, 이이, 김장생, 김집, 송준길의 위패를 배치하였다. 서무에는 나머지 9현인 최치원, 정몽주, 정여창, 이언적, 김인후, 성혼, 조헌, 송시열, 박세채의 위패를 배치하였다.

강학공간은 제사공간 보다 한 단계 낮은 곳에 배치하였다. 강당인 명륜당과 기숙사인 동재와 서재로 구성되어 있다. 명륜당에서는 종6품의 교수와 정9품의 훈도가 지도한다. 학생 수는 부(府)·대도호부(大都護府)·목(牧)은 각각 90명, 도호부(都護府)는 70명, 군(郡)은 50명, 현(縣)은 30명을 수용하였다. 향교에는 학전(學田)을 지급하고 향교의 흥함과 쇠함에 따라 수령의 인사에 반영하였다. 그러나 고종 31년(1894) 과거제도가 폐지되면서 교육기능은 없어지고 제사기능만 남아있다.

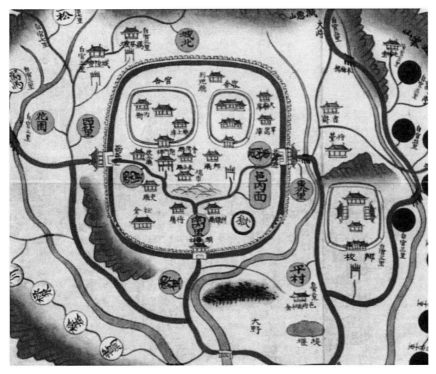

읍성 밖에 위치한 향교

자료: 1872 지방지도, 낙안

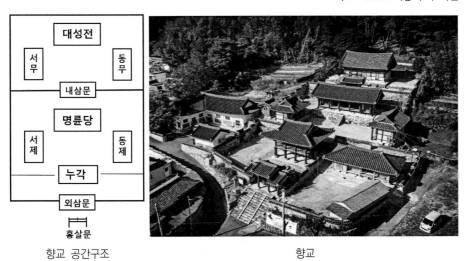

향교 공간구조   향교

자료: VISIT BUSAN

참고문헌

강명관, 조선후기 서울 성안의 신분별 거주지, 역사비평 33, 1996.

고동환, <17, 18세기 런던과 서울의 도시구조 비교연구>, 서울학연구, 2002.

고동환, ≪조선후기 서울상업발달사 연구≫, 지식산업사, 1998.

_____, ≪조선후기 서울의 인구추세와 도시문제발생≫, 한국학술진흥재단, 1998.

_____, <조선후기 서울의 공간구성과 공간인식>, 서울학연구 2003.

국립문화제연구소, ≪국역 국조상례보편≫, 민속원, 2008.

김동욱, ≪종묘와 사직≫, 대원사, 1995.

김영상, ≪서울600년≫, 대학당, 1997.

김철수, ≪도시계획사≫, 기문당, 2005.

문화재청, ≪경복궁변천사－경복궁 변천과정 및 지형분석 학술조사 연구용역≫,
    2007.8.

문화재청, ≪경복궁 복원계획≫, 2009. 2.

_____, ≪경복궁영건 일기로 본 경복궁 중건≫, 2021. 6.

_____, ≪창덕궁－문화재청 50주년 국립고궁박물관 특별전≫, 2011.

문화재청 창덕궁관리소, ≪창덕궁 해설문≫, 2007.

박영규, ≪한권으로 읽는 조선왕조실록≫, 들녘, 1996.

서울특별시사편찬위원회, ≪서울육백년사(제1권)≫, 1977.

서울특별시 중구청, <환구단 정비 기본계획보고서: 연구보고서>, 2007.

송영진, ≪송내관의 재미있는 궁궐기행≫, 두리미디어, 2005.

심재우 외, ≪조선의 국가제사≫, 한국학중앙연구원, 2010.

이덕일, ≪조선왕 독살사건≫, 다산초당, 2006.

이욱, <대한제국기 환구제에 관한 연구>, 한국정신문화원, 2003.

전종한, <조선후기 읍성 취락의 경관 요소와 경관 구성>, 한국지역지리학회지 제21
    권 제2호, 2015.

조성윤, <조선후기 서울의 주민 구성과 성곽의 의미>, 향토서울 제83호, 2013.

허경진, ≪한국의 읍성≫, 대원사, 2001.

홍순민, ≪우리궁궐이야기≫, 청년사, 2005,

인터넷 홈페이지

문화재청 국가문화유산포털 (www.heritage.go.kr)

문화재청, 궁능유적본부 경복궁관리소 (www.royalpalace.go.kr)

부산관광포털 비짓부산 (www.visitbusan.net)

서울대학교 규장각 한국학연구원 (www.e-kyujanggak.snu.ac.kr)

서울특별시 서울역사아카이브 (www.museum.seoul.go.kr/archive)

서울시청 청계천박물관 (www.cheonggye.seoul.go.kr)

국사편찬위원회 우리역사넷 (www.history.go.kr)

조선왕조실록 (sillok.history.go.kr)

파인민화연구소 (www.minwha.co.kr)

한국민족문화대백과사전 (www.encykorea.aks.ac.kr)

한국학중앙연구원 (www.aks.ac.kr)

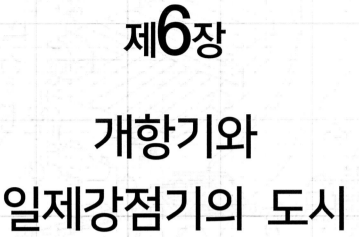

제6장

개항기와
일제강점기의 도시

제6장

개항기와 일제강점기의 도시

1. 쇄국정책과 개방

1) 열강의 침략과 대원군의 쇄국정책

19세기에 이르자 서양인들이 조선에 찾아와 장사를 하자고 요구하는 일이 잦아졌다. 인도양을 건너 동쪽으로 진출하려는 영국과 프랑스, 태평양을 건너 서쪽으로 진출하려는 미국, 북쪽에서 남쪽으로 내려오는 러시아 등 여러 나라가 조선의 문을 두드렸다. 그러나 당시 실권자였던 대원군은 천주교를 탄압하며 쇄국정책을 강화하였다. 조선의 국시인 유교로 지배체제를 유지하고, 서원철폐로 인한 유생들의 반발을 무마하려는 의도였다. 그러나 서구 열강들은 끊임없이 조선의 문호개방을 요구하였다.

고종 3년(1866) 대원군은 프랑스 신부 베르뇌에게 우리의 풍속을 헤치고 양이(洋夷)의 앞잡이 노릇을 하는 천주교 포교 활동을 그만두고 그들 나라로 돌아가라고 하였다. 그러나 이들이 거부하자 1월 베르뇌 주교 등 프랑스 신부 9명과 남종삼·우세영·황석두 등 천주교도들을 처형시켰다. 이어서 3개월 동안 무려 8천여 명의 천주교 신자들을 지금의 서울 마포구 합정동 절두산에서 목을 자르는 병인박해(丙寅迫害)가 일어났다.

1886년 7월 미국 상선 제너럴셔먼호가 통상을 요구하다가 평양 군민의 공격을 받아 배가 불태워지고 선원 24명 모두가 사망한 사건이 있었다. 10월에는 프랑스 극동함대가 자국 신부 살해에 대한 보복으로 강화도를 공격하여 외규장각을 불태우고 문화재를 약탈해간 병인양요(丙寅洋擾)가 있었다. 고종 5년(1868) 4월 독일 상인 오페르트가 통상을 요구하기위해 흥선대원군 아버지 남연군묘를 도굴하려다 실패한 사건이 있었다. 대원군은 이를 빌미로 쇄국정책을 강화하고 천주교인들을 더욱 탄압하였다.

고종 8년(1871) 제너럴셔먼호가 대동강에서 불타 없어졌다는 소식을 들은 미국은 이를 빌미로 조선을 무력으로 개항하려고 하였다. 일본 나가사키에 주둔한 미군 아시아 함대 군함 5척이 군사 1천2백30명을 싣고 강화도를 공격하였다. 어재연이 광성진에서 결사 항전했으나 모든 장수와 병사들이 전사하고 말았다. 전면전으로는 승산이 없다고 판단한 강화읍 수비대장 이장렴은 야음을 틈타 미군을 기습 공격하였다. 많은 피해를 입은 미군은 강화도에서 철수한 다음 아무런 소득 없이 일본으로 되돌아갔다. 이 사건을 신미양요(辛未洋擾)라 한다. 이후 대원군은 서양 오랑캐를 물리친다는 뜻의 척화비를 전국에 세우고 쇄국정책을 더욱 강화하였다.

2) 대원군의 실각과 개방정책

고종5년(1868) 사헌부 장령 최익현 흥선대원군이 주도하고 있는 4가지 폐단에 대하여 논하는 시폐4조소(時弊四條疏)를 상소했다. 첫째는 막대한 비용이 드는 경복궁 공사를 중단할 것, 둘째는 대원군의 수렴청정을 중단할 것, 셋째는 당백전을 혁파할 것, 넷째는 사대문 통과세를 폐지할 것 등이다. 흥선대원군은 섭정이 실패했다는 최익현의 평가에 격분했다. 그러나 고종은 최익현을 두둔하며 오히려 더 높은 벼슬을 제수하였다. 고종은 재위 10년(1873) 최익현이 탄원한 상소를 계기로 친정을 선언하고 대원군을 하야시켰다.

대원군이 실각하자 정국의 주도권은 명성왕후와 민씨 일파가 잡게 되었다. 그들은 대원군이 취했던 강력한 쇄국정책과는 달리 대외개방으로 정책을 바꾸었다. 이때를 놓칠세라 일본이 조선과 수교를 신속하게 하기 위해서 운요호사건을 일으켰다. 일본은 1854년 미국의 페리제독이 군함으로 위협하는 바람에 불평등조약을 맺고 개방을 했었다. 이후 서양과의 교역에서 해마다 무역적자가 늘어났다. 이에 젊은 무사들이 1868년 부국강병이라는 기치

아래 막부체제를 붕괴시키고 메이지유신(明治維新)을 단행했다. 그들은 무역 적자를 해결하기 위해서 정한론을 내세웠다.

마침 조선은 대원군이 물러나고 개국 분위기가 일어나고 있었다. 그들은 영국에서 수입한 근대식 군함인 운요호를 강화도 초지진으로 접근시켰다. 해안 경비를 서고 있던 조선 수병이 물러가라고 하였으나 물러나지 않았다. 조선수병이 위협 총격을 가하자 운요호에서는 대포를 쏘았다. 조선군도 대 포를 쏘아 포격전이 전개되었다. 그러나 조선군의 포탄은 운요호에 미치지 못했고, 일본군의 포탄은 정확하게 초지진에 떨어졌다. 초지진은 쑥대밭이 되고 말았으나 운요호는 아무런 피해도 없었다. 그런데도 일본은 조선이 먼 저 포격을 가했다고 트집을 잡으며 그 책임을 물어 수교통상을 강요하였다. 마침내 고종 13년(1876) 2월 강화도조약(병자수호조약)이 체결되고, 조선은 일본에 부산(1876) · 원산(1879) · 인천(1883)을 차례로 개항하였다.

◎ 강화도조약

한 · 일수호조약(韓日修好條約), 병자수호조약이라고도 한다. 이 조약이 체결 됨에 따라 조선과 일본 사이에 종래의 전통적이고 봉건적인 통문관계가 파괴되 고, 국제법적인 토대 위에서 외교관계가 성립되었다. 이 조약은 조선이 외국과 맺은 최초의 조약이지만 일본의 강압에 의해서 맺어진 불평등조약이다. 조약은 모두 12개조의 수호조규로 되어 있다. 그 내용에는 일본의 정치적 · 경제적 세력 을 조선에 침투시키려는 의도가 반영되어 있다.

수호조규(修好條規)

대일본국과 대조선국은 원래부터 우의를 두터이 하여온 지가 여러 해 되었으 나 지금 두 나라의 우의가 미흡한 것을 고려하여 다시 옛날의 좋은 관계를 회복 하여 친목을 공고히 한다. 이는 일본국 정부가 선발한 특명 전권 변리 대신인 육 군 중장 겸 참의 개척 장관 흑전청륭(구로다 기요타카)과 특명 부전권 변리 대신 인 의관 정상형(이노우에 가오루)이 조선국 강화부에 와서 조선국 정부가 선발 한 판중추부사 신헌과 부총관 윤자승과 함께 각기 지시를 받들고 조항을 토의 결정한 것으로써 아래에 열거한다.

제1조.

조선국은 자주 국가로써 일본국과 동등한 권리를 보유한다. 이제부터 양국은 화친한 사실을 표시하려면 모름지기 서로 동등한 예의로 대우하여야 하고 조금이라도 상대방의 권리를 침범하거나 의심하지 말아야 한다. 우선 이전부터 사귀어온 정의를 손상시킬 우려가 있는 여러 가지 규례들을 일체 없애고 되도록 너그러우며 융통성 있는 규정을 만들어서 영구히 서로 편안하도록 한다.

제2조.

일본국 정부는 지금부터 15개월 뒤에 수시로 사신을 파견하여 조선국 경성에 가서 직접 예조판서를 만나 교제 사무를 토의하며 해당 사신이 주재하는 기간은 다 그때의 형편에 맞게 정한다. 조선국 정부도 또한 수시로 사신을 파견하여 일본국 동경에 가서 직접 외무경을 만나 교제 사무를 토의하며 해당 조선국 사신이 주재하는 기간도 역시 그 때의 형편에 맞게 정한다.

제3조.

이제부터 두 나라 사이에 오고가는 공문은 일본은 자기 나라 글을 쓰되 지금부터 10년 동안은 따로 한문으로 번역한 것 한 본을 첨부하며 조선은 한문을 쓴다.

제4조.

조선국 부산 초량항에는 이미 오래전부터 일본 공관이 세워져있어 양국 백성들의 통상 지구로 되어왔다. 지금은 응당 종전의 관례와 세견선 등의 일은 없애버리고 새로 만든 조약에 준하여 무역 사무를 처리한다. 조선국 정부는 제5조에 실린 두 곳의 항구를 개항하여 일본국 백성들이 오가면서 통상하게 하며 해당 지방에서 세를 내고 이용하는 땅에 집을 짓거나 혹은 임시로 거주하는 사람들의 집을 짓는 것은 각기 편리대로 하게 한다.

제5조.

경기, 충청, 전라, 경상, 함경 5도 중에서 연해의 통상하기 편리한 항구 두 곳을 골라서 지명을 지정한다. 개항 기간은 일본 역서로는 명치 9년 2월, 조선 역서로서는 병자년 2월부터 계산하여 모두 20개월 안으로 한다.

제6조.

이제부터 일본국의 배가 조선국 연해에서 혹 큰 바람을 만나거나 혹 땔 나무와 식량이 떨어져서 지정된 항구까지 갈 수 없을 때에는 즉시 가닿은 곳의 연안항구에 들어가서 위험을 피하고 부족 되는 것을 보충할 수 있으며 배의 기구를 수리하고 땔나무를 사는 일 등은 그 지방에서 공급하며 그에 대한 비용은 반드시 선주가 배상해야 한다. 이러한 일들에 대해서 지방의 관리와 백성들은 특별히 진심으로 돌보아서 구원의 손길이 미치지 않는 데가 없도록 하며 보충해 주는 데서 아낌이 없어야 한다. 혹시 양국의 배가 바다에서 파괴되어 배에 탔던 사람들이 표류되어 와 닿았을 경우에는 그들이 가닿은 곳의 지방 사람들이 즉시 구원하여 생명을 건져주고 지방관에 보고하며 해당 관청에서는 본국으로 호송하거나 가까이에 주재하는 본국 관리에게 넘겨준다.

제7조.

조선국 연해의 섬과 암초를 이전에 자세히 조사한 것이 없어 극히 위험하므로 일본국 항해자들이 수시로 해안을 측량하여 위치와 깊이를 재고 도면을 만들어서 양국의 배와 사람들이 위험한 곳을 피하고 안전한 데로 다닐 수 있도록 한다.

제8조.

이제부터 일본국의 정부는 조선에서 지정한 각 항구에 일본 상인을 관리하는 관청을 수시로 설치하고 양국에 관계되는 안건이 제기되면 소재지의 지방 장관과 만나서 토의 처리한다.

제9조.

양국이 우호관계를 맺은 이상 피차 백성들은 각기 마음대로 무역하며 양국관리들은 조금도 간섭할 수 없고 또 제한하거나 금지할 수도 없다. 만일 양국 상인들이 값을 속여서 팔거나 대차료를 물지 않는 등의 일이 있으면 양국 관리들이 빚진 상인들을 엄히 잡아서 빚을 갚게 한다. 단 양국 정부가 대신 갚아줄 수는 없다.

제10조.

일본국 사람들이 조선국의 지정한 항구에서 죄를 저질렀을 경우 만일 조선과 관계되면 모두 일본국에 돌려보내어 조사 판결하게 하며 조선 사람이 죄를 저질

렸을 경우 일본과 관계되면 모두 조선 관청에 넘겨서 조사 판결하게 하되 각기 자기 나라의 법조문에 근거하며 조금이라도 감싸주거나 비호함이 없이 되도록 공평하고 정당하게 처리한다.

제11조.
양국이 우호관계를 맺은 이상 따로 통상 규정을 작성하여 양국 상인들의 편리를 도모한다. 그리고 지금 토의하여 작성한 각 조항 중에서 다시 보충해야 할 세칙은 조목에 따라 지금부터 1개월 안에 양국에서 따로 위원을 파견하여 조선국의 경성이나 혹은 강화부에서 만나 토의 결정한다.

제12조.
이상의 11개 조항을 조약으로 토의 결정한 이날부터 양국은 성실히 준수시행하며 양국 정부는 다시 조항을 고칠 수 없으며 영구히 성실하게 준수함으로써 우의를 두텁게 할 것이다. 이를 위하여 조약 2본을 작성하여 양국에서 위임된 대신들이 각기 날인하고 서로 교환하여 증거로 삼는다.

대조선국 개국 485년 병자년 2월 2일
대관 판중추부사 신헌
부관 도총부 부총관 윤자승

대일본 기원 2536년 명치 9년 2월 6일
대일본국 특명 전권 변리 대신 육군 중장 겸 참의 개척 장관 흑전청륭(구로다 기요타카)
대일본국 특명 부전권 변리 대신 의관 정상형(이노우에 가오루)

2. 개항 도시

1) 부산 개항

개항이전 부산진과 왜관

부산(釜山)이란 지명은 부산포에서 유래된 것이다. 부산항 인근 좌천동에 있는 증산의 모양이 가마솥을 엎어놓은 것 같이 생겨 가마솥 부(釜)자를 써서 부산이라 불렀다. 부산은 일본과 가까운 만큼 왜구들의 침입이 잦아 군사시설인 진(鎭)을 설치하였다. 행정·군사체제상 동래도호부에 속한 부산진은 종삼품 무관인 첨사가 다스렸다. 지금의 범일동에 위치한 부산진성은 둘레 5,356척(약 1,673m), 높이 13척(약 4m), 상주 병력 130명, 보유 군선 6척 규모였다.

조선은 건국 초기 왜구들의 노략질과 무질서한 상행위를 통제하기 위해서 왜관(倭館)을 설치하였다. 태종 7년(1407) 동래의 부산포, 웅천(진해)의 내이포, 울산의 염포를 개항한 것이다. 이들 세 개의 왜관을 삼포(三浦)라 불렀으며 왜인들의 내왕과 교역을 허용하였다. 부산포에 거주하는 왜인은 성종 25년(1494) 127호에 1,494명에 달하였다. 이는 동래도호부 전체 호수의 30%, 전체 인구의 13%를 차지할 만큼 상당한 규모였다.

왜관은 설치와 폐지를 거듭하였다. 중종 5년(1510) 삼포왜란으로 모두 폐쇄되었다가 1512년 임신조약으로 지금의 경남 진해의 제포(薺浦)를 개항하고 이어서 부산포를 추가하였다. 1544년 사량진왜변으로 폐지되었다가 명종 2년(1547) 정미조약 체결로 다시 개항하였다. 선조25년(1592) 임진왜란으로 폐지되었다가 선조40년(1607) 국교 정상화로 부산진의 두모포(豆毛浦)에 1만 평 규모의 왜관이 새로 설치되었다. 그러나 수심이 얕고 남풍을 정면으로 받아 선창으로 부적격하고 부산진성과 가까이 있어 군사기밀 누설 위험이 있었다. 숙종 4년(1678) 왜인들의 요청으로 초량으로 왜관을 이전하여 강화도조약 때까지 존속되었다.

왜관의 구조는 외교적인 의례와 무역이 행해지는 외적공간과 왜관 사람들의 거주하는 내적공간으로 나누어져 있다. 외적공간은 왜관의 일본인들을 통솔하는 관수가, 무역장소인 개시대청, 무역선을 정박하는 항구로 구성되어 있다. 관수가 내의 영빈관은 일본에서 사신이 오면 이곳에서 진상품을 받치고, 하사품을 받아가는 외교의 장소였다. 왜관 밖에는 담장이나 성을 쌓아 주변과 접촉을 차단했다. 입구에는 막소가 설치되어 허가를 받은 사람만 출입을 허용하였다.

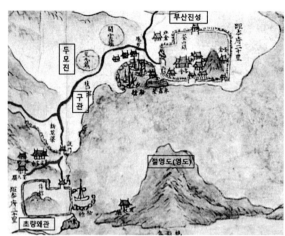 

부산진과 두모진(구관), 초량왜관　　　　　　　　초량왜관

부산 개항과 조계지 조성

1876년 강화도조약이 체결되면서 일본은 부산을 첫 개항장으로 요구하였다. 이미 오래 전부터 일본 공관이 세워져 있었고, 무엇보다도 일본에서 조선으로 들어오는 첫 관문이기 때문이다. 1877년 1월 30일 부산항조계조약(釜山港租界條約)이 체결되어 초량의 왜관 땅이 처음으로 일본인의 조계지(租界地)로 설정되었다. 조계지란 외국인의 거류지로 치외법권이 인정되어 행정 및 경제·법치권을 외국이 행사하는 지역을 말한다.

조계지는 한 개 국가만이 거류하는 전관조계(專管租界)와 여러 나라가 공동으로 거주하는 공동조계(共同租界)로 나눈다. 당시 조선이 체결한 것은 공동조계로 일본에 이어 청나라, 미국, 영국, 독일, 러시아와 각기 수호통상조약을 체결하고 원산·인천·목포·군산·마산·진해·청진·신의주 등 조계지

설정을 허용하였다. 그러나 대부분 도시들은 말만 공동조계지이지 일본이 실권을 장악한 전관조계나 마찬가지였다.

개항 당시 부산의 외교와 통상의 사무는 동래부사가 관장 처리하였으나, 1883년 8월 부산에 감리를 두고 동래부사가 겸하게 하였다. 1883년 부산해관이 설치되었고, 영국이 부산에 영사관을 설치하여 영선산 일대를 부지로 사용하였다. 1884년 7월은 청나라가 초량에 영사관과 청관을 설치하고 화교 이민을 본격화하였다. 그러나 1894~1895년에 일어난 청일전쟁의 패배로 청 관 내 토지와 가옥이 모두 일본 소유가 되었다. 일본의 조계지의 총 면적은 11만평으로 용두산을 가운데에 두고 사각형 모양이며, 동면과 남면이 바다에 접해 있다.

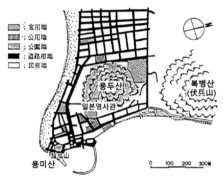
부산 개항 초기 조계지 모습

조계지의 현대 모습

부산항 매립과 조계지 확대

일본은 그들의 조계지를 발판으로 부산을 상품 시장화 하였다. 그러면서 합병 전까지 보다 많은 일본세력을 침투시키기 위해서 이주민을 급속히 증가시켰다. 1876년 강화도조약이 체결되기 전 초량왜관의 일본인 수는 82명에 불과했으나 1880년에는 2,066명으로 증가하였다. 1882년 임오군란이 일어났을 때는 1,519명으로 줄었다가 점차 증가하여 1892년 5,110명이 되었다. 그러나 1894년 청일전쟁 때는 4,028명으로 잠시 줄었다가 다시 증가 하여 1910년 항일합방 당시에는 21,928명으로 증가하였다.

개항 초기에는 일본인들의 출입이 엄격하게 통제되어 거류지를 중심으로 활동했으나 매년 이주하는 일본인의 숫자가 늘어나자 조계지가 협소하게 되었다. 그리하여 조계지확대사업을 실시하여, 제1차 확장은 1880년 북빈 일대를 매수하여 확장하였고, 1885년에는 절영도(영도)를 일본해군용 석탄저장을 한다는 구실로 4천9백 평을 조차하여 확장하였다. 1892년에는 복병산 일대를 일본인 묘지조성을 한다는 이유로 조계지의 부속지로 흡수하였다. 일본은 온갖 교묘한 방법으로 섬과 산을 차입하였다. 또한 거주지 전면의 해안을 매립하기 시작하였다.

매립지는 대륙침략의 전초기지로 삼기 위해 부두, 철도, 도로를 건설하는 데 주력하였다. 1차로 오늘날 중앙동 부근의 바다 매축공사를 1902년 7월 시작하여 1905년 12월 준공하였다. 북빈 일대는 1902년 7월부터 1909년 8월까지 41,374평을 매축하였다. 이어 초량과 부산진 앞바다 37만평을 매축하였다. 일본은 이주민의 숫자가 날로 증가하자 조계지의 석벽을 허물고 그들의 영역을 확대시켜 조선인 거주지와 연결시켰다.

일본은 조계지에 영사관들 두고 마치 자신들의 영토처럼 여겼다. 거류지 내의 토지는 일본인에 한하여 차용할 수 있고 양여·대여·상속할 수 있도록 하였다. 영사관 주변에는 경찰서, 병원, 상업회의소, 전신국, 부립병원 등 공공건물을 차례로 배치하여 흡사 일본의 시가지를 방불케 하였다. 이 지역이 오늘날 동광동, 광복동, 창선동, 신창동 등 중구 일대이다.

당시 조선 정부는 일본인의 통행 범위를 조일수호조규에 의해 조계지에서 길을 따라서 10리 내로 제한하였다. 다만 온천을 좋아하는 일본인들을 위

부산항 매립지 지도

부산 영도 (자료: 국제신문)

해 동래까지는 왕래권을 인정했다. 그런데 일본조계지에서 불과 400m 앞에 있는 지금의 영도인 절영도를 놓고 논란이 일어났다. 일본은 조계에서 직경 10리 이내에 있다고 주장하였다. 조선 정부는 바다이므로 길에서 제외된다며 허가를 하지 않았다. 그러자 일본은 해군용 저탄창고로만 사용한다는 조건으로 허가를 받은 다음, 90만 평의 땅을 조계지로 조성하였다. 그리고 조규를 개정하여 통행 범위를 100리로 확대하여 부산 전체에 세력을 뻗쳤다.

2) 원산 개항

원산의 역사와 개항배경

원산(元山)은 조일수호조규에 의하여 고종17년(1880) 부산에 이어 두 번째로 개항되었다. 원산은 덕원부의 일부로 고려시대 이성계의 고조인 목조 이안사가 전주를 떠나 삼척을 경유하여 이곳에 터를 잡았다. 이후 익조 이행리와 도조 이춘이 원나라의 관직인 천호의 벼슬을 지냈던 곳이다. 이춘은 쌍성총관의 딸과 재혼하면서 처가의 정치세력을 이용하려고 함흥으로 이사하였다. 이춘의 아들 환조 이자춘은 영흥에서 살면서 이성계를 낳았다. 이자춘은 공민왕이 원의 쌍성총관부를 공격할 때 공을 세워 이성계가 중앙무대로 진출하는 발판을 마련하였다.

원산항이 개항하게 된 배경은 강화도조약에 의거한 것이다. 수호조규 제4조와 제5조에 의하면 부산을 먼저 개항하고 두 곳은 경기, 충청, 전라, 경상, 함경 5도 중에서 통상하기 편리한 지역을 일본이 골라서 지정하도록 되어 있다. 일본은 서해안의 인천과 동해안의 원산을 지목했다. 인천은 서울로 들어가는 관문으로 정치·경제적으로 매우 중요한 위치이며, 원산은 러시아 극동함대의 남진을 막을 군사적 요충지였기 때문이다. 부산은 경제적, 인천은 정치적, 원산은 군사적 목적으로 개항장을 이용하려 했던 것이다.

그러자 조선은 인천은 한양의 길목으로 수도 방비에 문제가 있다는 이유로, 원산은 조선이 성역으로 여기는 태조 이성계의 선조들 거주지였다는 이유로 난색을 표했다. 대신 서해안은 군산이나 목포, 동해안은 청진이나 나남을 제시하였다. 그러나 일본은 정치·경제·군사적으로 중요한 두 곳을 포기하지 않았다. 일본은 두 곳 모두 강압으로 개항시켰는데, 다만 조선의 반대가 더 극심한 인천 대신 원산을 먼저 개항하였다.

원산항 구조와 일본인 이주정책

원산에 개항장이 설치되는 것이 확정되자 일본은 조계지로 동해 연안의 장덕산 아래 봉수동에 사방 8정(町, 약 20만평)을 요구하였다. 그러나 조선 정부는 삼각형 형태의 땅 9만평만 허락하였다. 1880년 개항장이 설치되고 영사관이 개관되었다. 당시만 해도 원산은 갈대밭만 무성한 조그마한 어촌이었다. 그럼에도 불구하고 일본정부는 자국민들을 이주시켜 조선을 장악하고자 한 정책을 일괄적으로 추진하였다.

일본은 조계지내의 민가를 매입하고 토질이 습한 곳은 배수로를 설치하였다. 시가지를 1,200평 단위로 구분하고 이를 4등분하여 300평을 1호의 택지로 하였다. 각 지구 사이에는 폭 4간(間, 약7m), 부두에서 조계 사이에는 폭 6간(약 10.6m)의 도로를 냈다. 도로변에는 병원, 은행, 상업회의소, 상점 등이 들어섰다. 또 물산진열장을 설치하여 물품 구입 및 판매를 하였다. 1880년 개항 당시 일본거류민은 남자 210명, 여자 25명이었다. 이는 부산과 비교했을 때 원산은 그다지 매력적인 땅이 아니었던 것 같다. 이 지역 조선인들과의 충돌, 일본상품 불매운동 등이 영향을 미친 것으로 보인다.

일본정부는 자국민들이 원산에서 더 많은 경제활동을 할 수 있도록 적극적으로 지원하였다. 원산으로 이주하는 일본인들에게는 택지를 제한된 넓이를 무료로 대부하였다. 아울러 가옥 건축을 위한 '보조금 대부 규칙'을 제정하고 보조금을 지원하였다. 이 밖에도 일본인들이 정착하여 원활하게 상업활동을 할 수 있도록 각종 특권을 보장해 주었다. 1882년 간행리정(間行里程) 조정에 따라 일본인들이 조계지부터 10리 내에 활동하던 것을 사방 100리로 확대하였다. 1889년에는 조일어업규칙을 체결하여 일본 어민들이 동해안의 어업권을 획득할 수 있도록 하였다.

그 결과 1889년 말 원산에 거주하는 일본인 인구는 589명으로 증가하였다. 일본상인들도 본격적으로 상권을 확장해나갔다. 특히 저렴한 미곡을 매점하여 일본으로 수출함으로써 큰 이익을 냈다. 그러나 일본으로 곡물 유출은 조선에서의 양곡 부족현상을 가져와 조선인 사이에서 반일감정이 높아졌다. 조선인 상인들은 일본 상인들에게 대항하기 위해 1883년 조선 최초의 개항장 객주상회의소를 결성하였다. 또 조선 최초의 근대적 사립학교인 원산학사를 세웠다. 이 학교는 원산 주민은 물론 타 지역 사람도 입학할 수 있었으며 외국어, 역사, 자연과학 등을 교육하였다.

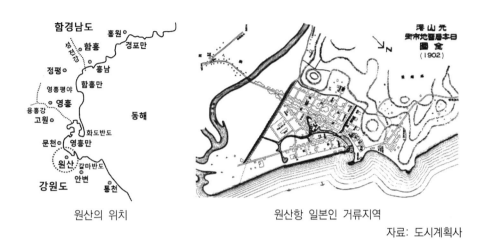

원산의 위치   원산항 일본인 거류지역

자료: 도시계획사

3) 인천 개항

인천의 역사와 개항배경

개항 이전 인천의 지역적 범위는 현재의 동구, 남구, 중구, 연수구, 남동구 일대와 시흥시 일부지역, 그리고 덕적도, 무의도, 영종도, 용유도 등 여러 섬들로 이루어졌다. 행정중심지인 도호부청사는 문학산 기슭 관교동 현재 문학초등학교 자리에 있었다. 수령은 중앙에서 종3품 도호부사가 파견되어 다스렸다. ≪인천부읍지>에 의하면 영조 24년(1748) 당시 호구는 2,600여 가구에 8천여 명이 거주했다고 기록하고 있다. 문학산(213m)에는 백제 시조 온조의 형 비류가 도읍을 정하려고 쌓았다는 둘레 10리가 되는 문학산성이 있다.

강화도 조약에 의하여 부산(1876), 원산(1880)에 이어 3번째로 인천(1883)

이 개항되었다. 본래 조선정부는 서울의 길목이라는 이유로 인천 개항을 반대했으나 일본의 압력을 이겨내지 못했다. 제물포는 부내면에 속한 작은 포구였으나 개항을 계기로 조선의 국제정치와 외교의 중심항구로 발전하게 되었다. 조선은 일본뿐만 아니라 미국과 통상조약을 체결하였다. 이어서 영국, 독일, 청국과도 조약을 체결하면서 제물포에는 일본조계지, 청국조계지, 각국공동조계지가 설치되었다.

조선과 통상조약을 체결한 각국은 자국민의 보호를 위해 영사관을 설치하였다. 조선도 외교와 통상을 담당하는 감리아문과 무역관세 징수를 위한 해관(세관)을 신설하면서 인천의 중심은 관교동에서 제물포로 점차 옮겨가기 시작하였다. 인천은 먼저 개항된 부산과 원산보다도 빠른 속도로 국제성을 띤 도시로 변모해나갔다.

인천도호부와 인천항 조계지

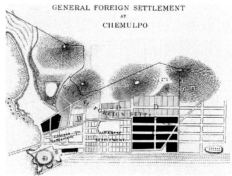
인천제물포 각국조계지

자료: 인천광역시

인천 각국 조계지

일본조계지는 조선정부와의 조계약서에 의하여 1883년 지금의 중구 관동과 중앙동 일대 약 1만여 평에 조성했다. 영사관을 중심으로 좌우 두 블록이 대칭으로 되어 있으며, 영사관 부지를 제외한 10가구, 67개 획지로 구획하였다. 가구의 규모는 120m×26m＝(780평)이고, 획지의 규모는 20m×26m＝(130평)과 10m×26m＝(65평) 두 종류가 있었다. 특이한 것은 도로에 면한 길이보다는 안쪽 길이가 2배 이상 깊은 획지형상은 일본의 전통적인 획지분할수

법을 도입한 것이다. 도로계획은 영사관부지에서 남북도로를 12m로 하고, 동서도로를 8m로 하고 있다. 도로율은 22%이며, 가구 및 획지계획은 긴쪽을 해안과 수평으로 배치하여 전체적으로 바다를 향해 격자식 배치를 하였다. 1892년 인천의 일본인은 388호에 2,540명으로 한국 내 총일본인 수의 30%에 해당된다.

청국의 조계지는 1884년 4월 체결된 인천화상지계장정(仁川華商地界章程)에 의해 지금의 선린동 일원 5천 평에 설치되었다. 청국 조계지는 구릉지로 가구배치는 부정형으로 구성되어 있지만, 8m와 12m의 도로는 인접 일본조계지와 연결되도록 배열하고 있다. 조성된 토지는 상중하 3등급지로 구분하였고, 상등지는 해관 및 해안에 근접된 토지이고, 하등지에 청국영사관을 배치하였다. 1892년 인천의 청국인은 41호에 521명이 거주하고 있었다.

각국공동조계지는 1884년 10월에 체결된 인천제물포각국조계장정(仁川濟物浦各國租界章程) 의해 지금의 북성동, 송학동, 관동 일원 약 14만 평에 설치되었다. 가구 및 획지계획을 보면 토지를 ABCD 4등급으로 구분하고, A지구 688m², B지구 1,797m², C지구 1,008m², D지구 2,175m²로 되어 있다. 각국조계지에는 건축자재에 대한 규제를 두었는데, A지구 가옥은 별체가 반드시 벽돌이나 석재 또는 철재를 사용해야 하고, 지붕은 철판이나 벽돌 혹은 기와를 덮고 목조 가옥은 불허했다. B지구의 가옥도 지붕은 반드시 기와로 해야 하고, 벽은 석회나 시멘트 또는 벽돌을 사용하도록 했다. 조계내에는 각국의 영사관과 자치회 성격의 신동공사를 설치했다. 또한 외국인 공동묘지와 공원을 설치했는데 지금의 자유공원은 우리나라 최초의 서구식 공원이다. 1897년 각국조계의 인구 현황을 보면 10개국 63명에 29가구가 있었고, 이중에서 영국인 17명, 미국인 14명, 독일인 14명으로 대부분을 차지하였다.

외국 조계지를 통해 오늘날 도시계획법과 건축법상의 미관지구나 방화지구제도와 같은 구체적인 규정이 도입되었다. 또 각국조계구역의 지정, 공용의 청사, 묘지 및 공원, 도로 등 공공시설의 배치는 우리나라 최초의 단지계획이라 하겠다. 특히 각국공동조계내 지금의 자유공원은 1884년 각국 외교사신들의 협정에 의해 공공공원으로 지정되었다. 이것은 한국 최초의 서구식 공원이며, 일본인은 이러한 서양인의 공원을 본받아 1890년 지금의 인천

여상 부지를 매입하여 일본인 전용공원을 설치하여 동공원이라 하였다.

일본, 청국 및 각국조계지를 제외한 제물포 주변은 자연적으로 한국인 집단 거주지가 형성되었다. 외국인들은 조선인촌 또는 조선가라 불렀다. 각국 조계지와 인접한 내동은 한국인의 중심가로 개항장의 외교통상을 위한 감리아문이 신설되었다. 감리는 인천도호부사가 겸임하였다. 개항을 계기로 인천은 기존의 행정관서가 있었던 관교동에서 점차 개항장이 있는 제물포로 중심지가 이동하였다. 인천의 조계지는 약 30년간 존속되었으며, 조계제도는 1914년 전면 철폐되었다.

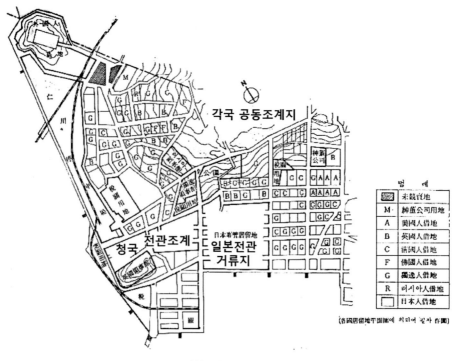

인천 각국 조계지

자료: 인천광역시

인천항만 시설

인천의 개항으로 외국과의 교역을 위해 해관(세관)을 신설하고, 근대적 관세제도를 도입하였다. 항만시설은 인천 초대 세관장으로 영국인 스트리플링(A. S. Stripling)이 임명되고, 영국 해관원들에 의해 선박화물의 물량장이 축조되었다. 1887년 인천항의 항계가 정해지고 소월미도를 기점으로 내항과 외항으로 구분하였다. 1894년 청일전쟁에서 승리한 일본은 조선에서 지배권을 확보하고 각 개항장의 항만설비공사를 전담하였다. 1902년 인천해관등대국을 신설하여 팔미도 등대를 건축하였다. 1904년 노일전쟁 이후에는 일본인의 증가와 군사적 목적으로 일본조계지 전면해안 약 4,400평과 경인철도 인천역 조차장부지 약 14,400평을 매립하였다.

1905년 12월말 인천의 호구는 6,676호에 26,330명이었다. 이중 일본인이 2,853호에 12,711명이었다. 1906년 인천항 세관설비 확장공사를 시작하여 세관 전면의 해안 18,000평을 매립하였다. 해안 매립지에는 세관청사, 창고, 임시보관소를 신축하고, 경인 철도선을 끌어들여 해륙운수의 편의를 도모하였다. 또 800톤급 이하의 선박이 자유롭게 정박할 수 있도록 내항을 준설하였고, 이때 월미도 서측에 해항검역소 시설이 만들어졌다. 인천항에서는 면제품을 비롯한 일상용품이 수입되었고, 쌀과 대두 등 곡물이 수출되었다.

경인철도 부설

경인철도는 1897년 3월 29일 기공되어 1899년 9월 18일 개통된 우리나라 최초의 철도이며, 아시아에서는 인도와 일본에 이어 세 번째로 철도가 부설되었다. 경인철도 이전 서울과 인천사이의 교통은 우마차 등으로 12시간 걸렸고, 화물의 경우는 강화해협과 한강으로 이어지는 용산까지 뱃길을 이용하였다. 인천항을 통한 교역량이 증가하자 서울까지 불편한 교통이 문제가 되었다.

처음 경인철도 부설권을 획득한 사람은 미국인 모오스(J. R. Morse)였다. 그는 서울과 인천에서 동시 기공식을 가지고 공사에 착수했으나 미국 자본가들의 투자유치에 실패하면서 자금조달에 어려움을 갖게 되었다. 그러자 일본이 모오스와 경인철도양도계약을 체결하고 부설권을 인수하였다. 1899

년 9월 13일 인천과 노량진 사이 33.2km 철도가 개통 되었다. 1900년 7월
에는 한강철교가 준공되어 노량진과 서울사이 8.8km가 개통되었다. 서울과
인천사이 42km를 미국산 모갈 증기기관차가 1시간 45분에 달릴 수가 있었다.
　경인철도가 개통되자 인천상권은 서울로 흡수되어 일시적으로 도시가 쇠
퇴하는 경제적 위기에 휩싸였다. 개통이전은 인천을 방문하는 사람은 개항
장 주변에서 하룻밤을 머물러야 했으므로 숙박시설과 주막이 호황을 누렸
다. 그러나 철도가 개통 되자 인천은 서울로 가기 위한 통과지역으로 전락하
여 결과적으로 지역경제가 큰 타격을 받게 되었다.

인천항 평면도

4) 목포 개항

목포의 역사와 개항배경

부산(1876), 원산(1880), 인천(1883)에 이어 1897년 10월 목포와 진남포가 개항되었다. 목포는 영산강 하류에 있으면서 호남의 길목이고, 진남포는 대동강 하류에 있으면서 평양의 길목이다. 이들 도시 역시 일본의 꾸준한 개항 교섭과 강요에 의해 이루어 졌으나 개항방식은 부산, 원산, 인천과는 달리 선언방식을 채택하였다. 당시는 조선에 대한 열강들의 권리외교가 절정에 달할 때였다. 청나라나 러시아는 일본이 조선개항을 주도하는 것을 방해하고 나섰다. 난관에 봉착한 일본은 조선정부가 필요에 의해서 독자적으로 개항한다고 선언하도록 하였다. 이 방식은 효과가 있어서 이후의 개항은 모두 이러한 방식을 취하고 있다.

목포는 조선시대 무안현에 속해 있었던 해안 방어진으로 천연적으로 배가 드나들거나 머물기에 좋은 항구다. 목포 앞에는 삼호반도, 화원반도, 고하도, 달리도, 눌도, 압해도, 삼학도 등이 내부 방파제 역할을 하고 있다. 넓게는 진도, 하의도, 장산도, 암태도, 자은도, 지도 등이 외부 방파제 구실을 한다. 일본 나가사키와 중국 상하이 중간에 위치하고 있기 때문에 한국, 중국, 일본을 잇는 삼각항로의 중심지이다. 《신증동국여지승람》에 의하면 목포(木浦)라는 지명은 서해로부터 육지로 들어가는 길목이라 뜻에서 붙여진 것이라고 한다. 광주와 나주, 담양, 장성 일대의 세곡선이 한양으로 가기 위해서는 반드시 통과해야 하는 곳이 목포다.

일본이 목포에 욕심을 낸 것은 나주평야 등 영산강 유역에서 생산되는 미곡을 일본으로 가져가기 위해서다. 당시 일본은 급격한 사회구조의 변화와 대흉작으로 곡식이 부족하였다. 이로 말미암아 사회불안이 계속되자 미곡 등 농산물을 수입할 필요가 있었다. 또 군사적으로도 서해안과 남해안을 연결하는 길목에 있으므로 매우 중요한 요충지에 해당된다. 조선시대에는 해안선을 따라 조운선의 운항했기 때문에 목포의 해변과 영산강변 각처에 여러 진을 설치하였다. 그 가운데 목포진은 영산강과 서남해를 지키는 중심지였다.

목포 각국공동조계지

목포에는 1897년 10월 16일 조계장정이 반포되면서 각국공동조계가 설치되었다. 그러나 서양이나 미국인의 거주자가 거의 없었기 때문에 각국조계지는 일본전관거류지와 다름없었다. 조계지의 총면적은 710,141m²에 이르고, 이중 일본인의 점유지가 644,290m²로 약 90%를 차지하였다. 목포항의 조계지가 조성 되자마자 일본인들의 이민이 급증하기 시작했다. 개항당시 목포에 거주하는 외국인은 10여 명에 불과하였으나, 개항 3개월 후인 1987년 말에는 206명으로 증가했고, 일본이 조선의 외교권을 박탈한 을사조약이 체결된 1905년에는 2,466명으로 급증했다. 1910년 한일합방의 다음해인 1911년에는 4,852명으로 늘어났다. 이처럼 일본인 숫자가 증가하는 것은 일본정부에서 식민정책의 일환으로 이민을 적극 권장한데 있었다.

개항 이전 목포항의 토지는 바위 아니면 늪이나 연못 또는 습지여서 많은 인구가 살지 않았다. 1872년 발행된 ≪목포진지(木浦鎭誌)≫ 기록에 의하면 호수가 132호 정도였다고 한다. 조계지를 조성할 때 가파른 바위땅을 개척하기가 쉽지 않아서 자연지형의 생김새에 따라 건물들이 세워졌다. 맨 처음 조성된 각국공동조계지의 주택가는 산 쪽인 측우동, 유달동, 대의동, 서산동에 조성되었다. 관청은 대의동 쪽에 세워졌고, 해변 축조가 진행되면서 대의동·중앙동·수강동이 접하는 일대에 무역하는 상가들이 들어섰다. 개항장에서 한인촌과 연결되는 도로변에는 잡화점들이 즐비하게 늘어서며 변화가가 되었다.

목포는 해상으로 뻗어갈 수 있는 지점이며 동시에 육지에 연결되는 관문

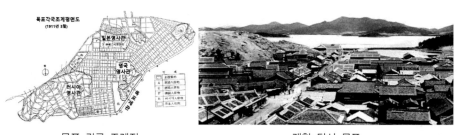

목포 각국 조계지   개항 당시 목포

자료: 목포백년회

이다. 개항 이후 목포는 일본과의 교역에 참여하면서 크게 번창해갔다. 쌀, 목화, 누에고치와 같은 농산물을 이곳에 모아 배에 실어 일본으로 보냈으며, 일본의 공산품들이 이곳에 도착해 전국으로 판매되어 갔다. 목포에 이주한 일본인들의 직업은 상업과 교통업이 가장 많았고, 기타 전당포를 운영하는 고리대금업자나 토지투자자들도 있었다.

5) 진남포 개항

진남포(鎭南浦)는 대동강 하류 연안에 있으며 배가 드나들고 머물기에 좋은 양항(良港)이다. 고려시대에는 증남포(甑南浦)라고 불리다가 조선시대에는 평안도 삼화군에 속하였고, 현재는 남포시로 개칭되었다. 1894년 청일전쟁 때 일본군은 이곳으로 상륙하여 병참기지로 삼은 다음 평양전투에서 대승을 거두었다. 그리고 그 여세를 몰아 압록강 어귀 해전에서 승리하고, 요동반도 뤼순[여순]을 함락하더니, 산동반도 웨이하이웨이[위해]까지 점령하는 동북아의 강자로 떠올랐다.

청일전쟁이 끝나자 일본은 진남포를 개항장으로 삼았다. 청일전쟁을 통해 진남포가 지닌 전략적 가치가 매우 높다는 것을 알고 있었다. 지리적으로 평양과 인접해 있고 대동강과 서해가 긴밀하게 연결되는 교통의 요지다. 또 야트막한 산지와 준평원으로 이루어져 개발이 용이한 것도 장점이었다. 진남포의 각국조계지 총면적은 48만m²(약 14만5천 평)이었다. 그러나 조선에 가장 큰 영향력을 행사했던 청이 물러났고, 다른 열강들은 지리적으로 멀기 때문에 조계지의 주도권은 일본이 잡았다.

일본은 진남포 개항장에서 무역통상의 이익을 취하기 시작했다. 한반도 서북부 지방에서 나는 곡물과 지하자원을 헐값에 일본으로 가져갔다. 그리고 일본에서 생산한 공산품을 내다팔아 막대한 이익을 챙겼다. 그러다보니 청일전쟁에 종군했던 군속이나 어용상인들 대다수는 종전 후에도 조선 땅에 그대로 눌러 앉았다. 그들에게 조선은 성공을 가져다주는 신천지나 다름없었다.

진남포 위치   진남포 각국 조계지

자료: 한국개항기

6) 군산 개항

군산의 역사와 개항배경

군산은 성진, 마산과 함께 1899년 5월 개항하였다. 전라북도 서북단에 위치한 군산은 금강과 만경강 하구로 둘러싸여있다. 우리나라 최대의 곡창지대인 김제 만경평야가 배후에 위치한다. 곡창지대인 전라도와 충청도의 물자가 서해로 통하는 길목이어서 군사·경제적으로 매우 중요한 지역이다. 고려 말 왜구들의 침략이 잦아 최무선이 화포를 사용하여 격파한 진포가 바로 이 지역이다.

개항 이전 군산은 옥구현에 속하였다. 현에서 북쪽으로 약20리(8km)떨어진 곳에 군산진이 설치되었다. 종사품의 무관직인 수군만호가 주재하다가 숙종 36년(1710)에는 종삼품인 수군첨절제사로 승격되었다. 군산진 서쪽에는 해창(海倉)을 두고 옥구, 전주, 진안, 장수, 금구, 태인, 임실 등 7읍에서 거둔 조세와 대동미를 이 창고에 보관해 두었다가 서울로 조운하였다. 일본이 군산을 서둘러 개항한 것은 첫째는 김제 만경평야에서 나는 막대한 양의 쌀을 일본으로 가져가기 위해서다. 둘째는 평양, 대구와 함께 조선 3대 시장으로 꼽히던 강경시장의 길목이어서 상권에 욕심을 냈기 때문이다.

군산은 매년 금강에서 떠내려 오는 토사가 강안에 쌓여 수심이 얕았다.

더구나 조수간만의 차가 심하여 큰 배가 접안하기 힘들었다. 일본은 개항과 동시에 해안매축을 시작하였다. 토사가 쌓였던 곳을 매립하여 토지를 확장하고, 수심이 깊은 곳까지 해안선을 연장시켜 항구의 기능을 강화하였다. 매축된 토지에는 부두를 건설하고, 본정통의 상업 지구를 확대하였다.

군산 조계지

개항 당시 군산의 호구는 150호에 510여 명이 사는 한촌이었다. 금강을 따라 강경까지 왕래하는 배들만 다닐 뿐이었다. 1899년 5월 개항이 되고, 같은 해 10월 11일 일본, 미국, 프랑스, 러시아, 독일, 중국 등 각국조계지역이 승인되면서 군산은 근대도시로 발전하기 시작하였다. 그러나 일본을 제외한 다른 국가들은 쌀을 가지고 갈 필요가 없었기 때문에 자연히 군산은 일본의 독무대가 되었다.

일본은 군산진과 해창이 위치하였던 북정구와 수덕산 자락에 조계지를 설치하였다. 지금의 신흥동과 중앙로 일대. 조계지역은 ABC의 세지구로 나누었다. A지구는 저평지로서 310,000m², B지구는 구릉지로서 21,000m², 그리고 C지구는 매립을 요하는 바닷가 70,000m²이다. 일본은 저평지에 목포영사관 군산분관을 설치하였고, 조선정부는 감리서, 경무서, 세관 등을 설치하여 조계거류외국인의 정치외교와 관세 업무를 담당하게 하였다. 당시 조계지는 외국인들끼리 매매가 가능하여 사실상 조약국의 영토처럼 되었다

당시 도시배치와 가로망은 과거 군산진과 칠읍해창이 위치한 곳에서 전주 가는 방향으로 주축도로인 본정통(本町通)을 냈다. 본정통 가로에는 군산해관과 일본영사관 분관을 비롯하여 경찰서·병원·우체국 등을 설치하였다. 관청가인 본정통을 중심으로 격자형 도로를 내고, 목포영사관군산분관으로부터 동쪽으로 1조통(條通)에서 9조통까지 배열하였다. 가로명을 본정통, 1조통, 2조통, 3조통 등으로 붙인 것은 일본 명치시대의 도시적인 특징이다.

군산이 개항되자 많은 일본인들이 이주해왔다. 개항해인 1899년 군산의 총인구 588인 가운데, 조선인은 511명이고 일본인은 77명이었다. 그러나 1914년에는 총인구 8,284명 가운데 조선인이 3,458명이고, 일본인은 이보다 많은 4,742명이었다. 당시 군산은 인구규모에 있어서는 남한 9위의 도시였

다. 그중 일본인이 57.2%를 차지했다. 이러한 일본인의 증가현상은 쌀의 생산과 밀접한 관계가 있다. 군산에서 만경, 김제, 임피, 익산, 전주까지 펼쳐진 호남평야는 한반도에서 가장 넓은 평야지대다. 군산으로 이주한 조선인은 개항장에 취업하기 위한 노무자들이 대부분이었다.

일본은 내륙지방의 쌀을 군산항으로 수송하기 위해서 1907년 군산에서 전주까지 넓이 7m, 길이 약 46km의 도로를 건설하였다. 전군가도가 완공되자 군산은 도로를 따라 동서방향으로 시가지가 확대되었다. 새로운 시가지에는 창고, 정미소, 철공업소 등이 들어서면서 공업지역형성의 기반을 이루었다. 도로에 이어 1909년 군산에서 이리(익산)까지 철도가 개통되고, 곧 전주까지 연장되었다. 군산은 쌀 무역항으로 더욱 활발하게 발전하였다. 일본인들의 숫자도 지속적으로 늘어나 이들 지역까지 확대되어 갔다. 평야지역으로 간 일본인들은 토지를 헐값에 사들여 쌀을 수탈하는데 앞장섰다.

군산 위치 (대동여지도)

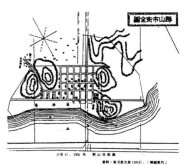
군산조계지 (군산역사박물관)

7) 마산 개항

마산의 역사와 개항배경

마산의 개항은 1899년 5월 1일 군산, 성진과 함께 이루어졌다. 군산과 성진의 개항은 일본으로 쌀을 가져가기 위한 것이 주목적이었다. 그러나 마산 개항은 조선정부가 러시아 세력을 끌어들여 일본을 견제하려는 의도가 있었다. 마산 개항은 다른 항구들처럼 열강들의 강요에 의해서 이루어진 것이 아니라는 점이다. 열강들끼리 서로 세력견제를 하게함으로써 주도권을 잡아보려는 조선정부의 의지가 반영된 개항이었다.

마산은 고려 초기 전국 12조창(漕倉)의 하나인 석두창(石頭倉)이 설치되어 세공미의 운송을 담당한 지역이었다. 조선 영조 때는 창원, 함안, 칠원, 거제, 웅천을 비롯하여 의령과 고성 일대의 세곡을 운집하여 한양으로 보내는 조운의 중심지였다. 당시 마산포에는 미곡 1천석을 싣는 대형 세곡선 20여 척과 960여명의 조군이 배치되었다. 또 마산은 서해안과 동해안을 잇는 상업의 중심지였다. 서해에서 생산한 소금과 남해와 동해에서 잡은 수산물이 마산을 거쳐 대구 등 내륙으로 출하되었다. 수산물의 유통이 활발해지자 상품의 위탁판매를 전문으로 하는 객주와 숙박, 창고, 운반업 등이 활발해지면서 마산은 상업도시로 발전하였다.

1876년 부산이 개항되면서 조선은 청나라와 일본은 물론 구미 열강의 침략의 각축장이 되었다. 특히 마산은 일본과 러시아가 조선에서 주도권을 잡기 위해 치열하게 대립한 곳이다. 러시아는 청국으로부터 대련과 뤼순의 조차지를 확보한 상태였기 때문에 블라디보스토크와의 사이에 안전한 해상기지가 필요했다. 러시아는 처음에 거문도를 조차하여 영국의 홍콩과 같은 기지로 만들고 싶어 했다. 그러나 러시아의 남하정책을 경계한 영국이 먼저 거문도를 점령하자 러시아는 할 수 없이 마산으로 눈길을 돌렸다.

그러자 대마도와 불과 49.5km 떨어져 있는 일본이 지켜보고만 있지 않았다. 일본은 처음에는 부산과 가깝게 있는 마산에 대해서 관심을 가지고 있지 않았다. 오히려 마산포 개항을 반대하는 입장이었다. 그런데 조선 정부가 러시아 세력을 끌어들여 개항을 하려고 하자 재빨리 조계지를 선점하는 적극성을 띠었다. 이후 일본과 러시아는 수시로 충돌했고, 결국 1904년 2월 러일전쟁의 발단이 되었다.

마산 공동조계지

마산포 개항이 결정되자 조선정부는 개항장에 창원감리서를 설치하고, 창원부윤이 감무서리를 겸하도록 하였다. 그리고 창원군 외서면 신월동과 월영동 지역의 약 13만 8천 8백여 평을 구획해서 외국인 거류지로 확정하였다. 1899년 6월 각국 공사들과 조계장정(租界章程)을 조인한 다음 각국 영사관을 설치하고 조계지의 규모 및 지세(地稅) 등을 결정하였다.

조계장정에는 각국 영사관의 부지면적은 최대 1만5천m²를 초과할 수 없도록 하였다. 그러나 일본은 고의로 장정의 규정을 무시하고 제한면적의 4배나 되는 6만m²를 책정하려고 하였다. 반면에 러시아는 조계지 밖에 다른 넓은 땅을 노리고 이에 못 미치는 면적을 택하려고 하였다. 조선정부는 이들을 설득하여 양국의 영사관 부지는 조계장정의 규정대로 각각 1천5백m²(약 4,532평)로 결정하였다. 뒤늦게 참여한 영국은 이 보다 적은 1만2천m²(약 3천 624평) 면적이 결정되었다. 그러나 일본·러시아와는 달리 영국은 영사관 건물을 건립하지 않았다.

조계의 위치인 신월동과 월영동 조계구역 경계선에는 마산포각국조계(馬山浦各國租界)라는 표석을 세웠다. 조계지는 갑을병(甲乙丙) 3종으로 구분하였다. 갑지구는 저지대로 전체를 198소구(小區)로 나누었다. 을지구는 고지대로 전체를 47소구로 나누었다. 병지구는 해안지대로 해안을 매립해야만 사용할 수 있는 지역이었다. 러시아와 일본은 기회만 있으면 병지구를 확보하려고 노렸다. 조선정부는 한일합방 당시까지 이 지역의 매립권을 허가하지 않았다.

마산 위치

자료: 대동여지도

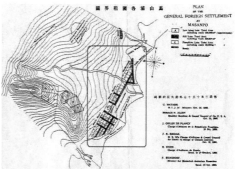

만산포 각국 조계지도

자료: 마산시사편찬위원회

진해군항과 시가지 건설

러시아는 마산의 각국공동조계와는 별도로 땅을 조차하여 해군기지를 건설하려고 하였다. 이 기지를 통해 러시아의 블라디보스토크와 청의 뤼순과의 해상연결을 용이하게 하여 동북아의 패권을 차지하려는 계획이었다. 이에 위협을 느낀 일본은 수단과 방법을 가리지 않고 러시아의 야심을 방해하였다. 러시아가 처음 자복동 일대의 땅을 매수하려고 하자 일본이 한발 앞서 매수 작업을 추진하였다.

자복동이 실패하자 러시아는 해안에서 멀리 떨어진 진해만과 거제도 방면에 한 지점을 선정하여 해군기지를 건설하려고 하였다. 그러나 1904년 러일전쟁이 발발하자 일본군은 마산포의 중요시설을 모두 점령하고, 지금의 진해인 웅천을 일본군의 병력과 군수품을 수송하는 병참기지로 삼았다. 1906년 8월 일본은 진해만에 군항건설을 본격적으로 착수하였다. 일본은 군항 조성지로 총 43.52km²(약 1,316만평)의 땅을 헐값으로 수용하였다. 그리고 1910년에 군항건설과 배후 도시 조성에 들어가 1912년 공사를 마치었다.

진해 신도시건설의 특색은 다음과 같다. 첫째는 도불산, 장복산 등이 두르고 있는 분지를 선택하였다. 남북축으로 큰길을 내고 해군기지를 기점으로 동서축도 큰길을 내어 주간선이 교차하도록 하였다. 둘째는 남북도로축에 맞추어 세 개의 광장(북원, 중원, 남원)을 배치하여 도시 핵으로 하였다. 동서축과도 교차하는 북원 주변에는 각종 관아건물, 중원 주변에는 은행을 비롯한 상업기능을 입지시켰다. 셋째는 중원을 도심의 핵이 되도록 동서남북의 대로 외에 사선으로 교차하는 대로를 냈다. 중원을 중심으로 한 가로망 형태가 마치 일본군함기 바탕과 같게 한 것이다.

도로 폭은 주간선은 20간(36.36m)으로 통일하여 이를 일등도로라 하였다. 그 밖의 부간선은 15간(27.27m)으로 하여 이등도로, 10간(18.18m) 이하의 도로를 삼등도로라 하였다. 도로의 등급에 따라 그에 붙은 땅을 각각 1등지, 2등지, 3등지로 구분하였다. 1등 도로면의 건물은 2층이나 3층으로 하되 자재는 콘크리트, 석재, 기와를 사용토록 하여 도시미관을 고려하였다. 1906년~1915년은 일본에서도 도시계획의 태동기로 동경에서만 시구개정사업이 실시되었을 뿐이다. 식민지인 조선에서 진해 신도시를 건설했으니 놀라운 일이다.

러시아함대 항로	진해 일본인 시가도

자료: 마산시사편찬위원회

8) 성진 개항

성진(城津)은 함경북도 동해 남단에 위치하며 오늘날의 김책시에 해당된다. 마천령을 사이에 두고 함경남도와 경계를 이룬다. 과거 여진족의 소파온성(所坡溫城)이었으며, 고려의 북진정책에 의해 동북면의 길주에 속하였다. 조선 초기 석성을 쌓고 성진진(城津鎭)을 설치하고 종삼품인 첨사가 다스렸다. 숙종 27년(1701)에 방어영(防禦營)을 설치하였으나 영조 때 폐지하였다. 1898년 군산·마산과 함께 개항장이 되면서 작은 어촌이 항구도시로 변모하였다.

성진만은 수심이 깊어 군함 등 대형선박의 입출이 가능하다. 일본과 러시아가 이곳에 개항장을 설치한 이유는 서로 이해관계가 맞았기 때문이다. 일본은 러시아의 남진을 막고 만주 및 연해주 진출의 교두보를 확보하고자 하였다. 러시아는 일본의 북진을 막고 남하정책의 교두보를 확보하겠다는 의도였다.

광무 8년(1904) 2월 일본군이 청의 러시아조계지가 있는 뤼순을 공격하며 러일전쟁이 일어났다. 러시아군이 길주를 점령하자 일본인들은 원산으로 철수하였다. 러시아는 일본조계지의 영사관, 우편국, 상가, 주택을 모두 불태워 버리고 육군과 해군의 군사기지로 활용하였다. 그러나 러일전쟁은 영국

과 미국의 적극적인 지원을 받은 일본이 쓰시마 앞바다에서 러시아의 발트
함대를 격파하며 승리하였다. 전쟁에 패한 러시아군은 1905년 2월 성진에서
철수하였다.

일본인이 다시 성진으로 들어오자 성진항은 대외무역항으로서 활기를 띠
었다. 일본인들은 대두, 해산물, 우피 등을 가져가고 잡화용품들을 들어와
조선인에게 팔아 많은 이익을 챙겼다. 성진 개항장은 일찍부터 서구인들의
거류가 이루어진 탓으로 기독교가 발전하였다. 1901년 캐나다 선교사 그리
어슨(Grierson, 한국명 구례선)이 정착한 이후로 성진은 함경도뿐만 아니라 멀
리 간도 및 연해주까지에 이르는 기독교 본거지로 유명해졌다. 교회뿐 아니
라 미션 계통의 병원과 학교 등도 창설되어 종교도시로 유명해졌다.

1915년 경성에서 원산을 거쳐 청진에 이르는 철도가 개설되자 성진은 더
욱 발전하였다. 1931년에는 길주에서 백암을 거쳐 혜산으로 철도가 건설되
었다. 성진항은 백두산에서 생산한 목재를 일본으로 수출하는 항구로 각광
을 받았다. 성진은 흑연 등 지하자원이 풍부해 중공업도시로 발전하였다.

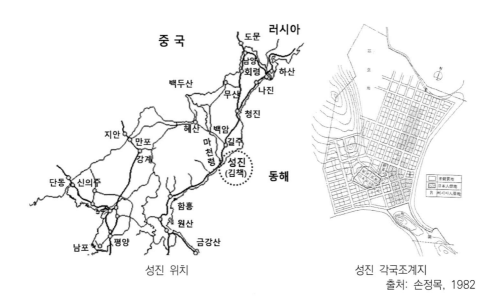

성진 위치

성진 각국조계지
출처: 손정목, 1982

9) 청진 개항

청진(淸津)은 함경북도 도청소재지로 동해안에 위치한 항구도시다. 청진
은 청어가 잘 잡히는 곳이란 뜻으로 이름 했다고 한다. 동해로 돌출한 고말
반도가 둘러싸 태풍과 파도를 막아주고 있고, 수심이 깊어 겨울에도 얼지 않
는 천혜의 항구 조건을 갖추었다. 현재는 북한에서 평양, 남포에 이어 3번째
로 큰 도시이다. 그러나 개항이전에는 부령군에 속한 약 100여 가구가 사는
한적한 어촌이었다.

청진이 개항장이 된 것은 러일전쟁 때 함경북도의 해변에 병참물자의 상
륙지점을 고르던 일본군이 이곳을 적지로 정하면서부터다. 별다른 항만시설
없이도 600톤급 함선 36척을 동시에 정박할 수 있었다고 한다. 1905년 일본
군사령부는 군인 및 군수물자 수송을 위하여 청진-회령간 칠도공사를 시작
하여 다음해인 1906년 개통하였다. 처음에는 손으로 밀어서 가는 이른바 수
갑식 경편철도였다. 1907년에는 청진-나남 간의 철도가 개통되자 아예
1908년 1월에 개항장으로 결정하였다.

일본이 청진을 중요시하는 것은 첫째는 압록강과 두만강유역에서 나는
풍부한 산림자원 때문이다. 일본의 북부지방과 가까운 거리에 있어 백두산
에서 벌채한 목재를 일본으로 수송하기 위한 항구로 이용하였다. 뿐만 아니
라 일본에서 생산한 2차 산업제품을 조선 북부지방 및 만주지역으로 판매하
기 위한 교두보였다. 둘째는 러일전쟁 승리로 길림 등 송화강과 연해주 일대
로 진출하는 통로로 이용하고 아울러 러시아 극동함대가 있는 블라디보스톡
을 견제하기 위해서다.

현재 함경북도 청진시 나남동은 청진항 북쪽 17km 거리에 위치하고 있
다. 본래 3면이 구릉으로 둘러싸이고 동북쪽으로 수성평야가 펼쳐져 있는
30가구 정도의 작은 마을이었다. 일본은 1907년 이 일대 약 100만 평에 달
하는 거대한 땅을 헐값으로 매수하여 대규모 병영도시로 건설하였다. 나남
분지의 땅을 크게 동서로 나누고, 이중 서쪽을 다시 남북으로 나누어 북쪽에
는 병영을, 남쪽에는 일반시가지를 배치하였다.

시가지계획은 동서로 흐르는 나남천을 사이에 두고 남북으로 양분하여

북쪽에는 공공건물과 고급주택지를 배치하였다. 남쪽은 조선인도 잡거할 수 있는 하급시가지로 하였다. 북쪽 고급시가지는 중앙에 원형의 공원을 두고 이를 중심으로 도로를 미(米)자 형태로 교차시켰다. 공원을 중심으로 헌병대, 우체국, 은행 등을 배치하여 핵으로 하였다. 1920년에는 함경북도 도청과 도립병원이 옮겨와 함북의 행정중심지가 되었다. 1940년 청진과 나남이 합병이 되었다.

청진항

10) 신의주 신도시

의주는 압록강을 사이에 두고 중국 단동과 국경을 접하고 있어 국경방비와 사신을 교류하는 도시였다. 의주성내에는 임진왜란 때 선조의 행궁이었던 취승당(聚勝堂)이 있는 등 평안도의 중심도시로서 역할을 하고 있었다. 1904년 러일전쟁이 일어나자 일본은 만주로의 진출을 위해 군용철도를 건설하였다. 1906년 용산에서 의주까지 길이 518.5km의 경의선 철도를 개통하였다. 의주에 철도를 기공할 때 가장 고심한 것은 중국을 잇는 압록강 가교점을 어디로 할 것인가가 문제였다. 결국 의주에서 압록강 하류로 약 20km 떨어진 중국 단동과 마주하는 곳에 역사를 짓기로 했다.

본래 이 지역은 압록강 하구에 있어 홍수 때마다 흙탕물이 범람하여 농사조차 불가능한 곳이었다. 그러던 것을 주위에 제방을 쌓고, 다시 그 바깥쪽에 대제방을 쌓아 신의주라 불렀다. 신의주역에서 남서쪽을 바라보고 바둑판 모양으로 도로망을 조성하고 도시를 만들었다. 대체로 시가의 북동쪽은 관청가 및 주택가를 이루고, 압록강가의 습지를 간척한 강안지역은 상업과 공업지구를 이룬다. 관청가에 1907년 우정국과 세관이 들어서고, 1909년에는 영림청과 의주부청이 세워졌다.

　　신의주와 중국 단동을 잇는 944m의 압록강 철교는 1908년 8월에 공사를 착공하여 1911년 10월에 준공하였다. 철교 중앙으로는 기차가 다니고 좌우 양쪽으로는 넓이 2.6m의 보도를 깔아 사람이 다닐 수 있도록 하였다. 또 압록강을 오르내리는 배들이 통과할 수 있도록 다리를 개폐식으로 만들어 열면 십자(十字)모양이 되고 닫으면 일자(一字)모양이 되도록 설계되었다.

　　압록강 철교가 가설되자 신의주는 압록강 유역의 수륙교통의 요지로 발전하기 시작하였다. 경의선의 종점으로 부산에서 의주까지 열차로 연결되며, 철교를 건너면 단동에서 심양까지 이어지고, 남만선(南滿線)·시베리아철도를 경유하여 유럽에 이르는 국제교통의 관문이 된다. 신의주는 자동차도로의 기점으로서 국경지대와 도내 각 도시로 통한다. 1914년 의주로부터 평안북도 도청이 옮겨와 이 지역 행정의 중심지가 되었다.

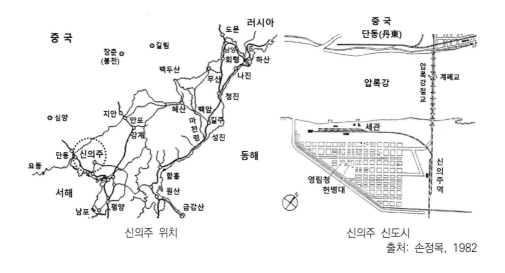

신의주 위치　　　　　　　　신의주 신도시
출처: 손정목, 1982

3. 한양과 평양의 도시변화

1) 한양 개방

구한말 정세와 한양 개시

1876년 강화도조약 체결 이후 대원군의 쇄국정책은 점차 힘을 잃어갔다. 대신 명성황후를 중심으로 하는 개화파가 정국주도권을 잡고 개항과 개국을 추진하였다. 개화파는 1881년 일본의 후원으로 신식군대인 별기군을 창설하고 구군영 소속 군인들을 홀대하였다. 불만이 쌓인 구식군인들은 오랫동안 급료를 받지 못하다가 모래와 겨가 섞인 쌀을 받게 되자 격분하여 일으킨 난이 임오군란이다. 1882년 6월 성난 군인들이 일본공사관을 포위하여 별기군 교관 호리모토를 살해하였다. 그들은 여세를 몰아 창덕궁으로 난입하자 명성황후는 궁녀 옷으로 변장하고 청주 장호원으로 피신하였다.

고종은 대원군에게 사태수습을 맡겼다. 다시 정권을 장악한 대원군은 명성황후의 실종을 사망으로 단정하고 국상을 공포하였다. 그러자 명성왕후는 밀서를 보내 자신이 살아있음을 고종에게 알리고 청나라의 원조를 청하였다. 청나라는 일본에 빼앗긴 조선에 대한 영향력을 회복하기 위해서 1882년 7월 4,000명의 군대를 서울에 출동시켰다. 그리고 대원군을 용산에 있는 청군 병영으로 초대한 다음 중국 톈진으로 납치하였다.

명성황후가 재집권하자 청은 조선의 내정에 본격적인 간섭을 하였다. 상민수륙무역장정(商民水陸貿易章程)을 체결하여 개항장에서 일본만큼의 동일한 권리를 인정할 것을 요구하였다. 또 조선 상인이 북경에서 상거래 하는 것을 허용하는 대신 중국 상인도 한성과 양화진에서 상점과 창고 등을 갖추어 상거래 하는 것을 허락한다고 규정하였다. 이는 한양의 개시(開市)를 규정한 것으로 조선이 개국한 이후 외국인에게 거주와 통상을 허용한 것은 처음이다.

한편 일본은 개항이후 조선에서 세력이 후퇴하는 결과를 초래하자 이를 만회하기 위해서 임오군란 때 입은 피해를 보상하라고 조선정부에 강력하게 요구하였다. 일본은 1882년 8월 12일 군함 4척과 1천5백 명의 병력을 제물포에 상륙시켜 강압으로 제물포조약을 체결하였다. 모두 6개조의 본조약과 2개조의 수호조규속약이 체결되었다.

본조약은 ① 20일 이내에 임오군란의 주모자를 잡아 처단할 것 ② 피해를 입은 일본 관리는 융숭한 예로 장사지낼 것 ③ 5만원을 피해자의 유족 및 부상자에게 지급할 것 ④ 일본국에 대한 손해배상금 50만원을 1년에 10만원씩 5년 동안 완납 청산할 것 ⑤ 일본공사관에 경비병을 주둔하게 할 것 ⑥ 일본에 대관을 특파하여 사과할 것이다.

수호조규속약은 ① 부산·원산·인천 각 항의 간행이정(間行里程)을 사방 각 50리로 확장하고, 2년 후에는 다시 각 100리로 할 것 ② 일본국 공사·영사와 그 수행원 및 그 가족의 조선 내지 여행을 허용할 것이다. 간행리정을 50리, 100리로 하는 것은 일본인들이 내륙 깊숙이 침투하겠다는 의도다. 특히 인천에서의 간행리정이 시험 완료 되면100리가 되면 한양에서 일본상인들이 자유로이 출입하며 통상하게 된다.

청일전쟁과 일본군의 용산 주둔

명성황후는 청에 의지하여 정권을 유지하며 일본과는 첨예하게 대립하고 있었다. 그러자 김옥균, 박영효, 서광범, 홍영식, 서재필 등 개화파들은 중국에 대한 사대관계를 청산할 것을 요구하였다. 이들은 일본의 지원을 받아 1884년 갑신정변을 일으켜 명성황후와 외척인 민씨 일파를 공격하였다. 명성황후는 청에 원병을 요청하자 청국 공사인 위안스카이(袁世凱)가 1천5백 명의 병력을 이끌고 개화파를 공격하였다. 전세가 불리해지자 일본은 개화파와 약속을 저버리고 군대를 철수시켰다. 갑신정변은 3일천하로 끝났고 개화파들은 일본으로 망명하였다.

갑신정변 이후 조선에서 주도권은 청나라가 잡았다. 1885년 중국 리홍장과 일본의 이토 히로부미 사이에 텐진조약이 맺어졌다. 그 내용은 청·일 양군은 조선에서 동시 철군하며, 조선의 반란으로 군대를 파병할 때는 먼저 상대방에게 통보한다는 내용이다. 고종31년(1894) 동학농민혁명이 일어났다. 위기에 처한 조선정부가 청에 지원을 요청하자 청나라는 즉시 병력을 파견하였다. 그러자 일본도 텐진조약에 근거하여 병력을 파견하였다.

일본군의 개입으로 동학농민군이 진압되자 양국은 더 이상 조선에 주둔할 필요가 없어졌다. 청은 일본에 철병을 제안했으나 일본은 이를 거부하였다. 일본군은 용산에 주둔하며 조선의 갑오개혁을 요구하는 등 내정간섭을 하였다. 1894년 7월 병력을 동원하여 왕궁과 4대문을 모두 장악하였다. 또한 조선정부에 압력을 가해 청과 국교를 단절토록 하였다. 그리고 아산만 풍도에 정박하고 있던 청의 군함을 공격하여 1천200명을 익사시켜 청일전쟁을 일으켰다.

일본군은 경기도 성환과 평양에서 압승을 거두고 압록강 어귀에서 벌어진 해전에서도 승리하였다. 일본군은 청군을 조선 땅에서 몰아내고 그 여세를 몰아 1904년 2월 요동반도의 러시아 조차지 뤼순을 함락하였다. 이어 산동반도 위해까지 점령하여 청나라의 항복을 받아냈다. 이제 동양의 패권은 중국에서 일본으로 넘어가게 되었다.

일본은 조선주차군을 용산에 주둔시키고 이 일대에 대해 본격적으로 군용기지화를 실시하였다. 1905년 을사보호조약이라는 미명아래 조선의 외교권을 박탈하고 통감부와 이사청을 두어 내정을 장악하였다. 일본군은 남산 기슭 남영동과 삼각지 등에 이르는 토지 300만 평을 헐값으로 강제 수용하여 군용지 및 일본인 거류지로 삼았다. 이후 해방이 될 때까지 일본군이 주둔하고 이후는 미군이 주둔하였다.

전차운행과 성벽철거

우리나라에 처음 전기가 들어온 것은 1887년이다. 1882년 한미통상협정이 체결됨에 따라 민영익, 홍영식 등 우리나라 사절단이 미국에 건너가서 이미 그곳에서 전등이 보급된 것을 보고 감탄하였다. 그들이 돌아와 고종에게 발전소 건설을 건의하여 마침내 에디슨회사와 계약을 체결하고, 1887년 3월 6일 경복궁내 건청궁에 첫 전깃불을 밝혔다. 1879년 미국의 발명가 에디슨이 백열전구를 발명한지 불과 8년 만에 서울에 전등이 켜진 것이다.

경복궁 향원정 연못물을 끌어 올려 석탄을 연료로 발전기를 돌렸는데, 기계 돌아가는 소리가 마치 천둥이 치는 듯 요란했다. 또 발전기 가동으로 연못 수온이 상승해서 물고기가 떼죽음을 당하기도 했다. 그러나 고종은 전등을 켜서 궁궐 내를 밝히도록 명령하였다. 이후 전기 사용 폭이 점차 늘어나자 고종은 한성판윤 이채연에게 지시하여 1898년 한성전기회사를 설립하였다. 그러나 자본과 기술이 부족하여 미국인 H. 콜브란과 보스윅에게 경영권을 맡겼다.

콜브란과 보스윅은 전차 가설을 계획하고 일본인 기술자들을 들여와 1898년 10월 공사를 시작하였다. 그리고 불과 두 달 만인 12월 25일에 서대문에서 종로와 동대문을 거쳐 청량리에 이르는 5마일(약8km)의 단선궤도 및 가선공사를 준공하였다. 동대문에는 전차에 전기를 공급해주는 75kw의 증기발전소를 설치하였다. 1899년 5월 17일 전차 개통식을 가지고 서대문에서 동대문까지 첫 전차 운행이 시작되었다. 이때 종로에는 거리 조명용 전등이 밝혀졌다.

전차의 운행은 우리나라 대중교통의 혁명을 이룬 것으로 초기에는 일정한 정거장이 없었다. 승차할 사람은 손을 들어서 탔고 내릴 사람은 차장에게 말하여 편리한 곳에서 내렸다. 전차의 인기가 높아지고 이용자가 늘어나자 1899년 12월 용산까지 선로를 연장하였다. 용산 강항(江港)에 내리는 전국 각처의 농산물과 해산물이 전차를 통해 성 안으로 운반되었다. 전차가 성 밖으로 나갈 때는 문을 지나야하므로 사람들과 섞여 큰 혼잡을 이루었다.

일본은 1907년 일본인을 위원장으로 하는 성벽처리위원회를 구성하였다. 그리고 숭례문 바로 밖에 있는 남지(南池)를 메우고, 숭례문 좌우의 성벽을 헐어 폭 8간(間)의 새 도로를 내어 전차 길을 마련하였다. 성곽이 헐리자 500년 동안 해왔던 성문의 개폐도 필요 없게 되었다. 그동안은 사대문과 사소문에는 수문장을 배치하고 새벽 오경(五更)에 33번의 파루종(罷漏鐘)을 쳐서 성문을 열고, 밤 삼경(三更)에 28번의 인정종(人定鐘)을 쳐서 성문을 닫아 통행을 금지시켰었다. 일본은 1909년 콜브란으로부터 한성전기회사를 매입하여 조선의 전기시장 조차도 장악하였다.

1890년대 숭례문	성벽이 헐린 숭례문
자료: 서울특별시	자료: 서울특별시

철도 부설

우리나라의 첫 철도는 서울에서 인천 제물포 간 경인선이다. 조선정부는 1896년 3월 미국인 제임스 R. 모스에게 경인철도 부설을 허가하고 인천 우각리에서 기공식을 가졌다. 모스는 자금이 부족하자 조선정부의 허락도 없이 1898년 일본에 부설권을 팔았다. 부설권을 인수한 일본은 제물포에서 다시 기공식을 거행하고 중단되었던 공사를 재개하였다. 1899년 9월 18일 인천 제물포~노량진 33.2km구간이 개통되었다. 1900년 한강철교가 준공되자 인천~경성(서울)간의 경인선 철도가 완성되었다.

당시 국내 첫 열차의 이름은 '모갈 1호'였다. 증기기관차의 모델인 모갈 탱크형에서 따온 것이다. 정차역은 노량진, 오류동, 소사, 부평, 우각동, 축현, 인천이었다. 운행 속도는 평균 시속 20~22km로 제물포－노량진 간을 1시간 30분 만에 달렸다. 도보나 조랑말로는 12시간, 우마차에 짐을 싣고는 15시간 이상 걸리던 거리였으니 당시로는 경이로운 일이었다.

일본은 한국과 중국에 대한 세력을 확장하기 위하여 부산－신의주 간의 한반도 종단철도 건설을 추진하였다. 일본 자본가들 중심으로 경부철도주식회사를 설립하고 1900년 8월 경부철도 부설공사를 착공하였다. 그리고 4년 5개월 만인 1905년 1월 영등포－초량간 총연장 444.5km의 철도를 개통하였다. 1906년에는 용산에서 신의주까지 518.5km의 경의선을 개통하였다. 1911년 10월에는 신의주에서 중국 단동을 잇는 압록강 철교가 완공되어 일본의 중국 진출이 활발하게 전개되었다.

1910년 강제합방을 한 일본은 한반도 북부지방의 자원을 반출하기 위해서 용산－원산 간 경원선을 건설하였다. 이어서 함경북도 종성군의 상삼봉까지 함경선을 연결하였다. 대한제국은 1904년 곡창지대인 호남선은 자력으로 건설하려고 하였다. 그러나 일제의 강압에 못 이겨 포기하였다. 일제는 1914년 대전－목포 간 구간을 개통시켰다. 1912년 군산－이리(익산) 간, 1936년에는 익산－여수 간 전라선, 1937년에는 수원－인천 간 수인선이 개통되었다.

경인선 철도

한강철교

자료: 철도박물관

남산신사, 장충단, 탑골공원

일본인들의 도성 내 거류가 허용되자 지금의 충무로2가의 진고개 일대는 일인들의 집단거류지역이 되었다. 일본인들은 남산 기슭의 평평한 잔디밭을 골라 왜성대(倭城臺)라 이름을 붙이고 1898년 신사를 세우고 대신궁(大神宮)이라 이름 붙였다. 신사 주변에는 벚꽃 600그루를 심고 공원화하였다. 조선통감부는 1906년 경성공원이라 이름 붙이고 수목의 훼손, 토석 및 풀의 채취, 조수의 포획 등을 금하는 경성공원규칙을 발표하였다.

일본이 남산에 신사를 세우자 고종은 1900년 남산 동쪽 기슭에 장충단(獎忠壇)을 세우고 공원화하였다. 장충단은 국가와 조정을 위해 희생된 사람들에게 제사 드리는 제단이라는 뜻이다. 고종은 매년 이곳에서 을미사변에 순국한 훈련대장 홍계훈, 궁내부대신 이경직을 비롯하여 항일하다 숨진 문무대신과 장졸들의 제사를 지내 영혼을 위로하였다. 고종의 장충단 제사는 백성들을 크게 감격케 하였다. 그러자 일제는 1910년 한일합방이 되자 장충단 비를 뽑아내고 이토 히로부미의 혼을 달래기 위한 박문사를 세웠다.

현 종로2가에 있는 탑골공원은 고려 때 흥복사, 조선시대에는 원각사라는 절이 있었다. 연산군은 원각사를 폐사하고 그 자리에 장악원(掌樂院)과 연방원(聯芳院)이라는 기생방을 설치하였다. 중종 9년 건물을 헐어버리는 바람에 빈터만 남아있었다. 1897년 고종의 명에 의해 영국인 고문 총세무사 브라운(Brown)이 설계하여 공원으로 조성하였다. 이곳을 파고다(pagode)공원이라고 부르는데 그 어원은 포르투칼어로 동양의 불탑이나 사원을 가리키는 말이다. 이곳은 1919년 3.1 운동의 발상지가 되었다.

남산의 일본인사

자료: 서울특별시

탑골공원

자료: 서울특별시

창경원 동·식물원

창경원은 원래 수강궁이라 하여 상왕으로 물러난 태종이 거처하던 곳이다. 이후 성종이 정희대비, 소혜왕후, 안순왕후 3명의 대비를 모시기 위해 중건하고 창경궁이라 하였다. 헤이그밀사 사건으로 고종이 하야하고 순종이 즉위하였다. 일제는 고종을 경운궁(덕수궁)에 머물게 하고, 새로 등극한 순종황제는 창덕궁에 머물게 하였다. 그리고 순종을 위로한다는 구실로 창경궁을 창경원으로 바꾸고 동물원과 식물원으로 꾸몄다. 이는 국권의 상징인 왕궁을 놀이공원으로 삼아 민족정신과 문화유산을 말살하려는 정략적 계획이었다.

창경궁의 건물들이 헐려지자 순종은 총리대신 이완용과 궁내부대신 민병석에게 공사를 중단을 명령했다. 그러나 공사는 그대로 계속되었다. 창경궁 북쪽에 식물원을 건설하고, 과거에 응시하던 광장을 파헤쳐 연못을 만들었다. 소춘당지는 왕이 매년 농사를 몸소 짓는 논자리였는데 연꽃을 심었다. 종묘와 인접한 넓은 마당에는 동물원을 마련했다. 조선의 가장 신성한 영역을 짐승의 소리와 악취로 모독시키고자 한 의도로 보인다.

창경원의 규모는 약 17만 평으로 당시에는 동양 최대의 규모였다. 식물원에는 전국에서 채집한 식물들을 모아 놓고, 고무나무와 바나나 등 열대식물들을 수입하여 전시하였다. 동물원에는 우리나라에 없는 코끼리, 사자, 호랑이, 곰, 원숭이, 공작 등 70여종 500여 마리가 서식했다. 주변은 일본에서 벚나무를 가져다 심어 창경원의 명물로 만들었다. 또 지금의 원남동사거리에서 안국동사거리까지 도로를 건설하여 종묘로 이어지는 맥을 끊었다. 이는 풍수사상을 이용하여 조선 왕조의 맥을 완전히 단절시키고자 하였다.

창경원의 동물원
자료: 서울특별시

창경원 놀이시설
자료: 서울특별시

2) 평양 개방

평양은 대동강과 보통강 사이에 위치하며 조선 제2의 도시이다. 황해도와 평안도의 중심지이며 대동강을 통해 진남포에 접근하기 용이하다. 예전부터 물산이 풍부하고 물류가 발전하여 시장으로서 가치가 높았다. 중국과 가까운데다가 1906년 경의선 철도가 개통되자 대륙으로 향하는 거점도시로의 조건을 갖추었다. 이러한 평양의 지리적·경제적 이점 때문에 일본은 조선 정부에 평양 개시를 꾸준하게 요구해왔다.

그러나 조선정부는 대동강 하류의 진남포를 개방했으므로 평양까지 개방할 필요가 없다는 입장이었다. 평양을 개방하면 한양처럼 조선인의 상권이 몰락할 것이기 때문이다. 그러나 일본은 광무 2년(1898) 친일 각료들을 상대로 개별교섭을 벌여 군산·성진·마산 개항과 더불어 평양도 같이 개시할 것을 의결토록 하였다.

조선정부는 일본의 성화에 못 이겨 평양을 개시했지만 평양성 안에 외국인들이 거주하는 것은 불허하였다. 평양성 밖 20km에 위치한 석호정 주변을 개시장 후보지로 통고했다. 그러나 일본은 사람도 살지 않는 벽지를 개시장으로 받아들일 수 없다며 각국사신들을 부추키었다. 그리고 광무 3년(1899) 11월 일방적으로 평양성 내외를 외국인의 잡거지(雜居地)로 선언하였

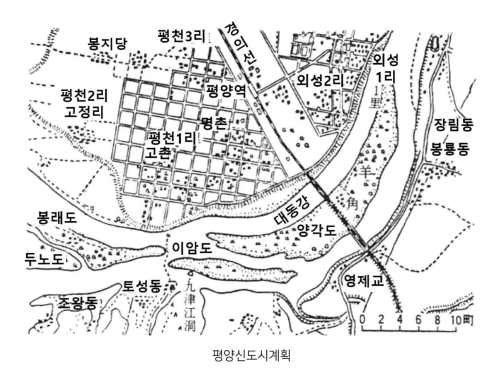

평양신도시계획

자료: 김철수, 2005

다. 성내의 남문과 대동문 등 요지에는 각국의 은행과 상점을 비롯하여 일본의 영사관, 경찰서, 헌병대, 우체국 등이 위치하였다.

1905년 11월 경의선 철도가 개통되자 평양역을 남문 밖 2km 이상 떨어진 넓은 벌판에 위치하게 하였다. 당시로는 인적이 드문 허허벌판을 신도시로 개발하기 위한 계획이었다. 평양역 서쪽에 새로 이주해오는 일본인들을 수용하기 위한 신시가지가 건설되었다. 도로를 바둑판처럼 내고 동명(洞名)도 당초부터 대화정(大和町), 욱정(旭町), 학정(鶴町), 녹정(綠町), 영정(榮町), 산수통(山手通) 등 일본식 이름을 붙였다.

평양은 성벽을 경계로 성안은 구시가지이며 주로 조선인들이 살았고, 성밖은 신시가지로 주로 일본인들이 살았다. 일본은 1907년 신시가지인 평양역에서 구시가진인 중성교까지 이어지는 수갑식 철도를 부설하여 신시가지의 발전이 촉진될 수 있도록 하였다. 한일합방 당시인 1910년 평양에 거주하는 일본인은 1천977호에 6천443명에 달했다.

4. 일제강점기의 도시

1) 한일합방과 무단통치

각국공동조계지 철폐

1910년(경술년) 8월 22일 한국의 총리대신 이완용과 일본의 조선통감인 육군대장 데라우치 마사타케 사이에 한일합방조약이 조인되었다. 조약 제1조는 "조선은 조선전체에 관한 통치권을 완전히 또 영구히 일본 천황에게 넘겨준다."고 규정하였다. 이로써 조선은 1392년 이성계가 건국한 이래 519년 만에 멸망하고 말았다. 국권을 상실한 백성들은 일본의 식민통치를 받게 되었다. 일제는 대한제국의 영토를 조선이라 칭하고 수도 한성을 경성(京城)으로 바꾸었다. 통치기구인 통감부를 폐지하고 더욱 강력한 조선총독부를 설치하였다.

초대 총독 데라우치는 전국을 13도(道) 12부(府) 317군(郡) 4,356면(面)으로 나누었다. 13도는 경기, 충남, 충북, 전남, 전북, 경남, 경북, 강원, 황해,

함남, 함북, 평남, 평북이다. 도 밑에는 부, 군, 면을 두었다. 12부는 부산부, 마산부, 대구부, 목포부, 군산부, 인천부, 경성부, 평양부, 진남포부, 의주부, 원산부, 청진부이다. 도의 수장을 장관, 부는 부윤, 군은 군수, 면은 면장이라 칭하였다. 치안은 군대인 헌병이 경찰을 대신하는 헌병경찰제도로 무단통치를 시작하였다. 그리고 토지와 세금수탈을 위하여 '조선총독부 임시토지조사국'을 설치하여 토지조사사업에 착수하였다.

조선총독부는 헌병경찰에 의한 치안이 어느 정도 유지되자 1912년 3월 인천, 진남포, 목포, 군산, 마산포, 성진 등에 남아 있는 각국공동조계지를 철폐하였다. 각국조계지는 일본인들이 대부분 차지하고 있었다. 그러나 서양인들이 조차한 각국공동조계지의 땅과 집에 대해서는 고액의 임대료를 지불해왔다. 이에 대한 일본인들의 불만이 있자 총독부는 이를 철폐하고 부나 군으로 편입하였다. 이로서 일본은 조선을 완전하게 지배하게 되었다.

시구개정계획

조선총독부는 1912년 10월 각도 장관에게 시구개정(市區改正)에 관한 훈령 제9호를 발령하였다. 그 내용은 지방에 있어서 중요한 시가지를 개정 또는 확장하려고 할 때는 그 계획의 설명서 및 도면을 첨부하여 미리 허가를 받으라는 것이다. 다만 경미한 사항은 그러지 아니한다는 단서를 달았다. 이는 당시 일본 동경에서 실시했던 도시계획법을 그대로 조선에 적용한 것이다.

앞서 일본은 동경을 개조할 때 파리와 런던의 개조계획을 모델로 1884년 동경시구개정계획이라는 법령을 만들었다. 내용은 동경의 도로, 교량, 철도, 하천에 관한 구체적인 개정계획을 제시하였다. 도로의 경우 등급을 제1등에서 제5등까지 구분하였다. 중앙에는 차마도(車馬道), 그 좌우에는 각각 보도를 설치하였다.

제1등도로는 폭이 15간과 12간 2종류가 있다. 15간도로는 중앙 9간의 차마도와 좌우 3간의 보도를 설치하였다. 12간도로는 중앙 7간의 차마도와 좌우 2간반의 보도를 설치하였다. 제2등도로는 10간으로 중앙 6간의 차마도와 좌우 2간의 보도를 설치했다. 제3등도로는 8간으로 중앙 5간의 차마도와 좌우에 1간반의 보도를 설치했다. 제4등도로는 6간으로 차마도와 보도를 구분하지 않았다. 제5등도로는 4간으로 차마도와 보도를 구분하지 않았다. 여기서 폭 1간은 약 1.8m이다.

경성의 도로는 광화문에서 지금의 세종로 네거리인 황토현 광장까지는 30간 도로, 황토현에서 남대문에 이르는 도로는 15간, 남대문에서 지금의 서울역인 남대문정차장까지 도로는 19간, 동대문에서 경희궁까지 종로 도로는 15간, 광화문에서 돈화문과 지금의 서울대학병원인 총독부병원까지 도로는 12간, 대한문에서 광희문에 이르는 을지로 도로는 12간, 창경원에서 충무로에 이르는 도로는 10간, 청운동에서 서소문에 이르는 도로는 8간 등이다. 이 중 30간과 19간도로는 동경의 1등 도로보다 폭이 넓다. 이는 조선시대부터 넓이가 이미 확보되었기 때문이다.

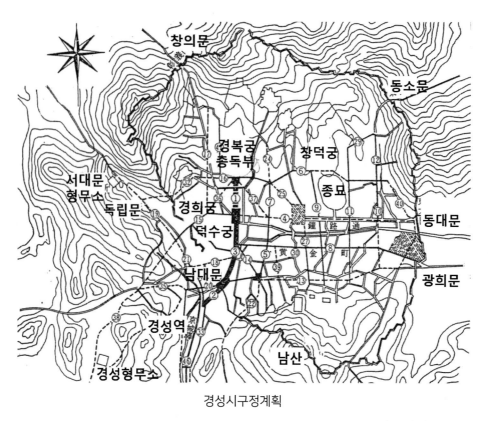

경성시구정계획

자료: 손정목, 1990

시가지건축취체규칙

우리나라에서 두 번째 도시계획제도는 1913년 2월 25일 총독부령 제11호로 발표한 시가지건축취체규칙(市街地建築取締規則)이다. 모두 9개조로 되어 있으며 건폐율, 건축선, 건축물의 재료, 부대설비, 방화지구, 미관지구, 준공업지역 등을 규정하고 있다. 그러나 이 규칙은 경찰법령에 의해 단속을 주목적으로 하는 단순한 건축규제에 불과했다. 그 규칙을 요약하여 정리하면 다음과 같다.

제1조, 시가지내에 있어서 주거·공장·창고·기타 각종 건축물·우물·공공도로에 접한 문호와 담벽 등의 공작물을 건설하려는 자는 구비서류를 준비하여 경찰서장의 허가를 받을 것.

제2조, 공사 준공 후 검사를 받을 것.

제3조, 건물 및 공작물의구조설비는 다음의 제한에 따라야 할 것 ① 건물의 면적은 부지면적의 10분의 8을 초과하지 말 것 ② 건물의 기초는 공공도로와의 경계선에서 1자5촌(약 45cm) 거리를 유지할 것 ③ 건물 및 담벽의 처마 끝은 공공도로상에 돌출되지 않을 것 ④ 공공도로에 접한 부지에 건설한 가옥은 도로에 통하기 위하여 폭이 4자(尺) 이상의 도로를 설치할 것 ⑤ 주거의 바닥 높이는 지반에서 1자5촌 이상으로 할 것 ⑥ 공공도로에 접한 건물의 부지는 도로면 이상의 높이로 할 것 ⑦ 부지 내에 적당한 배수설비를 할 것 ⑧ 우물, 변소, 하수구로부터 3간 이상의 거리를 유지하고, 악수가 유입되지 않도록 하고, 우물 측벽의 높이는 2자 5촌 이상으로 할 것 ⑨ 변소는 각 주거마다 설치할 것. ⑩ 분뇨통은 석재, 기와, 도자기, 콘크리트 등을 사용하여 오염된 분뇨가 새나가지 않도록 할 것 ⑪ 시가지 내에 석탄을 다량으로 사용하는 건물은 인근의 주거지에 해가 미치지 않도록 굴뚝을 설치할 것 ⑫ 굴뚝은 불연성 재료로 사용할 것 ⑬ 50자 이상의 건물과 공작물에는 적당한 피뢰장치를 할 것 ⑭ 악취와 유독가스 또는 분진을 발산하는 물품을 취급하는 건물의 출입구는 공공도로나 다중의 집합

하는 건물에 접근하여 설치할 수 있음 ⑮ 대중이 모이는 건물에는 이에 상당한 비상구나 계단 등 피난설비를 해야 한다.

제4조, 시가지 중 경찰서장이 지정한 지역의 건물 및 공작물의 구조 및 설비에 관해서는 추가로 규제할 수 있는 조항을 두었다.

제5조, 경찰서장은 건물 또는 공작물이 특수한 구조나 설비일 때는 제2조의 규정에 의하지 않은 것을 허가할 수 있다.

제6조, 악취·유독가스 또는 다량의 분진을 발생하는 공장이나 기타 공공 위생상 위해를 미칠 염려가 있는 건물은 특별하게 지정한 장소가 아니면 건설할 수 없다.

제7조, 경찰서장은 건물 또는 공작물의 구조설치가 법령의 규정에 적합하지 않을 때는 공사를 정지케 하거나 허가를 취소하거나 사용의 정지를 명할 수 있다.

제8조, 이 법령은 가설의 건물과 공작물에 대해서는 적용하지 않는다. 다만 1년 이상 존치하는 것에 대해서는 본 법령을 적용할 수도 있다.

제9조, 본 법령을 위반하는 자 또는 신고를 부실하게 한 자는 백원 이하의 벌금 및 과태료에 처한다.

이 짤막한 규칙은 1934년 조선시가지계획령(朝鮮市街地計劃令)이 제정 공표될 때까지 근 20년 동안 조선 땅의 시가지를 개조하고 규제하는 근간이 되었다.

조선시가지계획령 배경

우리나라의 최초의 근대적인 도시계획법은 1934년 6월 20일 제정된 조선시가지계획령(朝鮮市街地計劃令)이다. 일본에서 1919년 도시계획법이 제정되자 조선총독부에서도 입법화를 서둘렀다. 그러나 도시계획은 도시민을 위하는 것이기 때문에 국민 대다수가 농민인 조선 사람들은 반대하였다. 반면에 조선거류 일본인들 100에 90은 도시에 살므로 조선총독부와 일본상공인들은 도시계획에 열을 올렸다. 특히 1923년 관동대지진 이후 도시계획에 관한 열기가 확산되었다. 도쿄는 그때 기틀을 만들어 근대적 모습으로 재건된 도시다.

일본이 조선에서 시가지계획령을 시행한 배경은 1931년 발생한 만주사변 때문이다. 광활한 만주에서 산출된 자원을 일본으로 가져가고, 또 일본에서 생산한 공산품을 만주로 보내기 위한 가장 가깝고 경제적인 수송로가 필요했다. 조선의 항구나 국경 도시를 거점으로 삼아야 했다. 한적한 촌락이 배와 철도의 종단역으로 결정 되면 갑자기 인구가 급증하고 땅값이 천정부지로 올랐다. 땅값이 치솟자 총독부는 땅을 사지 않고 시가지를 조성하는 방법을 계획하였다. 그리하여 토지구획정리의 시행조문을 담은 조선시가지계획령과 그 시행규칙을 제정 공포한 것이다.

그러므로 우리나라 최초의 근대 도시계획법이라 할 수 있는 조선시가지계획령은 조선의 필요에 의한 것이 아니다. 만주의 식민지 지배를 일본정부의 필요성 때문이다. 조선총독부는 1934년 만주와 가장 가까운 나진의 시가지계획을 처음 수립하고, 경성은 1936년, 인천은 1937년부터 시행하였다. 또 일본에서처럼 도시계획법이라 하지 않고 시가지계획령이라 한 것은 일본 본토와 식민지 도시를 동렬에 다루기를 꺼려 차이를 두고 싶었기 때문으로 보인다.

2) 일제강점기 주요도시 도시계획

경성부(京城府)

일제강점기 경성부에 대한 도시계획수립은 두 번 있었다. 1930년 계획안은 기준년도 1929년을 기점으로 목표연도가 1959년인 30년 장기계획이었다. 기준연도의 인구가 42만5천명이었는데 목표연도의 인구는 72만 명으로 책정하고 있다. 계획구역은 인근 9개 면을 포함하여 총 108.77km²으로 당시 면적 35km²의 3배에 달했다. 그중 주거가능지의 면적은 전체의 71.5%를 차지하였다. 가로계획은 총192개 노선에 연장되었다. 공원계획은 경복궁, 창덕궁, 덕수궁의 세 고궁을 포함하여 38개의 공원을 계획하였다. 이밖에도 표고 70m이상의 임야를 자연공원으로 책정하여 공원면적은 전체 도시계획구역의 18.6%(20.28km²)를 차지하였다.

1934년 조선시가지계획령이 공포되자 경성부는 1930년대 안을 토대로 하여 1936년에 새로운 도시계획을 입안하였다. 이 계획안에서는 도시계획구역이 135.66km²로 확장되었고, 목표연대는 1965년이며, 계획인구는 110만 명이었다. 그러나 용도지역계획이나 교통계획은 1930년 안을 그대로 따랐다. 도시 전체적으로는 도심을 중심으로 방사형 가로체계가 도입되었고 그 형태는 불규칙적이다. 그러나 도심상업지역은 방형의 형태에 격자형 도로체계를 갖추었다. 1941년 도시의 주택난을 해결하기 위해서 주택영단(住宅營團)이 설립되었고, 지금의 문래동에 도림단지와 상도동에 상도단지가 건설되었다.

부산부(釜山府)

부산은 개항이후 꾸준히 발전하여 군사, 외교, 교통, 어업, 상공, 교육, 문화 등의 거점이 되어갔다. 그러나 경상남도 도청소재지는 1894년 갑오경장 이후 30년간 진주에 있었다. 마침내 총독부령에 의해 1925년 4월 경남도청이 부산으로 이전하면서 산업경제 및 지방행정의 중심이 되어갔다. 이에 따라 1936년 4월에 행정구역이 확정되고, 1937년 3월 조선시가지계획령에 의한 도시계획이 수립되었다. 목표연도는 1965년, 계획면적은 84.16km², 계획인구는 40만으로 잡았으며, 가로와 토지구획정리지구가 지정되었다. 1942년에는 제2차로 행정구역이 확정되고, 1944년에는 공원과 녹지 및 풍치지구가 지정되어 근대도시로서의 초보적인 기능별 토지이용을 도모하게 되었다.

인천부(仁川府)

인천은 한일합방이 되자 인천도호부를 폐지하고 일본조계지 내의 감리아문(지금의 중구청) 자리에 인천부 청사를 두었다. 인천부의 행정구역은 종전의 12개 면에서 개항장의 부내면과 다소면 일부지역 약 6.06km²만 국한시켰다. 나머지 지역은 부평군과 합하여 부천군을 만들었다. 그러나 1931년 이후 일본의 대륙침략을 위한 군수공장이 계속해서 건설되자 부천군 다소면(현 율목동)과 문학면(현 관교동) 일부를 편입하여 면적을 27.12km²로 확장하였다. 1937년 시가지계획이 수립되었으며, 목표연도는 1965년이다. 계획인구는 20만을 기초로 하여 내용은 가로망계획, 용도지역지구지정, 토지구획정리를 담고 있다.

경인(京仁)시가지계획

1941년 12월 7일 일본이 미국의 하와이 주 진주만을 기습 공격하여 태평양전쟁이 일어났다. 일본은 한반도를 군수물자를 생산하는 병참기지화 하려는 의도로 총독부 고시로 경인시가지계획을 발표하였다. 경인지역은 한반도의 중추일 뿐만 아니라 지리적으로 중국과 가깝고, 경공업이 집중되어 있어 대규모 공업용지 확보가 필요했다. 당시 지정된 면적은 350.59km²에 달하는 광역이었다.

주요내용은 구로와 부평지구를 비롯한 7개의 공업용지 조성지구와 11개의 주택지 경영지구, 그리고 부천군 부내면과 부평역전 부근 2.75km²의 토지구획정리지구계획이다. 경인시가지계획의 특징은 1940년 1월에 계획구역, 일단의 공업용지, 일단의 주택지를 고시해 놓았다. 그리고 1944년 1월 가로, 광장, 공원계획, 녹지지역, 풍치지구를 고시하고 있다. 또 소사지구 가로망계획 첫머리에 폭 50m의 자동차 전용 고속도로를 도입한 점이다.

대구부(大邱府)

대구는 영남내륙 지방의 교통요지로 조선시대 때부터 경상도 감영이 있어 행정·사법·군무를 통합하는 중심도시다. 1914년 부제의 실시로 시가지 일대 9.23km²만 대구부로 독립하고, 나머지 지역은 달성군에 편제되었다. 1938년 시가지계획이 공고되면서 달성군의 수성면, 달서면, 서북면을 편입하였다. 계획기준연도는 1936년이고, 목표연도는 30년 후인 1965년이다. 계획면적은 115.64km², 인구는 당시 15만5천에서 35만5천으로 확대계획 하였다. 용도지역은 크게 주거가능자와 주거불가능지로 구분하였다.

전주부(全州府)

전주는 호남 제일의 곡창지대에 있는 도시로 예부터 물산이 풍요롭기가 한양을 방불케 했다. 조선시대 전주는 전라도 감영이 있었으며 호수로는 한양과 평양에 이어 3번째 도시였다. 인구수로는 한양, 평양, 의주, 충주에 이어 5번째였다. 전주는 1938년 5월에 처음으로 시가지계획이 수립되었다. 목표연도를 1967년으로 한 30년 장기계획으로 계획인구는 10만 명, 계획면적은 19.67km²로 잡고, 가로 및 토지구획정리지구를 지정하였다. 1943년에는 아담한 고도(古都)로 육성하려는 의도로 녹지지역, 풍치지구, 공원이 포함된 도시계획이 결정되었다.

대전(大田)

대전은 철도의 개통과 함께 형성하여 발전된 도시다. 조선시대까지만 해도 회덕현과 진잠현에 둘러싸인 수십 호에 불과한 조그만 촌락이었다. 1904년 경부철도 공사가 시작되면서 이 공사에 참여하는 일본인이 대전에 거주하기 시작하였다. 1914년 호남선이 개통되자 경부와 호남의 분기점이 되면서 도시발전의 계기가 마련되었다. 특히 일본인이 많이 거주하면서 대전역, 영사관, 수비대, 경찰순사 주재소 등 시설이 들어섰다. 일본인들은 원동, 중동, 정동 등 대전천의 낮은 지역에 주거지를 형성하였다. 1931년에는 읍으로 승격되고, 1932년에는 공주에 있던 충청남도 도청이 옮겨오고, 1935년 대전부로 승격되면서 비약적인 발전을 계속하였다. 1910년에 5천명이던 인구가 1917년에 6천 명, 1944년에는 7만7천 명으로 급증하였다.

시가지계획령 적용 도시

나진
청진
나남
만포
길주
성진
서천
신의주
함흥
홍원
고원
흥남
진남포
평양
원산
해주
개성
춘천
강릉
인천
경성
묵호
수원
삼척
청주
제천
부여
대전
안동
전주
대구
군산
진주
마산
광주
순천
부산
목포
삼천포

조선시가지계획령 적용 도시

참고문헌

김철수, ≪도시계획사≫, 기문당, 2005.

김홍순, <일제강점기 도시계획에서 나타난 근대성—조선시가지계획령을 중심으로>,
　　　서울도시연구 제8권 제4호, 2007.

마산시사편찬위원회, ≪마산시사≫, 1997.

목포백년회, ≪목포개항백년사≫, 1997.

박정일, <한국의 조계 형성 과정과 당시 토지문제에 관한 연구>, 지적과 국토정보
　　　제49권 제1호, 2019.

배종무, <목포개항장 연구>, 전남대학교 박사학위, 1987.

손정목, ≪일제강점기 도시계획연구≫, 일지사, 1990.

손정목, ≪한국 개항기 도시변화과정 연구: 개항장·조계·거류지≫, 일지사, 1982.

송정숙, <기록으로 본 부산의 산업변동과 로컬리티>, 한국기록관리학회지 16(2),
　　　2016.

윤정숙, 개항이 근대도시 형성에 미친 영향 군산항을 중심으로, 이화여대 석사학위,
　　　1984.

이가연, <개항장 원산과 일본 상인의 이주>, 동북아문화연구 제63집, 2020.

＿＿＿, <개항장 부산 인본 거류지의 소비공간과 소비문화>, 향도부산 제39호,
　　　2020.

이주형, ≪도시형태론≫, 보성각, 2001.

이황·김민수, <인천 조계지 필지점유 방식으로 본 식민지 거리형성에 관한 연구: 인
　　　천시 중앙동 1가(옛 本町 1,2 丁目)의 복원을 중심으로>, 한국건축역사학회
　　　2007 춘계학술발표대회, 2007.

인천광역시, ≪인천의 도시계획≫, 2004.

하원호·민원기, <개항기 함경도지역의 풍흥과 원산의 상품유통>, 한국사학보 60,
　　　고려사학회, 2015.

허만형, <개항기 부산의 도시형성과 정비에 관한 연구>, 경동전문대학 논문집 제6
　　　집, 1997.

부산지방해운항만청, ≪부산항사≫, 1991,

홈페이지

제신문 (www.kookje.co.kr)

부산시청 – 시대별 부산역사 (www.busan.go.kr/prehistoric)

부산영화체험박물관 블로그 (blog.busanbom.kr)

서울시청, 서울육백년사 (seoul600.seoul.go.kr)

인천광역시 – 인천역사 (www.incheon.go.kr)

철도기술정보포탈 (www.irail.net)

철도박물관 (www.railroadmuseum.co.kr)

제7장

현대 도시

제7장

현대 도시

1. 1950-1960년대 도시

1) 해방이후 도시

1945년 광복 당시 행정구역은 13도(道), 21부(府), 218군(郡), 2도(島), 107읍(邑), 2,243면(面)이 있었다. 그러나 미국과 소련이 남과 북을 각각 분할하여 신탁통치를 하게 됨에 따라 행정구역도 남북한으로 갈라지게 되었다. 남한에는 12개 부(서울, 부산, 대구, 인천, 개성, 대전, 군산, 광주, 목포, 마산, 전주)와 76개의 읍이 있었다. 부와 읍을 합한 도시의 인구는 약 400만 명으로 도시화율은 23% 정도였다.

해방이 되자 그때까지 한반도에 남아 있던 약 70만 명 정도의 일본인이 이 땅을 떠났다. 대신 일본과 만주와 중국 등에 살던 약 120만 명의 동포들이 귀환하였다. 또 북한지역에서 내려온 약 48만 명이 월남하였다. 이들 대다수는 도시지역에 정착하게 됨에 따라 도시인구는 급격하게 증가하였다.

서울은 일제강점기 때 경기도 관할의 경성부였다. 해방이 되자 경기도로부터 분리하여 서울시로 개칭하고, 1949년 8월 15일에는 서울특별시로 승격되었다. 해방 당시 서울은 해외동포의 귀국, 월남 난민과 이주자들의 서울 집중으로 인구가 급속하게 늘어났다. 1945년 약 90만 명이었던 인구가 3년 후인 1948년에는 약 180만 명으로 증가하였다. 서울 인구가 포화상태에 이르자 1949년 행정구역확장이 이루어졌다. 경기도 고양군의 은평면, 숭인면,

뚝섬면과 시흥군 동면의 구로리·도림리·번대방리가 서울의 도시계획구역으로 편입하였다. 서울의 면적은 기존 133.904km²에서 268.353km²로 2배이상 확대되었다. 이로써 서울은 인구 200만을 수용할 수 있는 토지기반을 조성하였다.

1950년 6.25전쟁은 남북한을 막론하고 전국토를 폐허로 만들었으며 특히 도시지역의 파괴가 심했다. 1953년 7월 27일 휴전협정이 이루어지자 시가지 복구와 북한에서 월남한 약 300만 명에 이르는 피난민들의 정착을 위한 전재적지정리(戰災跡地整理)사업을 실시하였다. 이때 면은 읍으로, 읍은 시로 승격되었다. 서울은 전후 복구사업이 활발하게 전개되었으나 과감하고 구조적인 도시계획을 하지 못했다. 영국이 1666년 런던대화재를 계기로 도시를 정비하였고, 일본은 1923년 관동대지진을 도시발전의 계기로 삼은 것과 대조적이었다.

2) 1960년대 도시

도시계획법 제정

대한민국정부가 수립되었음에도 1950년대까지 도시계획법은 제정되지 않았다. 여전히 조선총독부가 1934년에 제정한 시가지계획령이 그대로 적용되었다. 해방과 6.25 전쟁의 혼란기에 법을 제정할 여유가 없었기 때문이다. 1960년대에 들어서자 도시인구율이 37.2%에 달할 만큼 도시화가 급격하게 진행되었다. 새로운 도시계획법의 제정이 필요하게 된 것이다. 1961년 5월 16일 쿠데타로 집권한 박정희 정권은 국토건설청을 신설하고 1962년 1월 1일부터 제1차 경제개발5개년계획을 실시하였다. 이와 때를 같이 하여 도시계획법과 건축법이 제정·공포되었다. 모두 6장 51개 조문으로 구성되었다. 새 도시계획법의 특징은 다음과 같다.

첫째, 건축법을 동시에 제정하여 도시계획과 분리하였다. 둘째, 시가지계획은 조선총독만이 전담하였는데 도시계획법은 계획의 일부를 지방장관에 위임하였다. 셋째, 도시계획의 조사 및 심의를 위하여 중앙도시계획위원회를 신설하였다. 넷째, 도시계획시설로 새로이 주차장·학교·도서관·유원지·

녹지 및 불량지구 개량에 관한 시설을 추가하였다. 다섯째, 시가지계획령에서는 주거·상업·공업의 세 지역과 풍치·미관·방화·풍기의 네 지구가 있었는데, 새 법에서는 녹지지역이 더 추가되고 지구에서는 풍기지구 대신에 교육지구 및 위생지구가 추가되었다.

도시계획법이 제정됨에 따라 1966~1967년 사이 전국 32개 시급 도시 가운데 11개 도시가 도시계획을 수립하였다. 당시의 계획은 목표연도를 30년 후로 잡았다. 대부분 도시들은 과도하게 넓게 시가화지역을 지정함으로써 무질서한 시가지 확산을 초래하였다. 1966년 8월에는 공업화가 진행되자 공업용지 수용을 위해 토지구획정리사업법이 도시계획법에서 분리되었다.

1960년대 우리나라에서 신도시(new town) 건설은 2가지의 정책목표에 의해 추진되었다. 하나는 대규모 공업단지의 배후도시로 건설된 것이고, 다른 하나는 수도권의 과밀문제를 해소하기 위한 것이다. 공업단지 배후도시로 건설된 최초의 신도시는 1962년 석유화학공단이 조성되면서 건설된 울산이다. 작은 어촌이었던 울산은 우리나라에서는 처음으로 현상공모를 통해 도시계획 안이 작성되었다. 농업지역과 주거지역의 분리, 근린주구 개념의 도입, 통과교통의 우회처리 등 당시로서는 매우 현대적인 도시계획기법들이 적용되었다.

수도권 과밀문제를 해소하기 위한 도시는 성남이다. 서울 청계천 주변 무허가 판자촌의 이주대책으로 1968년 5월 일단의 주택지조성사업으로 시작되었다. 처음에는 면적 250만평에 목표인구 15만 명으로 계획하여 1970년까지 건설 완료시키는 것이었다. 그러나 1971년 난동사건 등으로 사회문제가 발생하자 일단의 주택지조성사업은 도시개발사업으로 목적이 변경되어 오늘날의 성남시가 탄생하였다.

서울시의 확장

1960년대 들어 농촌인구의 상경으로 서울 인구가 급격하게 증가하였다. 종전의 서울 도시 규모로는 도저히 새로운 인구 수요를 수용할 수 없게 되었다. 새로운 택지의 조성과 도로의 신설 및 확장이 급선무였으며 무엇보다도 주택부족현상이 심각했다. 정부는 택지난을 해소하기 위해 1962년 11월

21일자로 <서울특별시 행정에 관한 특별조치법>을 공포 시행하였다. 서울시에 인접한 경기도내 5개 군 48개 동리 328.15km² 광역을 1963년 1월 1일부터 서울시 행정구역으로 편입하는 조치를 취했다. 이는 종전의 서울시 전역 269.77km² 보다도 많은 것으로 서울은 597.92km²의 광역이 되었다. 이때 경기도 관내에서 서울시로 편입된 지역은 다음과 같다.

오늘날의 중랑구인 양주군 구리면의 상봉·중화·묵동·망우·신내리 지역, 오늘날의 강동구인 광주군 구천면의 전역, 오늘날 송파구인 광주군 언주면·중대면·대왕면의 송파·방이·오금·마천·거여·문정·가락·석촌리 지역, 오늘날의 도봉구·노원구인 양주군 노해면의 창동·월계·공덕·하계·중계·상계·도봉·방이·쌍문리 지역, 오늘날의 강서구·양천구인 김포군 양동면의 가양·마곡·등촌·염창·신정·목·화곡·신당리와 양서면의 내발산·외발산·송정·과해·방화·개화리와 부천군 오정면의 오곡·오쇠리 지역, 오늘날의 서초구인 시흥군 신동면의 서초·방배리 지역, 오늘날의 구로구인 시

서울시역 확대

흥군 신동면의 시흥·독산·가리봉과 부천군 소사읍의 향리·온수·궁리·오류·개봉·고척·천왕리 지역, 오늘날의 신동면의 신림·봉천리 지역이 서울시로 편입되었다.

서울 여의도개발

1968년 개발이 이뤄지기 전까지만 해도 여의도는 넓은 백사장과 양말산(羊馬山)이 있었다. 이곳에 목장을 만들어 양과 말을 길렀기 때문에 붙여졌다. 산의 높이는 해발 약190m 정도이며 지금의 국회의사당 자리다. 양말산 기슭에는 조선시대 궁녀들의 공동묘지가 있었다. 일제강점기인 1916년 65만여 평의 비행장이 건설되었다. 여의도(汝矣島)란 이름은 양말산 기슭이 홍수 때도 잠기지 않아 사람들이 너의 섬 나의 섬이라고 불린데서 유래되었다고 한다.

개발이전 여의도 면적은 약 200만평 정도였으며 대부분 모래톱과 밭이었다. 평상시에는 밤섬과 연결되었다가 홍수 때는 갈라져 두 개의 섬이 되었다. 밤섬과 서강사이에는 너비 200~300m의 한강이 있고, 양말산과 영등포 사이에는 너비 50m 정도의 샛강이 흘렀다. 일제강점기에 비행장이 있던 탓에 민간인들의 주거가 금지됐다. 1945년 해방이 되자 미군정은 양말산 기슭에 20평 정도의 살림집 50채를 지어 만주와 일본에서 귀국한 50가구를 살게 했다. 이들은 땅콩과 옥수수 농사를 지어 비교적 잘 살았다고 한다.

불도저 시장이란 별명을 가진 김현옥 서울시장은 한강 개발에 시동을 걸었다. 그 첫 사업은 여의도 윤중제 공사였다. 1968년 밤섬을 폭파하여 나온 돌과 흙으로 여의도와 한강사이 제방을 쌓았다. 높이 16m, 둘레 7.6㎞의 둑이 110일 만에 완공되었다. 윤중제 안쪽에는 87만여 평의 땅이 만들어졌다. 서울시는 이 땅을 팔아 얻어지는 재원으로 수백동의 아파트를 지어 싼값으로 서민들에게 공급한다는 계획이었다.

1970년 5월 마포와 영등포를 연결한 마포대교가 준공되자 여의도는 육지로 다시 태어났다. 그러나 땅이 팔리지 않았다. 고심 끝에 서울시가 먼저 튼튼한 고급 아파트를 짓기로 하였다. 1971년 10월 착공 1년 만에 24개동 1,584가구 시범아파트를 준공했다. 12층 높이의 시범아파트는 당시 우리나라에서 지은 아파트 중 가장 높았다. 처음으로 아파트에 엘리베이터가 설치됐고 세대마다 냉온수, 스팀난방시설을 갖췄다. 파출소, 쇼핑센터, 유치원부터 고등학교까지 단지 가까이에 배치한 방식도 이전에는 없던 새로운 시도였다.

여의도 초등학교를 졸업한 사람은 여의도중학교, 여의도고등학교로 진학하게 하는 특수학군제를 실시하자 사람들이 옮겨오기 시작했다. 시범아파트 입주자 어머니의 70%이상이 대학졸업자라는 조사결과가 나올 정도로 고학력자, 전문직 종사자가 모여들었다. 입주 시작 두 달 만에 아파트 값이 배로 오르며 인기가 높아지자 민간업체들도 택지를 사서 아파트를 짓기 시작했다. 1974년 삼익아파트 360가구를 비롯하여 한양주택의 은하아파트, 삼부아파트, 라이프아파트가 뒤를 이었다. 1970년대 중동건설경기 호황으로 늘어난 유동자금이 아파트로 몰려 투기열풍을 빚기도 했다. 1977년 목화아파트 청약경쟁률이 45대1을 기록할 만큼 여의도는 고급주택가로 인기를 끌었다.

1975년, 국회의사당이 준공됐고 동양방송(지금의 KBS2)이 1980년 개국했다. 1979년에는 15층 규모의 증권거래소 건물이 완성되면서 여의도는 금융중심지로 발돋움했다. 야간인구 4만 명, 주간인구 18만 명으로 북적이는 신시가지를 만들겠다는 1970년대의 구상은 2009년 현재 거의 목표치에 도달했다.

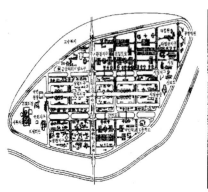

여의도개발계획
자료: 서울육백년사

1960년대 여의도개발 모습
자료: 서울시사편찬위원회

울산

울산(蔚山)은 천혜의 온난한 기후를 가진 항구와 태화강이 조성한 비옥한 토지로 인하여 삼국시대부터 신라의 중심지였다. 고려 때 흥례부로 승격되었으며, 조선시대에는 울산도호부가 되었다. 1914년 부군통합 때 언양군이 울산군에 병합되었고, 1962년 울산읍이 시로 승격되며 울산군과 분리되었다. 울산만은 수심이 깊어 울산항, 온산항, 방어진항이 연이어 있으며 일찍부터 한반도의 관문역할을 해왔다. 또 항구 내안 넓은 구릉지는 공업단지를 조성하기에 최적의 조건을 갖추었다.

1962년 제1차 경제개발5개년계획의 첫 사업으로 울산공업단지가 조성되었다. 우리나라 최초의 공업단지이다. 울산공단에는 정유, 비료, 자동차, 조선 등의 공업이 입지하여 국가 기간산업 기지로 급속히 변모해갔다. 장생포지구에는 대규모 정유, 비료, 화학, 석유화학 등의 공업이 집중해 있다. 염포 및 미포지구에는 현대그룹 계열의 기계, 자동차, 조선 등 중공업 및 관련 공장 등의 기업체가 집중해 있다.

공업단지의 배후도시로 울산신도시가 건설되었다. 태화강 남쪽의 땅에 국내에서는 최초로 현상공모를 통해 계획안이 작성되었다. 목표인구는 15만

울산공업단지 위치

자료: 울산광역시사

1960년대 울산석유화학공업단지

자료: 울산광역시사

명으로 공업지역과 주거지역의 분리, 공해문제고려, 근린주거개념의 도입, 통과교통의 우회처리, 녹지체계조성 등 당시로는 매우 현대적인 도시계획기법들이 적용된 도시였다. 대가구(大街區)가 방형(方形)으로 구획되고, 다시 대가구가 방형의 소가구로 구획되어지는 전통적인 격자형 가로체계로 형성되었다. 태화강 북쪽에 있는 구도심부는 비공업지역으로 태화강을 중심으로 삼각형 형태를 이루며 울산의 전통적 도시공간을 형성하고 있다.

성남

성남은 남한산성 남쪽이라는 의미이며 1960년대 초까지만 해도 전형적인 농촌이었다. 당시 서울은 급속한 산업화와 도시화로 인구가 급증하였다. 1년에 60~80만 명 정도가 농촌을 떠나 서울로 향했다. 서울의 도시공간은 주택난, 교통난, 환경오염, 범죄증가 등의 도시문제가 심각했다. 농촌에서 상경한 인구는 공유지와 사유지를 가리지 않고 무허가 집을 짓고 살았다. 1960년대 중반 서울의 남산자락 구릉지, 청계천, 한강변, 철도변은 무허가 판자촌이 들어서자 국가적인 대책 마련이 시급해졌다. 게다가 1966년 10월 존슨 미국 대통령 방한 당시, 미국 TV를 통해 너저분한 판자 집들이 세계에 생생하게 방영되자 당시 박정희 정권은 무허가 건물 철거를 강행하였다.

1966년 부임한 김현옥 서울시장은 불도저란 별명답게 무허가 건물 철거에 나섰다. 도심에 가득한 무허가 건물을 없애지 않으면 도로를 놓을 수도, 건물을 지을 수도, 도시미관을 꾸밀 수도 없는 노릇이었기 때문이다. 서울시는 봉천동과 성남 등 도시외곽지역에 집단 이주정착지 조성을 추진하였다. 1968년 경기도 광주군 중부면 탄리에 약 300만 평의 광주대단지조성사업이 실시되었다. 1970년까지 3년 동안 10만 세대 55만 명의 철거민을 이주할 계획이었다.

이 지역은 험준한 산악지대이고 큰 길이라고 해야 모란을 거쳐 천호동으로 나가는 길 하나뿐이었다. 선입주 후건설이라는 이름으로 군대 막사처럼 생긴 가수용 천막을 지어 놓고 청계천변과 철도변의 철거민들을 군용트럭이나 삼륜차, 심지어는 쓰레기차에 짐짝처럼 실어서 이주시켰다. 바닥을 거적으로 깐 천막 하나에 2~5가구씩 수용되기도 하였다. 상하수도는 물론 화장실, 배수구도 없이 공동우물과 공동화장실을 사용했다. 그나마도 부족하여 장마철에는 전염병으로 수많은 사람들이 죽어갔다.

철거민들은 도로나 배수시설이 없는 상태에서 각각 20평의 땅을 분양 받았다. 그러자 부동산 투기꾼들이 몰려들었다. 철거민들은 택지 분양증을 웃돈을 얹어주는 투기꾼에게 파는 경우가 많았다. 당장 먹고 살기 힘들었고 자비를 들여 주택을 짓는 것은 엄두도 내지 못했기 때문이다. 분양증은 대부분 서울 남동부에 직장이 있는 집 없는 서민들이 매입했다. 철거민의 절반 이상은 분양증을 팔고 다시 서울로 이주하였다. 그들은 분양증을 팔아 생긴 돈으로 다시 무허가 건물을 짓고 살아 악순환이 발생하였다.

당시 철거이주민들에게 토지는 평당 2천 원씩, 3년 분할 상환 조건으로 분양하였다. 그러나 분양증을 사서 들어오는 전매입주자가 늘자 정부는 분양권 전매금지 조치를 내렸다. 그리고 전매입주자에게는 철거이주민보다 비싼 평당 8천~1만6천원으로 올리고 토지대금을 일시불로 상환하라고 통보하였다. 이에 입주자들이 대거 반발하며 대지가격 인하 및 분할상환 등을 요구하였다. 정부가 이를 받아들이지 않고 오히려 가옥에 대해 취득세를 부과하자 1971년 8·10광주대단지 소요사건이 발생하였다.

정부는 주민들의 요구 조건을 수용하기로 하였다. 그 방안으로 서울시가 추진하던 광주대단지사업을 경기도로 인계하고 성남을 시로 승격하여 도시 개발을 하였다. 기존의 광주군 성남출장소 관내 중부면의 단대리, 상대원리, 탄리, 수진리, 복정리, 창곡리와 대왕면, 낙생면, 돌마면을 포함하여 1973년

이주 철거민 천막촌
자료: 성남시청

1972년 성남시 수진동 길
자료: 성남시청

성남시로 승격되었다. 1988년 수정출장소와 중원출장소를 설치하고, 1989년 두 출장소를 수정구, 중원구로 승격 설치하였다. 1991년에는 분당신도시, 2010년대는 판교신도시가 건설되는 등 인구 100만 명에 이르는 대도시로 발전하였다.

2. 1970년대 도시

1) 강남개발계획

강남개발 배경

서울은 인구가 급증하며 주택난과 도로난이 심각해지자 택지개발과 도로의 신설이 급선무였다. 1966년 부임한 김현옥 서울시장은 불도저시장이란 별명답게 의욕적으로 서울시 개발사업을 추진하였다. 그는 1970년 와우아파트 붕괴 사건으로 사임하기까지 4년여 동안 서울을 탈바꿈시켰다. 여의도개발, 강남개발, 잠실개발, 한강개발 등 각종 택지 개발은 모두 그의 작품이었다. 또 도시기반시설에 서울시 재정의 50% 이상을 사용할 만큼 도로신설 및 확장, 육교 및 지하도 건설, 한강제방 확장, 대대적인 구획정리사업, 시민아파트 건설 사업 등을 추진하였다.

김현옥 시장은 서울의 판자촌은 반드시 해결해야 될 과제라며 1969년부터 산비탈과 고지대에 있는 무허가 불량주택을 헐고 시민아파트를 건설하였다. 청계천과 중량천변에 있는 판자촌은 강제 철거하여 변두리에 집단 이주시켰다. 성남과 봉천동이 이주정착지의 대표적인 곳이다. 또 압구정, 반포, 동부이촌동, 구의지구 등 한강변의 대규모 매립공사를 실시하여 택지개발에도 힘썼다. 그러나 졸속개발은 많은 부작용을 초래했다. 무자비한 철거로 인하여 삶터를 잃은 철거민문제를 발생시켰다. 또 졸속건설은 1970년 4월 와우아파트가 붕괴되는 참사를 빚기도 했다.

오늘날의 강남구는 원래 경기도 광주군의 언주면과 대왕면이었다. 서초구는 시흥군 신동면 이었다. 1963년 서울시 행정구역 확장 때 언주면과 대

왕면의 도곡리, 역삼리, 포이리, 개평동, 신사리, 압구정리, 학동, 논현리, 삼성리, 청담리, 대치리, 염곡리, 내곡리 일대가 서울 성동구로 소속되었다. 반면에 신동면의 양재리, 우면리, 원지리, 사당리, 방배리, 서초리, 반포리, 잠원리 일대는 영등포구로 소속되었다. 이 지역의 개발을 촉진하게 된 것은 1969년에 준공된 제3한강교(현 한남대교)와 1970년 7월 7일에 개통된 경부고속도로다. 대부분 채소밭이거나 과수원이었던 한적한 농촌이 수도 서울의 관문이 된 것이다.

강남택지개발

1966년 8월 11일 김현옥 서울시장은 남서울(지금의 강남구와 서초구) 5천만평의 터전에 인구 1백만~1백50만 명이 거주할 수 있는 새서울계획과 그 모형도를 발표했다. 도시의 외곽지대는 2백만~4백만 평의 녹지대가 되고, 도심부와 동서남북 네 곳의 주택지구 가운데는 30만 평의 관공서가 위치하는 계획이다. 이 구획정리 예정 지구를 영동지구라 했는데 이는 영등포의 동쪽이라는 뜻이다. 당시 영동지구사업계획은 당시 도시계획개념의 상식에서 너무나 벗어나 있어서 전문가들조차 놀랐다고 한다.

첫째는 엄청난 광역이었다는 점이다. 영동1지구 면적은 1,273만8천m²(약 386만 평), 영동2지구 면적은 1,307만m²(약 396만 평)이었다. 모두 2,580만8천m²(약 782만 평)은 당시 일반적인 구획정리 규모가 15만~30만 평인 것에 비하면 상상을 초월하는 대규모였다.

둘째는 도로 폭이 70m, 50m, 40m, 30m의 넓은 간선도로가 거의 완전에 가까운 격자형 도로계획을 시도했다는 점이다. 넓이 70m 길이 3.6km의 영동대로, 넓이 50m 길이 6.9km의 강남대로, 넓이 50m 길이 3km의 도산대로와 같이 넓고 긴 도로는 서울시내에서 광화문거리(넓이 100m, 길이 0.6km)를 빼놓고는 찾아볼 수 없었다. 이는 자동차가 많은 미국을 비롯해서 전 세계적으로도 그 사례가 없을 정도였다. 당시 서울의 자동차 대수는 약 6만 대에 불과했다. 그러므로 그렇게 넓고 긴 도로가 필요한가라는 문제가 제기되었지만 김현옥 시장은 아랑곳 하지 않았다.

셋째는 광로와 대로는 물론 종전까지의 타 구획정리지구에 비해 월등히 많은 공원과 학교 용지를 배치하였다. 때문에 영동지구의 평균 감보율이 37%였고 광로나 대로에 면한 곳은 70%까지 올라간 곳도 있다. 이는 그 후 서울 및 전국의 구획정리사업에 파급되었다.

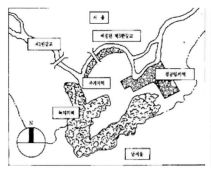

서울 남서울 계획도
자료: 서울육백년사

영동지구 토지구획정리사업 조감도
자료: 서울역사박물관

강남 아파트 건설과 분양

서울시의 영동지구 개발의 가장 큰 문제는 택지 분양이었다. 사업주체인 서울시의 입장에서는 땅이 빨리 그것도 비싼 가격으로 팔려야 공사비를 충당할 수 있었다. 그러기 위해서는 빨리 주민들이 들어와 집을 짓고 살아야 도시가 살아나고 또 강북인구가 분산될 수 있었다. 서울시는 궁여지책으로 스스로 사업주체가 되어 주택을 짓고 주민을 유치하였다.

첫 번째 시도가 논현동 공무원아파트 건설이다. 12평과 15평짜리 5층으로 된 소형아파트 360가구를 건립하여 서울시 무주택공무원들에게 분양하였다. 그러나 주위가 허허벌판이라 생활이 불편했다. 얼마 안가서 상당수는 타인에게 되팔고 강북으로 되돌아가는 현상이 발생했다. 그러자 서울시는 입주자가 누구든 상관하지 않고 분양하였다. 강북인구 유인책이 우선이었기 때문이다. 그래서 다음에 실시한 것이 시영주택 1,350동을 건립하여 일반에게 분양하였다. 아울러 이 지역 사람들의 강북으로 출퇴근을 돕기 위해 시내버스 노선을 강제 배치하였다.

두 번째 시도는 강북지역을 대상으로 특정시설제한구역이라는 제도를 신설하였다. 강북의 도심부에 인구집중을 유발하는 백화점, 도매시장, 공장 등의 신규시설을 불허했다. 또 종로와 중구의 소공동, 무교동, 남대문로 등을 재개발지역으로 지정하여 건물의 신축이나 개축을 금지시켰다. 이들 지역에는 술집, 다방, 카바레 등 접객업소들이 많이 있었다. 대신 강남에는 이들 접객업소에 대한 아무런 규제가 없었다. 뿐만 아니라 취득세와 재산세 등을 면제 해주기까지 했다. 오늘날 신사동, 논현동, 압구정동 일대에 많은 접객업소가 입지하게 된 배경이다.

논현동 공무원아파트에 이어 두 번째로 입지한 대규모 아파트단지는 압구정동 현대아파트다. 본래 이 지역은 주변이 대부분 채소밭과 과수원이었다. 1976년 현대건설이 공유수면 매립허가를 받아 매립한 토지 위에 1·2차 아파트에 이어 1987년 14차 아파트에 이르기까지 15만 평에 총 6,336세대가 지어졌다. 처음에는 교통이 불편하고 기반시설이 부족해 인기가 없었다. 그러나 현대라는 브랜드와 강남아파트 열기를 타고 중산층과 상류층들이 몰려들기 시작했다. 그 후 강남은 투기바람이 불면서 급속도로 도시화가 진행되었다.

논현동 공무원아파트 건설 모습
자료: 서울특별시

압구정동 현대아파트
자료: 나무위키

2) 잠실개발계획

잠실개발 배경

잠실(蠶室)은 조선시대 경기도 양주군 고양주면, 일제강점기에는 고양군 독도면 잠실리에 속했다가, 1949년 서울시가 확장될 때 성동구 잠실동이 되었다. 잠실은 본래 한강의 범람원으로 발달한 섬이었다는 설과 자양동에서부터 지맥이 이어진 반도라는 설이 있다. 이곳에 뽕나무를 심고 누에를 길렀다 하여 잠실이라고 불리었다. 뽕나무와 채소밭으로 가득했던 잠실섬이 1971년 잠실지구 공유수면(公有水面) 매립공사를 시작하여 1978년에 완공하였다.

본래 땅에다 공유수면매립공사로 얻어진 77만평을 합한 340만평의 광역에 구획정리사업을 실시하였다. 잠실은 기존의 평면적 개발방식에서 벗어나 입체적인 도시설계를 수립하였다. 이는 1945년 이후 영국에서 시행하게 된 신도시계획이 전 세계적으로 파급되면서 그 영향을 받았다. 이전 도시는 계획적인 설계 없이 그저 시가지의 평면적인 확대만을 꾀했다. 그러나 잠실은 도시설계의 수법에 의한 근린주구계획(近隣住區計劃)이 도입되어 우리나라 도시계획의 표본이 되었다. 또 물길을 매립할 때 그 일부를 남겨 호수(석천호수)로 만든 것은 당시로는 대단한 것으로 평가되고 있다.

잠실에 종합운동장이 들어서게 된 것은 박정희 대통령의 지시에 의한 것이다. 1970년 유치한 아시아경기대회가 제대로 규격을 갖춘 체육시설이 없다는 이유로 반환되는 수모를 당했다. 그러자 박정희 대통령은 새로 개발하는 잠실지구에 국제적 시설을 갖춘 종합운동장을 건설하라는 지시를 내렸다. 1973년 공유수면매립지구 서쪽 편에 약 13만 평을 집단공원용지로 지정하여 종합경기장 부지로 할애했다. 1986년 아시아게임과 1988년 서울올림픽대회가 열렸던 잠실종합경기장은 이렇게 해서 건립되었다.

잠실 근린주구단지 건설

잠실은 1975년 3월부터 1978년 10월까지 34만 평의 부지에 965억 원을 투입, 총364동 19,180호의 각형 아파트를 지었다. 이 건설 사업은 단일 업체의 주택공사로는 세계에서 10위권에 들어가는 대규모사업이었다. 당시 잠실의 계획인구는 10만 명이었는데, 이 같은 도시를 불과 3년 만에 건설했다는 것은 놀라운 일이다. 또 7.5평에서부터 25평까지의 주택들을 골고루 배치하여 공급을 다채롭게 하였다.

약 300만 평의 잠실지구는 모두 15개의 근린주구와 한 개의 운동장지구로 구성된다. 각 근린주구의 반경은 약500~800m 정도이다. 이 주구 내로는 통과교통을 배제하여 보행으로만 각각 독립된 생활권을 형성하였다. 즉 각 주구마다 여러 가지 공공시설이 배치되었다. 예컨대 쇼핑센터, 초등학교, 동사무소, 어린이 놀이터, 근린공원 등이 구비되어 주구 내에서 일상생활이 불편 없이 이루어지도록 하였다. 또 각자 집에서 공공시설에 이르는 보행가로에는 녹지축을 형성하였다. 이러한 배치는 사람들이 출퇴근 길 또는 등하교 길에 서로 마주치게 함으로써 이웃(근린)간에 커뮤니케이션이 형성되도록 하자는 의도였다.

본래 근린주구(Neighborhood units)이론은 미국의 사회학자이자 도시계획가인 클래런스 페리(Clarence Perry, 1872~1944)가 1929년 제창한 이론이다. 근린주구 개념은 초등학교를 중심으로 하는 단위를 설정하여 인구와 면적 및 공공시설의 규모를 결정하고, 그 주구 내에서 생활의 편리와 안전을 누리자는 개념이다. 페리는 근린주구 조성을 위하여 6가지 계획원칙을 제시하였다. ① 주구의 규모(size)는 하나의 초등학교 운영에 필요한 인구규모여야 한다. ② 주구의 경계(boundary)는 우회 도로와 간선도로에 의해 구획되어야 한다. ③ 주구 내 공지(open space)는 주민의 욕구를 충족시킬 수 있도록 계획된 소공원과 레크레이션 공간 등 녹지 면적이 전체의 10% 이상이어야 한다. ④ 공공시설 용지(institution)는 학교와 공공시설 용지는 중심 위치에 통합되어야 한다. ⑤ 근린 점포(shopping district)는 거주인구에 적합한 상점지구가 1개소 이상 있어야 하고, 위치는 교차 지점이나 근린상점지구와 근접하여 배치되어야 한다. ⑥ 내부도로체계(interior streets)는 순환교통을 촉진하고 통과교통을 배제하도록 일체적인 가로망으로 계획되어야 한다.

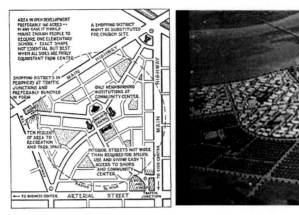

페리의 근린주구 개념도　　　　　　잠실아파트단지 건설 조감도

자료: 서울특별시

3) 과천행정도시 개발

과천은 조선시대 광주목 과천현에 속했다가 일제강점기인 1914년 시흥군에 통합되어 과천면이 되었다. 과천은 삼남지방에서 서울로 가는 교통의 요충지로 사람과 물자의 수송에 중요한 길목이었다. 과천신도시 건설은 서울이 직면한 교통난, 주택난, 공공편익시설 부족, 환경악화 등 여러 도시문제를 해결하기 위한 방편이었다. 그 개발계획을 살펴보면 다음과 같다.

첫째, 과천신도시 개발은 서울로의 집중 완화와 분산을 위한 수도권 관리정책의 방향으로 계획되었다. 서울로부터 완전히 벗어나는 자족도시가 아니라 서울의 광역적 공간구조에 포함되어 서울에 의존하는 위성도시로 계획되었다. 그 결과 과천은 행정구역상 경기도에 속하지만 서울도시계획구역에 포함되어 있다.

둘째, 정부행정기관들을 정부제2종합청사로 이전하여 서울에 집중된 행정기능을 분담하는 행정도시를 목적으로 하였다. 정부청사가 이전하면 그와 관련된 인구와 활동이 함께 이주하게 된다. 따라서 정부기관 근무자와 가족들, 그리고 관련 활동 종사자들이 쾌적한 삶을 누리며 불편 없이 살도록 도시계획을 하였다. 오늘날까지 과천이 전원적인 주거환경을 갖춘 것은 이 때문이다.

　셋째, 수려한 자연경관을 이용해 대규모 휴식위락공원을 조성하였다. 1970년대 경제발전으로 국민소득이 향상되자 대도시 주민들을 중심으로 한 여가 수요가 급격히 팽창했다. 청계산 자락에 서울시민의 휴식공간인 서울대공원을 조성함과 동시에 창경원의 동물원과 식물원을 이전함으로써 서울의 활동인구를 분산시키는 효과를 얻었다.

1980년대 초 과천

자료: 과천시청

4) 반월 신공업 도시건설

　반월신도시계획은 수도권 인구 분산책의 하나로 1977년 3월에 기본계획을 확정 고시하였다. 우선적인 목적은 서울과 경기도 각지에 산재한 중소기업 및 공장들을 이곳으로 이전하는 것이었다. 동시에 서해안개발의 거점을 확보하여 국토의 균형적 발전을 꾀하였다. 서울로부터 독립된 자족도시로 만들기 위해서 우리나라에서는 처음으로 신도시계획기법인 도시설계(urban design)가 적용되었다.

전체 면적 57.8km²(1,750만평)에 공업지역 8.2km²(247만평), 주거 및 상업 지역 17.3km²(525만평), 녹지지역 25.3km²(767만평), 인구가 20만이 되도록 그 규모를 계획하였다. 특히 도시계획의 전제조건으로 쾌적한 삶의 공간을 제공하기 위해 공업단지구역과 시가지구역을 격리하였다. 또 공해물질의 배출과 풍향을 고려하여 공업단지와 시가지의 위치를 배열했다. 그러나 후에 수차례에 걸쳐 계획이 변경되면서 환경적인 고려는 크게 퇴색되고 말았다.

반월신도시는 도시 내의 교통과 지역 간의 통과 교통을 완전히 분리하였다. 시가지 내에는 자전거도로와 보행자도로가 계획되었다. 또 상수도, 하수도, 전화 케이블, 가스관 등을 함께 수용하는 지하 공동구(共同溝)가 설치되었다. 하수도의 경우 우수(雨水)와 오수(汚水)를 분리하는 분류식을 채택하였다. 이밖에도 노선상업지역을 지양하고 블록방식으로 계획하였다.

계획단계에서부터 용지의 일괄매수방식을 취하여 기존의 토지구획정리방식 때처럼 땅값의 폭등과 투기를 막았다. 이러한 도시개발 기법들은 그 후 창원이나 여천의 공업단지 건설에 그대로 적용되었다. 반월은 본래 화성군

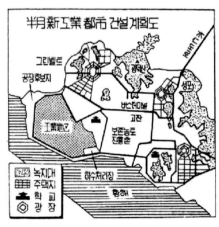

반월신공업도시 건설 계획도	반월 신공업 도시건설 기공식 (1977년)
자료: CBS	자료: 안산시사편찬위원회 자료집

에 속하였으나 도시가 확장되면서 1986년 1월 시 승격과 함께 안산시로 편입되었다.

5) 구미 국가산업단지

구미는 경북 선산군 구미면 있었다. 1963년 읍으로 승격되고, 1969년 구미국가산업단지가 조성되면서 1977년 칠곡군 인동면과 합쳐져 구미시가 되었다. 선산 구미는 낙동강과 그 지류가 형성한 넓은 농경지와 자연조건으로 농업 생산성이 높은 지역이다. 이 때문에 고려 말부터 많은 사족(士族)들이 유입되어 토착세력과 결합하면서 사림(士林)을 형성하였다. 사림으로는 야은 길재, 김숙자, 점필재 김종직, 하위지 등 많은 인물을 배출하였다. 조선 후기 편찬된 선산의 ≪일선지(一善誌)≫에는 327명의 인물이 실렸다. 같은 시기 안동의 ≪영가지(永嘉誌)≫에 실린 인물이 163명이라는 점을 감안하면 압도적인 숫자다. 이중환은 ≪택리지≫에서 "조선 인재의 반이 영남에 있고, 영남 인재의 반은 선산에 있다"고 까지 할 정도였다.

한적한 시골읍에 지나지 않았던 구미가 국내 최대의 내륙공업기지로 발전하게 된 것은 정부의 수출드라이브 정책에 힘입어 구미공업단지가 조성되면서부터다. 전자기기의 수출과 전자공업의 전문화·계열화를 목적으로 1969년 10.4km² 규모의 1단지를 착공하여 1973년 완공하였다. 전자단지 내에는 행정편의를 위해 청사, 세관, 우체국, 은행, 통관 등을 함께 입주시켜 투자분위기를 고조시켰다. 형곡동 및 송정동 지역에는 대단위 주택단지를 조성하였고 시청, 교육청, 상공회의소 등 업무지구가 조성되었다.

2단지는 반도체 산업단지로 1977년 착공하여 1983년에 완공되었다. 면적은 2.3km²로 1973년 1차 유류파동을 계기로 부가가치가 높은 반도체 사업에 집중하였다. 당시 금성사를 비롯해 국내 최초의 컴퓨터 생산 업체인 동양나이론과 반도체 업체 등이 입주하였다. 3단지는 면적 4.8km²의 첨단전자 산업단지로서 1992년 완공되었다. 4단지는 면적 6.8km²로 2006년 완공되었으며, 디지털산업 및 외국인기업 전용단지로 조성되었다. 이밖에 5단지 건설사업도 확정되어 구미시 해평면과 산동면 일원에 약10km² 규모의 하이테크밸리를 2014년 조성하였다.

개발이전 구미지역　　　　　　　　　2008년의 구미국가산업단지
　　　　　　자료: 구미시청　　　　　　　　　　　　　　　자료: 구미시청

6) 포항

　　포항(浦項)은 삼국시대 때 신라의 수도인 경주의 개항장 역할을 했으며,
고려시대 영일현(迎日縣)이었다. 조선시대 장기군, 영일군, 흥해군, 청하군으
로 나뉘어졌다가 1914년 행정구역 통폐합 때 영일군이 되었다. 1949년 포항
읍이 시로 승격하였고 1995년 영일군과 통합되어 포항시가 되었다. 포항항
은 조수간만의 차가 거의 없고 구룡반도가 둘러싸인 영일만 깊숙한 곳에 위
치한 천혜의 항구다.

　　포항이 비약적으로 발전하게 된 계기는 1968년 포항제철공업단지로 확정
되면서부터다. 제2차 경제개발5개년계획이 성공적으로 추진되면서 철강재수
요가 크게 늘자 종합제철소의 최적지로 포항이 선정되었다. 깊은 바다와 형
산강 하구의 넓고 평탄한 지형은 공업단지조성의 최적의 입지조건을 갖추었
기 때문이다. 1970년 제철소 공사를 착공하여 3년만인 1973년 1기설비공장
이 준공되었다. 제철소를 지원하기 위한 포항신항이 영일만을 매립하여 건
설이 되었다. 대형선박 수척이 동시에 접안하여 화물을 선적하고 하역할 수
있는 대규모 항이다.

　　이후 포항의 역사는 포항제철의 발전사와 궤를 같이 하였다. 1960년 인
구 5만이던 포항은 철강종사자들이 몰려들면서 1975년 13만5천명, 1980년
20만1천명으로 폭발적으로 늘었다. 1970년 이전은 어업과 수산업에 종사하
는 사람들이 포항경제를 주름잡고 동빈동사거리를 중심으로 시가지가 형성

되었다. 그러나 철강도시로 발전하면서 늪지와 갈대밭이었던 송도, 해도, 죽도, 상도 일대가 상가부지와 택지로 조성되면서 신흥중심지로 자리 잡게 되었다.

포항종합제철 기공식(1970. 4. 1)
자료: 영남일보

완공된 포항종합제철(1973. 7. 3)
자료: 영남일보

7) 창원

마산만과 진해만에 인접한 창원(昌原)은 삼한시대 변한지역이었고 삼국시대 금관가야에 속했다. 고려시대는 지금의 김해인 금주(金州)에 속했다가 조선시대에 창원도호부로 승격되었다. 구릉성 산지가 넓게 분포되어 있는 침식분지로 낙동강 연안에는 넓은 충적평야가 발달하여 경상남도의 곡창지대를 이루었다.

1973년 정부의 중화학기계공업 육성시책에 따라 창원군의 상남면, 웅남면, 창원면 일부를 마산시에 편입하여 산업기지개발구역으로 지정되었다. 공단조성이 본격화됨에 따라 1976년 경상남도 직할 창원출장소가 설치되고 1977년 도시설계에 의해 계획도시가 건설되었다. 1978년 창원기계공단이 완공되면서 국가전략사업의 핵심인 기계공업의 본산지로 잡게 되었다. 1980년 창원시로 승격되고 1983년 경남도청이 부산에서 창원으로 이전하면서 상업시설이 급격히 증가하여 지역상권이 형성되었다. 2010년 창원시, 마산시, 진해시가 통합하여 창원시가 출범하였다.

창원시 전체의 모습은 반원형으로 공업지역과 주거지역은 시설녹지에 의해 분리되고 중앙의 대로를 따라 상업지역이 입지하였다. 공업지역은 정연한 격자형의 가로체계로 개발되었지만, 주거지역은 지형에 의해 변형된 격자형 가로체계로 형성되었다. 도시중앙의 대로와 수직으로 관통하는 광로를 설치하였다. 주거지역의 중심부에는 기존의 녹지를 이용한 중앙공원을 두었다.

개발 이전 창원 모습
자료: 창원시청

개발 이후 창원 모습
자료: 창원시청

3. 1980-1990년대 도시

1) 수도권 1기 신도시 개발 배경

1980년대 들어서면서부터 도시계획은 주로 수도권의 주택부족문제 해결에 초점을 맞추고 추진되었다. 1983년 목동지구 신시가지개발, 1986년 상계지구와 같은 도시 안의 대단위 신시가지(new town in town)건설이 추진되었다. 그러나 가용토지의 절대부족과 땅값의 폭등으로 곧 한계에 도달하게 되었다. 1987년 당시 전국의 주택보급률은 69.2%이고, 서울은 50.6%에 불과하였다. 가구수는 연간 3.3%씩 계속 증가하고 있는데 신축주택의 건설과 공급은 부진한 상태다. 정부는 만성적인 주택공급 부족현상을 해소하고 집값을 안정시키기 위하여 서울을 둘러싼 개발제한구역 외곽지역으로 눈을 돌렸다.

1980년대 후반은 3저(저유가, 저환율, 저금리)현상과 88올림픽의 성공적인 개최로 경기가 호황이었다. 중산층 대부분이 자기 집 갖기를 원하면서 가격이 폭등하자 부동산투기가 심각한 사회문제로 대두되었다. 정부는 주택의 대량공급이 절실하다고 판단하였다. 마침내 1988년 9월 6공화국 출범 당시 선거공약으로 내걸었던 주택 200만호 건설계획을 수립하여 추진하였다. 서울에서 1시간 이내의 통근권에 있고 중산층 이상의 서울 거주자를 유입할 수 있는 베드타운(bed town)형 신도시로 분당, 일산, 평촌 , 산본, 중동 등 5개 지역이 선정 됐다.

이들 대상지는 다음과 같은 기준으로 선정하였다. 첫째는 신도시의 건설목적이 서울지역의 시급한 주택난의 해소이므로 1시간 이내에 서울지역과 출퇴근이 가능한 20km 정도의 거리에 위치한 지역이다. 둘째는 서울지역의 주택수요와 도시기능을 충분하게 흡수하기 위해서는 주택 10만호 이상의 건설이 가능한 300만평 이상의 비교적 넓은 지형이다. 셋째는 주택가격의 폭등의 원인인 서울 강남지역의 주택수요를 흡수하기 위해 강남 지역에서의 접근성이 좋고 주변지역과의 교통조건이 양호한 지역이다. 넷째는 신도시로서 쾌적한 환경을 유지할 수 있으며 지가가 저렴한 지역이다.

[표] 1기신도시 개발현황

구분	당	산	촌	본	동
치	성남시	고양시	안양시	군포시	부천시
면적 (m²)	18,938	15,729	4,948	5,438	4,188
수용인구 (천명)	390	275	168	169	170
주택건설 (천호)	97.5	69.0	42.0	42.5	42.5
사업기간	989~1996	1990~1995	1989~1998	1989~1995	1990~1996
사업시행자	지주택공사	토지주택공사	토지주택공사	토지주택공사	토지주택공사 부천시

자료: LH 판교신도시

수도권 1기신도시 위치

2) 수도권 1기신도시

분당 신도시

분당은 경기도 성남시 남부에 위치하며 야트막한 구릉지역으로 도시건설에 좋은 입지조건을 갖추었다. 1985년 건설부에서 발간된 <대규모 주택단지 개발구상 기준>에 의하면 표고차가 50m 이내가 바람직하다고 하였다. 표고차가 크면 홍수 때 다량의 급류가 일시에 저지대로 유입되어 침수의 위험이 있다. 분당신도시 지역은 표고차가 40~50m이고 절대표고도 100m이내이다. 분당신도시는 1,964ha 면적에 9만5천 세대, 인구 40만 명을 수용하는 자족적 경제기반을 갖춘 도시로 계획하였다.

시가지는 경부고속도로 및 탄천을 따라 남북축으로 길게 형성되었다. 간선도로변에는 업무, 상업, 공공시설 등 중심시설이 배치되었다. 주거는 보행권 범위로 6개의 주구생활권으로 구분되어 있다. 6개의 생활권은 위에서부터 야탑지구, 서현지구, 수내지구, 정자지구, 분당지구, 죽전지구이다. 각 생활권마다 지하철역사가 1개소씩 설치되어 있고, 지하철 역사를 중심으로 지구중심상업지와 순환도로망이 구성되어 있다.

주거지역의 밀도배분은 지하철 역사가 있는 도심에서부터 멀어지면서 주택유형별로 아파트, 연립, 단독용지의 순으로 되어 있다. 같은 아파트용지 내에서도 중심부나 하천변과 중앙공원 변에는 고밀도로 계획하였다. 연립 또는 단독용지와 구릉지와 접하는 지역은 저밀도로 계획하였다. 주거지역의 동선은 역세권 개념으로 구성되어 있다. 주거지역의 주요 간선도로망이 역사를 중심으로 배열된 상업지역으로 집중하도록 하였다.

도시 스카이라인(sky-line)은 심미성, 장소성, 식별성을 고려하여 건물들의 형태와 배치에 변화를 주었다. 심미성은 건물들의 단조로움을 극복하고 아름다운 경관을 추구하는 것이다. 주요간선도로 양편의 건물높이와 크기 등이 지나치게 대조되지 않도록 했다. 단독주택가의 도로 반대편에는 고층 아파트 대신 저층아파트를 유도하였다. 도심성을 강조하는 의미에서 도심에 인접한 건물은 층고를 높였다. 장소성은 지구별로 고유한 경관을 강조하는 것이다. 도시진입로와 주요간선도로의 교차로 부근에는 그 도시의 상징성을 갖도록 초고층 건물을 유도하여 랜드마크(landmark)적인 역할을 하도록 하였다. 식별성은 도시 내의 방향과 위치를 쉽게 인식하도록 하는 것이다. 주

분당신도시조감도

자료: LH

분당신도시 시범단지 조감도

자료: LH

요간선도로에 접속된 여러 개의 도로를 쉽게 식별할 수 있도록 접속지점 주변의 스카이라인에 변화를 유도하였다. 넓은 중앙공원이나 조망이 좋은 곳에 초고층 건물을 유도하여 조망을 충분히 활용할 수 있도록 하였다.

광장, 공원, 운동장, 학교시설, 공용의 청사 등의 근린생활시설은 슈퍼블록(super block)의 중심부를 연결하였다. 이 축을 따라 전용보행 공간 및 오픈스페이스를 배치하였다. 또 산과 하천 등 자연지형을 고려하여 곡선도로를 계획하는 등 매우 다양한 근대적인 도시계획 및 설계기법이 도입되었다.

일산 신도시

일산신도시는 서울 도심에서 북서방향으로 20km 반경 내에 위치하여 위성도시로는 매우 가까운 편이다. 북으로는 파주군을 거쳐 임진강으로 연결되고, 남과 서로는 한강을 사이에 두고 김포군과 마주한다. 동으로는 원당읍, 지도읍, 화전읍 등을 거쳐 서울 서북부에 연결되어 있는 위치다. 전체면적의 80% 이상이 표고 20m 이하의 저지대를 이루는 평탄지형이다. 중앙부를 중심으로 북쪽은 고봉산(206.3m), 동쪽은 정발산(87.1m), 서쪽은 심학산(193.5m)이 위치하고 남쪽으로는 한강이 흐른다.

일산신도시는 1,573.5ha의 면적에 6만9천 세대, 인구 28만 명을 수용하는 한강 이북의 교육·문화·교통의 중심도시를 목표로 하였다. 이를 통해 강북지역이 강남지역에 비해 낙후되어 있다는 인식을 시정하는 계기로 삼고자 하였다. 따라서 일산신도시는 강남지역에 버금가는 교육환경을 조성하도록 하였다. 또 서울 중산층의 주거수요를 충족시키기 위해 수도권 외부로부터 인구유입을 차단하였다. 그 장치로 공장이나 대학의 설립을 규제하고 신도시에서 공급되는 아파트는 수도권 거주자에 한하여 입주시키도록 하였다. 또 향후 전망되는 북한과의 교류에 대비하여 품위 있는 쾌적한 도시로 만들기로 했다.

일산신도시계획의 특징으로서는 첫째는 기존의 전원적 분위기를 보전하고 계승하였다는 점이다. 이를 위해 단독택지를 많이 확보하고 공동주택지의 용적률을 낮추고 공원과 녹지 등의 오픈스페이스 비율을 최대한 높였다. 자연과 조화되는 도시경관을 창출하기 위해 보행권별로 충분한 녹지공간을 확보했다. 철로나 도로의 소음과 오염으로부터 주거공간을 보호하기 위하여 완충녹지를 설치하였다. 둘째는 가장 통행량이 많은 서울시와 연결이 원활하도록 대중교통시스템을 갖추었다. 서울과 이어지는 지하철을 건설하고 지하철 이용의 편리성을 위한 순환버스체계를 도입하고 자전거전용도로를 건설하였다. 또 근린공공시설과 생활편익시설로 보행접근이 용이하도록 보행자 전용도로를 구성하였다. 셋째는 안전한 도시환경을 위해 상충되는 교통수단을 분리하였다. 주된 보행자 도로의 횡단부분은 입체화하였고, 보행자와 자동차, 보행자와 자전거의 차선분리를 기본으로 하였다. 노약자나 지체장애자를 위한 시설을 적절히 배치하였다.

토지이용은 계획대상지가 남북으로 길게 형성되므로 도심접근을 균등하게 하기 위하여 중심축을 남북으로 배치하였다. 정발산 서측의 역사를 중심으로 삼아 상업지역을 설정하였다. 한강변 자유로에서 시내중심지로 직접 연결되도록 진출입로를 냈고, 서울과 연결되는 접속지점을 3~4개로 분산하도록 신설도로를 계획하였다. 녹지축은 정발산을 중심으로 남북간과 동서간이 교차되도록 계획하였다. 남북간은 고봉산~정발산~호수공원으로 이어지는 녹지축이다. 동서간은 운동장~지구공원~근린공원~정발산(중앙공원)~지구공원~근린공원으로 이어지는 녹지축이다.

생활권은 보행으로 편익시설에 접근하는 개념으로 일산신도시의 경우 광역생활권, 대생활권, 중생활권, 소생활권으로 구분하였다. 광역생활권에는 일산신도시와 고양군 지역과 서울 서북부 지역의 중심을 신도시에 둔다는 개념이다. 대생활권에는 기존의 일산읍, 지도읍, 원당읍 등과 더불어 신도시를 그 중심에 두었다. 이곳에는 업무단지, 지역중심 쇼핑센터, 종합터미널, 운동장시설, 지역난방시설 등을 주변지역과의 연결이 용이 한 곳에 배치하였다. 중생활권은 정발산과 도심을 중심으로 나누어진 남북간에 2개의 중생활권을 형성하여 지하철 노선을 따라 서비스축을 설정하였다. 소생활권은 실질적인 도시형태와 이용거리에 따라 9개로 구분된다. 중심에는 대규모 상업용지를 두고 대중교통수단이 주거지와 연결되게 하였다. 대로 이상으로 구획되는 블록을 기본단위로 근린생활권을 두어 인구와 밀도에 따라 초등학교, 동사무소, 파출소 등을 두었다. 인근근린생활권과는 보행자 전용도로로 연결하였다.

일산신도시 조감도

자료: 한국토지개발공사

평촌 신도시

평촌신도시는 경기도 안양시에 속하며 서울도심에서 남측으로 20km 반경 내에 위치한다. 과천시 남측과 접하고 있으며 대부분 평탄한 농경지로 경사 5% 이하의 단조로운 지형이다. 주변 개발지보다 1~2m 정도 낮은 저지대를 1.5m 이상 성토하여 면적 510ha, 4만2천 세대, 인구 17만 명을 수용하는 시가지로 계획하였다. 평촌지구는 개발목적이 수도권의 주택수요를 충족시키는데 있는 만큼 생활편익시설과 녹지공간이 충분히 확보된 쾌적한 주거중심이다. 입주자는 중산층을 대상으로 하되 저소득층을 포함한 다양한 계층이 함께 살 수 있는 주거지가 되도록 계획하였다.

평촌은 장차 100만 규모의 안양대도시권 인구를 서비스할 수 있는 쇼핑센터나 업무시설을 유치토록 하였다. 평촌지구에 안양시청을 이전하고 이에 부수되거나 관련되는 시의회, 교육청, 경찰서, 법원검찰청 등 공공기능을 유치하였다. 또한 교통의 요충지이므로 서울과 수도권 남부의 위성도시들을 대상으로 농수산물을 공급하는 유통센터기능을 수용토록 하였다. 결과적으로 지하철 벌말역 인근은 행정타운이 형성되고, 범계역 인근은 대규모 쇼핑단지, 은행, 보험, 농협 등 쇼핑금융타운으로 발전하였다.

간선도로는 지구 내를 동서로 통과하는 외곽순환도로와 연결되도록 하였고, 기존 시가지와의 접근이 용이하도록 가로망체계를 구축하였다. 보조간선도로는 시가지내 중심도로로서 생활권간의 통합 및 분리의 기능을 담당하도록 하였다. 구획도로는 가구간을 연결하는 기능을 가지므로 지구 내의 교통을 처리하도록 하였다. 보행자 전용도로는 생활권내 공공시설 및 편익시설과의 접근성이 양호하도록 연결하였다.

평촌신도시 개발계획
자료: 한국토지개발공사

평촌신도시 개발 모습
자료: 조선일보(1992. 11. 12)

산본 신도시

산본(山本)신도시는 서울도심에서 20km 지점에 위치한 군포시 산본동, 금정동, 안양시 안양동 일원이다. 동쪽의 모락산과 서북쪽의 수리산, 남쪽의 오봉산이 있어 분지를 이룬다. 신도시개발지역은 수리산 동남쪽에 위치한 구릉지대로 면적 420ha, 4만3천 세대, 인구 17만 명 수용을 계획하였다. 개발목적은 수도권의 주택수요를 충족시키는데 있고 다양한 주택수요에 부응하는 것이다.

신도시 중심부에는 산본역 및 시청이 연결되도록 하여 정연한 도시모양을 갖추도록 하였다. 중심지에는 시청, 도서관, 종합병원, 경찰서 등과 중심상업지역을 배치하였다. 구릉지는 근린공원을 배치하여 쾌적한 주거환경을 조성하였다. 평탄지 및 산저(山低) 지역은 고밀도로 개발하고 산 능선 및 골짜기는 중밀도로 개발하였다. 생활권은 지형과 도로를 고려하여 6개 중생활권, 15개 소생활권으로 구성하였다.

교통은 서울, 안양, 평촌, 안산, 반월 등 외부도시와 원활히 연결되는 도로를 개설하였다. 주진입도로를 고가전철과 평행하도록 하였다. 주진입도로와 주거단지를 연결하는 집분산로를 300~500m 간격으로 설치하였다. 수리산자락 자연녹지 경계를 따라 순환도로를 개설하여 접근을 쉽게 하였다. 또 시청 등 공공업무시설과 전철 등 대중교통수단을 신도시와 연결함으로써 산본신도시가 지역행정의 중심이 되도록 계획하였다.

산본신도시는 수리산의 자연경관과 산림자원을 최대한 활용하여 녹지체계를 조성하였다. 지구내 중심부의 산에 중앙공원을 조성하여 도서관과 체육시설 등을 배치하여 이용율을 높였다. 주거지에는 낮은 산을 일부 보존하여 근린공원과 연계하여 녹지공간의 이용률을 극대화하였다. 가로에는 도로의 성격에 따라 가로수 수종을 선택하였고, 지구진입도로에는 속성수를 심어 조기에 숲 터널을 조성하였다. 단지입구에는 대형목을 심어 식별성을 강

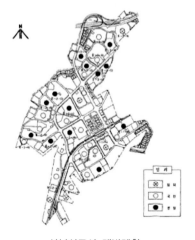

산본신도시 개발계획
자료: 대한주택공사

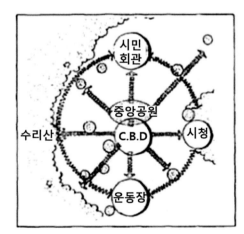

산본신도시 녹지축 계획
자료: 대한주택공사

조하였다. 단지외곽은 군락식재로 자연 숲 분위기를 조성하여 차폐와 소음을 방지하도록 하였다.

중동 신도시

부천시에 소재한 중동신도시는 서울 도심으로부터 남서쪽 20km 정도에 위치한다. 북쪽으로 경인고속도로가 지나가고 남쪽으로는 경인전철과 접하는 등 서울과 인천방향으로의 교통이 대단히 편리한 곳이다. 중동지구는 기존 시가지의 서측에 위치한 대규모 농경지다. 개발목적은 대단위 택지조성을 통한 수도권주택의 안정적 공급이다. 신도시 규모는 면적 546ha, 4만2천 세대, 인구 16만5천 명을 수용할 계획이다. 개발의 기본방향은 수도권의 수급기능 분담 및 자족적인 도시를 만드는 것이다.

중동지구의 간선도로망은 기존 도시의 선형을 최대한 수용하여 계획하였다. 서울과 인천을 동서로 연결하는 경인전철, 경인고속도로를 축으로 이들을 남북으로 연결하기 위한 주간선도로를 조성하였다. 남북간 주간선도로는 기존시가지로부터 연결되는 동서간선도로와 축을 이루며 격자형 도시평면을 형성하였다. 폭 50m의 동서 간 광로와 폭 25m의 남북 간 대로변에 중심 지구를 배치하였다. 지구중앙부에는 대단위 오픈스페이스를 도입하고 중심지역 및 주거지간에는 녹지 연결체계를 갖추었다.

중동지구의 생활권 기본단위는 통과교통을 배제한 보행권 개념에 따라 근린주구단위(neighborhood)로 하되 다음과 같이 생활권을 설정하였다. 중동지구는 부천시 도시기본계획에 따른 6개 중생활권 중 지구중앙의 동서간선도로를 기준으로 2개의 중생활권에 속한다. 중동지구의 중생활권은 인구 2만~3만 명 규모의 7개 소생활권으로 분류한다. 소생활권은 인구 8천~1만2천 명 규모의 근린주구 2~3개로 구성한다. 근린주구는 인구 2천~5천 명 규모의 근린분구 3~4개를 포함하였다. 단위 소생활권 내에는 불필요한 차량통행 발생을 억제하며 주거유형 및 이용시설의 다양성과 쾌적성을 높이도록 하였다.

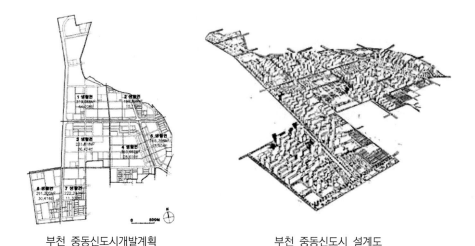

부천 중동신도시개발계획
자료: 부천시

부천 중동신도시 설계도
자료: 부천시

4. 2000-2010년대 도시

1) 세종특별자치시

세종특별자치시는 2002년 제16대 대통령 선거를 앞두고 노무현 후보가 민주당 중앙선거대책위원회 출범식에서 충청권으로 청와대 이전을 공약하였다. 수도권의 집중억제와 낙후된 지역경제를 근본적으로 해결하기 위해 충청권에 행정수도를 건설하고 청와대와 중앙부처를 이전하겠다고 발표하였다. 대통령으로 당선된 노무현 정부는 2003년 4월에 신행정수도건설추진기획단을 발족시켰다. 2006년 4월 후보지로 연기·장기지구(연기군, 공주시 장기면), 상월·계룡지구(논산시 상월면, 공주시 계룡면), 천안지구(천안시 목천읍·성남면·북면·수신면), 음성·진천지구(음성군과 진천군) 등 4곳이 선정됐다.

신행정수도건설추진기획단은 5개의 기본항목을 기준으로 후보지를 평가했다. 첫째는 국가균형발전효과(가중치 35.95%), 둘째는 국내외에서의 접근성(가중치 24.01%), 셋째는 주변환경에 미치는 영향(가중치 19.84%), 넷째는 삶의 터전으로서 자연조건(가중치 10.02%), 다섯째는 도시개발비용 및 경제성(가중치 10.18%)이다. 평가 결과 연기·장기지구가 88.96점으로 최종 후보지로 선정되었다. 그러나 헌법재판소는 서울이 수도라는 관습 헌법이 존재한다며 수도 이전은 헌법 개정을 통해 이뤄져야 한다며 신행정수도건설특별법에 대해서 위헌 결정을 내렸다. 그러자 노무현 정부는 행정중심복합도시로 명명하고 일부 행정부처만 이전하는 것으로 계획을 바꾸었다. 2006년 국민공모를 통해 도시의 명칭을 세종으로 확정하였다.

2008년 제17대 대통령으로 당선된 이명박은 국가의 백년대계를 위해 세종시 건설을 재검토하겠다고 밝혔다. 그러나 세종시는 국민과의 약속이라며 원안대로 추진해야 한다는 여론에 많았다. 2010년 치러진 지방선거에서 여당이 참패하고 이명박 정부가 추진한 세종시 수정안이 국회 본회의에서 부결되었다. 마침내 2012년 7월 1일 세종특별자치시가 출범하였다. 2012년 국무총리실 이전을 시작으로 서울과 과천에 있던 정부청사와 소속기관들이 세종시로 이주하였다. 2020년 현재 세종시는 인구 약 34만7천 명의 도시로 성장하였다.

세종시 건설기본계획
자료: 세종시

세종정부종합청사
자료: 세종시

2) 혁신도시

혁신도시는 제16대 대통령 노무현 정부에서 수도권의 집중을 해소하고 낙후된 지방 경제를 활성화를 목표로 추진하였다. 2005년부터 수도권에 소재하는 공공기관, 기업, 연구소 등을 지방에 이전하고 이들 기관이 서로 긴밀하게 협력할 수 있는 여건과 높은 수준의 주거·교육·문화 등의 정주환경을 갖추도록 계획하였다. 10개의 혁신도시는 수도권을 제외한 각 시도에 하나씩 모두 10개의 도시를 건설하였다. 혁신도시의 계획인구는 2~5만명, 개발규모는 인구 2만명인 경우 약 50~100만평, 5만명인 경우는 약 150~200만평으로 중·저밀도로 개발하였다.

혁신도시는 혁신거점도시, 특성화도시, 친환경녹색도시, 교육·문화도시 모두 4가지 유형으로 계획하였다. 혁신거점도시는 수도권에서 이전한 공공기관과 지역전략산업을 연계하고 산·학·연·관 클러스터를 통한 새로운 성장 동력을 창출하는 도시다. 특성화도시는 지역과 산업의 특성을 브랜드화하여 지역발전을 선도하는 도시다. 친환경녹색도시는 자연지형을 최대한 보전하고 생태계의 다양성과 순환성을 확보하며 에너지 자원을 절약하는 지속가능한 도시다. 교육·문화도시는 우수한 교육환경을 조성하고 창의적인 문화 교류가 가능한 도시를 말한다.

부산혁신도시는 동삼동과 문현동, 센텀시티 일원으로 해양수산, 금융산업, 영화진흥 등과 관련한 13개의 기관이 이전하였다. 대구혁신도시는 동구 신서동 일원으로 산업진흥, 교육·학술진흥, 가스산업 관련기관 등과 관련한 11개 기관이 이전하였다. 광주·전남혁신도시는 나주시 금천지역 일원으로 전력산업, 정보통신, 농업기반 등과 관련한 16개 기관이 이전하였다. 울산혁신도시는 중구 우정동 일원으로 에너지산업, 근로복지, 산업안전 등과 관련한 9개 기관이 이전하였다. 강원혁신도시는 원주시 반곡동 일원으로 관광, 생명건강, 자원개발 등과 관련한 13개 기관이 이전하였다.

충북혁신도시는 진천군 덕산읍과 음성군 맹동면 일원으로 정보통신, 인력개발, 과학기술 등과 관련한 11개 기관이 이전하였다. 전북혁신도시는 전주시 혁신동과 완주군 이서면 일원으로 농업지원, 지식서비스 등과 관련한 13개 기관이 이전하였다. 경북혁신도시는 김천시 율곡동 일원으로 도로교통, 농업지원 등과 관련한 12개 기관이 이전하였다. 경남혁신도시는 진주시 충무공동 일원으로 주택건설기능, 산업지원기능 등과 관련한 11개 기관이 이전하였다. 제주혁신도시는 서귀포시 서호동 일원으로 국제교류, 교육연수 등과 관련한 9개 기관이 이전하였다.

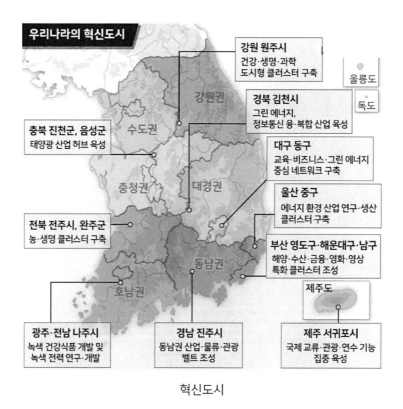

우리나라의 혁신도시

강원 원주시
건강·생명·과학
도시형 클러스터 구축

울릉도

독도

경북 김천시
그린 에너지,
정보통신 융·복합 산업 육성

충북 진천군, 음성군
태양광 산업 허브 육성

대구 동구
교육·비즈니스·그린 에너지
중심 네트워크 구축

울산 중구
에너지 환경 산업 연구·생산
클러스터 구축

전북 전주시, 완주군
농·생명 클러스터 구축

부산 영도구·해운대구·남구
해양·수산·금융·영화·영상
특화 클러스터 조성

제주도

광주·전남 나주시
녹색 건강식품 개발 및
녹색 전력 연구·개발

경남 진주시
동남권 산업·물류·관광
벨트 조성

제주 서귀포시
국제 교류·관광·연수 기능
집중 육성

강원권

수도권

충청권

대경권

호남권

동남권

혁신도시

자료: 국토교통부 혁신도시

3) 수도권 2기신도시

2000년대 들어서면서 수많은 신도시개발계획이 수립되었다. 수도권의 주택난을 해소하기 위해 제1기 신도시인 분당, 일산, 평촌, 산본, 중동 등 5곳을 성공적으로 건설했으나 수도권의 주택난은 계속되었다. 그만큼 1990~2000년대에 수도권이 팽창하면서 인구가 급증했다는 것을 의미한다. 또 이들 도시들에서 교통, 환경, 교육 등 기반시설의 부족과 비용분담 문제 등 심각한 사회문제가 야기되었다. 이에 따라 제2기 신도시개발의 공감대가 형성되었다.

화성 동탄, 성남 판교, 파주 운정, 수원 광교, 김포 한강, 양주 옥정, 양주 회천, 송파 위례, 평택 고덕, 인천의 검단, 송도, 청라, 영종 등에서 제2기 수도권신도시가 개발되었다. 지방에서는 대전 서구와 유성구 일원의 대전서남부지구와 천안·아산이 주택 수요를 해결하기 위해 비수도권임에도 2기 신도시 사업에 포함되었다. 1기 신도시가 베드타운의 성격이 강했기 때문에 2기 신도시는 자족기능을 갖춘 도시로 개발하는데 중점을 두었다.

제2기 신도시의 특징은 제1기 신도시가 서울도심에서 반경 20km 안에 위치한 반면, 제2기 신도시는 서울도심에서 20~40km 이상 떨어진 지역에 위치한다. 제1기 신도시보다 녹지율을 높이고 인구밀도를 줄이는 등 환경용량을 감안하여 친환경적인 도시개발을 지향하였다. 서울도심과 접근성을 높이기 위해 수도권광역급행철도(GTX), 고속화도로, 전철, 경전철 등 광역교통망 확장을 진행하였다. 신도시 내에는 중대형 위주의 평형을 대량 공급해 고급주택에 대한 수요를 충족시켜 서울 강남지역의 지나친 부동산가격 상승을 억제하고자 하였다.

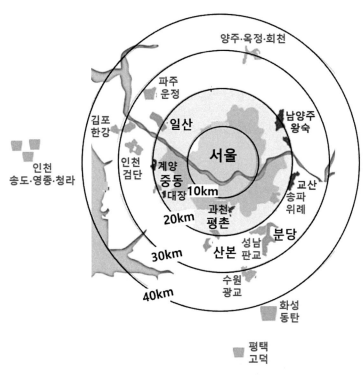

수도권 신도시 위치

화성 동탄신도시

화성시 동탄면 일원의 동탄1기신도시는 903.6ha, 주택 4만1천 호, 인구 12만4천 명을 수용할 수 있는 신도시다. 서울도심에서 40km에 위치하며 북쪽으로 수원, 동쪽으로 용인, 남쪽으로 오산과 접하고 있어 수도권 서남부권의 거점도시로 성장 잠재력을 가지고 있다. 남북으로 흐르는 오산천이 비교적 수량이 풍부하여 우수한 수변경관과 친환경적인 주거단지 조건을 갖추었다.

경부고속도로, 서울용인간고속도로, 수도권제2순환도로, 영동고속도로 등 4개의 고속도로와 국도 1호선과 인접하여 서울 및 인접도시와의 접근성이 양호하다. 삼성반도체와 화성지방 산업단지가 주변에 위치하여 친환경적인 자족도시로 계획하였다. 국내 최초의 디지털시범도시로 계획 했으며, 이는 신호등 및 도로 등 도시 곳곳에 인터넷 망을 설치해 도시전체를 거대한 컴퓨터 시스템으로 관리하는 것을 말한다. 유비쿼터스(Ubiquitous) 개념도 도입하여 언제 어디서나 인터넷에 접속하여 집안의 가전제품을 제어할 수 있도록 하였다.

도시가로망은 불필요한 통과교통을 배제하고 안전하고 쾌적한 가로망체계를 구상하였다. 부채꼴 모양의 방사환상형 간선도로는 지역 간 연결을 도모하고 도시 내부의 공간에 중심성을 부여하도록 계획하였다. 도시 중심부에는 대규모의 근린공원과 상업시설이 입지하고 지구 외곽부에는 쾌적한 단독주택지와 첨단산업용지를 배치하였다. 도시공간은 다양하고 쾌적한 오픈스페이스를 제공할 수 있도록 하였으며, 전 지역이 보행자도로와 자전거도로 연결이 가능한 보행네트워크를 구축하였다.

동탄2기신도시는 경부고속도로 동편에 위치하며 면적이 2,340ha, 주택 10만5천 가구, 인구 28만 명 수준으로 수도권 신도시 중 규모가 가장 크다. 동탄신도시는 베드타운이 되는 것을 막기 위해 강남세력권에서 벗어나 반도체 등 첨단산업을 배경으로 한 자족도시로 계획하였다. 녹지율은 전체 도시면적의 32.6%로 쾌적한 환경을 갖도록 하였다.

성남 판교신도시

성남시 판교동 일원에 면적 929.4ha, 주택 2만9천3백 호, 인구 8만8천 명을 수용할 수 있는 신도시다. 서울도심과 20km, 강남과 10km 거리에 위치하고 분당신도시와 인접하여 수도권 동남부권의 중심지역으로 성장 가능한 지리적 장점을 가지고 있다. 또 청계산 자락의 녹지가 동서로 입지하고 도시 안으로 운중천과 금토천이 흘러 친환경적인 쾌적한 주거단지 조성에 최적의 조건을 갖추고 있다.

경부고속도로에 의해 분리되는 동측지구는 중심상업, 업무단지와 중고밀의 주택단지를 조성하여 인구의 집적효과를 꾀하였다. 청계산 자락이 있는 서측지구는 중저밀의 주택단지를 조성하여 고급화된 쾌적한 주거단지를 조성한다. 각 주거단지에 중소규모의 근린상업을 배치하여 주거의 편의성에 기여하였다. 신도시내 금토천과 운중천이 만나는 합수부에 중앙공원을 계획하여 친수, 친자연 공간을 부여하고 하천변 녹지공간과 근린공원을 연결 배치하여 녹지체계가 연속되도록 계획하였다.

판교테크노밸리는 신도시의 자립경제권을 구축하기 위해 IT산업밸리를 조성하였다. 2006년 착공하여 2012년부터 IT기업들이 입주하기 시작하여 2016년 44개 컨소시엄 중 43개 업체가 완공되었다. 2016년 판교테크노밸리 사업이 성공하자 인접한 수정구 금토동과 시흥동 지역에 제2판교테크노밸리를 조성하였다. 제2판교테크노밸리도 성공하자 인근 그린벨트를 해제하여 제3판교테크노밸리를 조성하였다. 테크노밸리에는 IT, BT 관련 기업들이 많이 입주한 상태다.

수원 광교신도시

수원시 이의동 및 용인시 상현동 일원의 광교신도시는 면적 1,124.8ha, 주택 3만1천 호, 인구 7만7천 명을 수용토록 계획하였다. 서울도심과 35km, 강남과 25km 거리에 위치하고 있다. 개발대상지의 75% 정도가 임야 및 농지로 구성되어 있고, 지구내 여천과 원천천이 남북으로 흐른다. 광교산 자락의 녹지가 남북으로 입지하고 있어 환경친화적이고 쾌적한 주거단지 조성에 최적의 조건을 갖추고 있다.

광교신도시는 녹지대를 공원으로 계획하고 하천을 따라 녹지축을 구축하였다. 지구내 지방하천 및 소하천을 활용하여 수변녹지공간을 조성하였다. 하천이 합류되는 원천저수지 상부의 녹지대에는 근린공원을 체계적으로 계획하였다. 또 각 생활권별로 근린공원 및 어린이공원을 적정 배치하고 보행자전용도로와의 연계를 도모하였다. 고속도로 및 주요간선도로변에 완충녹지대를 설치하여 소음과 대기오염을 최소화하도록 하였다.

광교 유비쿼터스(Ubiquitous)는 지역주민과 공공기관 및 기업에게 실용적인 서비스를 제공하여 삶의 질과 도시경쟁력을 향상시켰다. 경기도는 광교신도시의 u−City 사업을 신도시 개발사업의 모델로 계획하였다. 영동고속도로, 용인~서울간고속도로, 국도42호, 국도43호 도로 등 광역접근성을 확보하여 대중교통 이용을 편리하도록 하였다. 광교신도시는 자족성을 확보하기 위해 행정중심도시로 개발하였다. 신도시 내에 경기도청이 이전하고, 수원지방법원과 수원지방검찰청이 이전하여 법조타운이 형성되었다.

평택 고덕국제신도시

경기도 최남단 지역인 평택시 서정동 고덕면 일원에 면적 1,746.1ha, 주택 6만3천호, 인구 15만7천 명을 수용하는 신도시다. 서울도심에서 55km에 위치하며 용산 미군기지가 이전해옴에 따라 외국인과 공존 발전할 수 있는 새로운 도시모델로 계획하였다. 또한 아산만의 대규모 산업단지 조성과 서해안시대 대중국 전진기지 교두보확보를 위해 수도권 남부지역의 거점으로서 개발을 추진하였다.

평택신도시 서쪽으로는 평택항과 경부고속철도와 서해안고속도로가 지나고, 동쪽으로는 경부고속도로, 북쪽으로는 평택~음성간 고속도로와 미군비행장인 오산공항이 위치해 수도권 남부교통의 요충지다. 대상지는 대부분 농경지와 임야이며 서정리천이 대상지구 중앙부를 관통하고 있다. 고덕동에는 세계 최대규모의 반도체 공장인 삼성전자 평택캠퍼스가 위치하고 있어 자족성이 높은 도시다.

도시 공간 및 도로는 평택국제도시라는 특성을 살릴 수 있도록 평택항을 중심으로 도시축을 형성하였다. 이곳에 국제교류특구를 조성하여 국제도시로서의 상징성을 부여한다. 내부 간선가로망은 지역간 접근성을 향상시키고 불필요한 통과교통은 배제한다. 대중교통중심의 도로체계를 구축하기 위해 BRT 등 첨단대중교통시스템을 구축한다. 주민의 일상생활편의 및 레크리에이션을 위한 보행녹도 및 자전거 네트워크를 조성한다. 또 철새서식지인 함박산을 보전하여 중앙공원으로 조성하고 도시 자족성을 확보하기 위해 첨단지식연구단지 및 물류유통 중심지를 조성한다.

김포 한강신도시

김포시 장기동과 양촌면 일원에 면적 1,171.5ha, 주택 5만9천 호, 인구 16만 명을 수용하는 신도시다. 서울 도심과 약 26km 거리에 위치하고 있다. 인천국제공항, 김포공항, 서울외곽순환고속도로 등이 인접하여 수도권 서북부 지역의 교통 요충지다. 대싱지의 약 70%가 농지와 임야이며 전반적으로 농경지와 구릉지로 형성되어 있다.

서울 서북부지역의 안정적인 택지공급과 중심거점도시 조성을 목표로 계획되었다. 김포신도시는 한강변 철새도래지를 활용 조류생태공원을 조성하고, 방범시설과 여성전용주차장 등을 마련하는 등 친환경 여성친화적인 도시로 건설된다. 대중교통을 지향하는 신도시로 정차장을 중심으로 압축도시 개발을 목표로 하였다.

서울과의 접근성을 향상하기 위해 경전철과 올림픽대로에서 김포시를 연결하는 고속화도로를 건설하였다. 학운산과 가현산과 온유산으로 이어지는 녹지축을 구성하고, 지구의 통과도로는 생태통로를 조성하였다. 전체 면적의 녹지율을 30%로 계획하여 쾌적한 도시환경이 되도록 조성하였다. 에너지 자급자족 및 재활용시스템을 구축하고, IT·반도체·R&D 등 첨단산업 및 정보통신 센터 등을 유치하였다.

파주 운정신도시

파주군 교하읍 일원의 운정신도시는 면적 1,655.6ha, 주택 8만 호, 인구 21만7천 명을 수용토록 계획되었다. 서울도심에서 서북쪽으로 약25km 떨어진 남북간, 동서간 교통망이 교차하는 교통요충지다. 개발대상지의 약 75%

가 농지 및 임야로 대부분 표고 50m 이하의 평탄지다. 주변에 심학산, 황룡산, 장명산을 끼고 낮은 구릉지와 농경지가 조화롭게 분포되어 주거환경에 적합한 지세를 형성하고 있다.

수도권을 연결하는 서울외곽순환고속도로, 제2자유로, 56번국지도가 있어 인근도시로의 접근성이 양호하다. 향후 수도권 서북부지역과 남북교류의 거점을 위한 중심도시로서의 역할을 하도록 계획하였다. 녹지축과 간선도로를 이용하여 8개의 중생활권으로 구분하였고, 근린공공시설을 단위로 다양한 주거공간을 계획하였다. 도시 내부의 도로를 원형으로 만들고 건물을 원형으로 배치 한 것은 북한의 남침이 있을 경우 시가전을 대비한 측면도 있다.

운정신도시의 자족성을 높이기 배후 일자리로는 LG 디스플레이와 파주출판단지가 있다. 그러나 동탄신도시나 판교신도시에 비해 사업 규모가 작다. 다만 서울 광화문 업무지구와 상암 업무지구로 접근성이 용이하여 많은 시민들이 서울로 출퇴근하고 있다. 이는 신도시 중 서울의 베드타운 성격이 강한 것이다. 이를 해결하기 위해 일산신도시 인근에 경기북부테크노벨리를 계획하고 있다.

양주 옥정 · 회천신도시

양주신도시는 수도권 동북부권에서 첫 신도시로 개발되는 곳으로 양주시 옥정동 외 8개동에 조성된다. 옥정지구 639.5ha와 회천지구 441.7ha를 양주신도시로 통합 지정하였다. 옥정지구에는 주택 3만호 인구 8만 명을 수용하고, 회천지구는 주택 2만3천 호, 인구 6만1천 명을 수용하는 계획이다. 양주지구 개발목적은 양주시 인구증가에 따른 주택수요를 충족하고 수도권지역의 주택가격 상승억제에 있다.

양주신도시는 서울도심으로부터 30km, 서울시계로부터 10km의 의정부와 동두천 중간지점에 위치한다. 천보산맥에 둘러싸인 이 지역은 경원선전철이 개통되면서 수도권의 관심지역으로 급부상하였다. 서울~의정부~동두천을 포함하는 생활권에 중심에 입지하므로 향후 경제 · 사회 · 문화 · 행정 · 교육활동 및 각종 서비스의 거점기능을 담당하게 된다. 특히 자족도시를 실현하기 위해 도시지원시설 용지에 섬유산업 클러스터와 연구개발 관련 첨단

사업을 유치할 계획이다.

경원선 복선전철과 신도시를 연결하는 서울~포천간 고속도로를 건설하고, 신교통수단으로 BRT(Bus Rapid Transit) 등을 도입하여 대중교통시범도시로 육성한다. 지구 내는 동서로 가로지르는 중앙도로와 지구를 순환하는 도로를 계획하였다. 아울러 지구를 순환하는 도로계획 및 지구전체를 연결하는 완벽한 보행 및 자전거전용도로를 구축한다. 다핵분산형 도시구조로 전환하고, 고밀주거지는 주민의 이용도가 높은 상업용지나 역세권과 가까운 지역에 배치한다. 자연식생지의 보전을 통하여 천보산맥과 내부의 양호한 수림대를 사업지구내 녹지축으로 활용하여 여유로운 전원도시를 창출도록 계획하였다.

송파 위례신도시

서울의 동남권에 있는 송파구 거여동 장지동, 성남시 창곡동 복정동, 하남시 학암동 감이동 일원에 면적 676.8ha, 주택 4만9천호, 인구 12만2천명을 수용할 도시다. 서울 강남지역과 근거리에 위치해 새로운 중심지역으로 성장 가능한 지리적인 장점을 가지고 있다. 개발목표는 강남지역의 안정적 주택수급과 서민주택의 안정적 공급에 있었다.

남한산성이 있는 청량산이 지구 동쪽에 위치하고, 청량산에 발원한 장지천과 창곡천이 동서방향으로 흐른다. 개발대상지 대부분 평지 및 완만한 구릉지여서 주거입지로 양호한 자연환경을 갖추었다. 인근에는 서울외곽순환도로, 분당－수서간 고속화도로, 송파대로(국도3호선), 지하철 8호선(복정역), 분당선, 지하철 5호선(거여역) 등이 인접하고 있어 서울 강남 및 주요 도시간의 접근성이 뛰어나다. 이 때문에 강남을 대체할 수 있는 신도시로 계획한 것이다.

위례신도시 개발방향은 첨단생태도시, 역사문화도시, 상생도시다. 첨단생태도시는 청량산과 탄천의 자연경관을 고려하여 생태축을 연결하고, 지형에 따라 저층·중층·고층의 건물을 배치하였다. 경관이 양호한 동측 청량산 구릉지역에는 블록형 생태주거단지를 조성하여 바람길을 확보하도록 계획하였다. 주거단지와 생태축이 녹지로 연결되도록 하고, 건강가로 등을 조성한다.

간선급행버스체제인 BRT를 수립하며, 주요 공공시설은 보행과 자전거를 이용할 수 있도록 녹색교통 네트워크를 구축한다.

역사문화도시는 남한산성 등 지역역사에 기초한 역사공원 및 역사탐방로를 조성했다. 그리고 지자체 간 화합을 주제로 하는 문화거리를 조성했다. 상생도시는 사회통합형 주거단지 조성과 화합의 광장을 설치하고, 사회적 약자를 배려하는 사용자 중심의 무장애 설계개념을 도입하였다. 또한 유비쿼터스 기술을 활용하여 평등하고 안전한 커뮤니티를 조성을 계획하였다.

인천 검단신도시

인천시 서구 원당·마전·당하·불로동 일원에 면적 1,123.9ha, 주택 6만6천호, 인구 18만 명을 수용하는 도시다. 서울도심에서 20km, 인천공항에서 20km, 일산신도시에서 10km지점에 위치하고 있다. 인천공항고속도로, 수도권외곽순환도로, 국도 48호선과 인접하여 서울·인천·김포를 잇는 삼각축상의 중심에 위치한 광역교통의 요충지다. 개발목적은 서울과 인천의 주택난을 해소하고 수도권의 균형발전을 모색하기 위한 것이다. 도시의 자족기능을 향상시키기 위해서 검단산업단지를 같이 조성하는 것이 특징이다.

신도시 대상지는 가현산과 할메산 등 양호한 경관축을 형성한 가운데 북고남저형의 완만한 구릉지다. 환경친화적인 도시공간을 조성하기 위해 계양산~장릉산~가현산으로 이어지는 녹지축을 최대한 보전하고, 이 녹지가 도시내부로 이어지도록 녹지축을 연결하였다. 아울러 나진포천과 계양천은 생태하천으로 조성하여 수계축을 형성하였다. 유비쿼터스 개념을 도입하여 주거·교통·행정·문화·의료 분야의 실시간 정보서비스 제공이 가능하도록 인프라를 계획하였다.

인천 송도·영종·청라신도시

인천경제자유구역(IFEZ: Incheon Free Economic Zoon)은 인천광역시가 국제적인 경제 거점도시로 발돋움하기 위해 최적의 국제비즈니스 활동이 보장되도록 지원하는 구역을 말한다. 2003년 8월 국내 최초로 <경제자유구역의 지정 및 운영에 관한 법률>에 따라 지정된 경제자유구역이다. 인천경제자유구역(IFEZ)은 송도지구, 영종지구, 청라지구 3개 권역으로 구성되어 있다.

송도신도시는 서울도심에서 64km, 인천국제공항에서는 9km 떨어졌고 인천대교로 연결되어 있다. 연수구 앞바다의 공유수면을 매립하여 만든 53.4km² 부지에 국제비즈니스 거점도시, 정보지식산업의 중심도시, 첨단문화도시로 조성하여 2020년에 완공하였다. 국제업무단지는 세계적인 수준의 정주 및 업무환경을 제공하여 다국적기업들이 찾는 최고의 비즈니스 허브도시를 목표로 하고 있다. 전체부지의 40%가 녹지로 조성되고 세계 최고수준의 오피스텔, 호텔, 국제학교, 병원, 쇼핑몰, 컨벤션센터, 골프장, 박물관, 중앙공원 등이 조성되었다. 송도신항만은 인천공항과 함께 동북아의 물류허브를 목표로 하고 있다.

영종신도시는 동북아시아의 허브공항으로 물류유통의 새로운 중심지인 인천국제공항을 위한 배후지원 도시다. 2020년까지 영종도 138km²에 친환경적인 복합공항도시로 조성되었다. 영종공항도시는 인천국제공항의 입지적 장점을 활용하여 자유무역지역을 비롯한 각종 국제물류기능을 도입하였다. 국제 업무·전시·교류와 첨단정보지식산업, 공공행정, 문화레저 및 주상복합 기능이 상호유기적인 관계를 유지할 수 있도록 계획하였다. 영종하늘도시는 공항 및 산업, 물류단지 지원을 위한 국제도시로 건설되었다. 용유·무의관광단지는 갯벌 등 해양자원보전과 활용을 통한 자연과 문화가 공존하는 국제적 수준의 휴양종합리조트로 개발을 목표로 하고 있다.

청라신도시는 인천시 서구 일대의 갯벌을 매립한 17.8km²의 부지에 국제 금융·업무단지, 스포츠레저단지, 첨단화훼단지를 조성하였다. 편리하고 쾌적한 주거환경을 수반하여 업무와 주거, 문화와 레저가 복합된 비즈니스 도시 건설을 목적으로 하였다. 또한 지속가능한 도시환경을 조성하기 위해 공촌천과 심곡천 등 자연여건을 적극 활용하였다. 남북축에는 폭 350m의 중앙공원, 동서축에 폭 50m의 가로공원을 조성하여 그린네트워크를 구축하였다.

아산신도시

충남 천안시 불당동과 아산시 배방면과 탕정면 일원에 면적 2,054.1ha, 주택 5만6천호, 인구 17만 명을 수용하는 도시다. 서울도심에서 약 80km에 위치하며 경부고속철도 서울~대전역 중간에 천안아산역이 있다. 개발목적은 수도권의 인구와 기능을 분산하고, 국토의 균형개발과 환황해경제권 진출의 교두보를 위한 거점적 신도시의 필요성 때문이다. 신도시 반경 2km 지점에는 천안시 신청사와 아산시청이 있고, 지구내에는 탕정 테크노컴플렉스가 위치하여 자족도시로 조건을 갖추었다.

개발대상지는 전·답의 농지와 임야로 구성되어 있다. 지구 남쪽에 있는 곡교천이 동서로 흐르고 있으며, 비교적 평탄한 지형에 양호한 수림대로 형성되어 있다. 천안과 아산을 동서로 연결하는 도로를 중심축으로 설정하고, 천안아산고속철도 역세권을 중심으로 상업·업무 용지를 배치하였다. 접근성이 양호한 고속철도역사 주변지역과 자연환경이 양호한 하천주변 낮은 구릉지에는 주거용지를 집중배치 하였다. 매곡천 동쪽에는 교육·연구·지식산업 등의 공업용지를 배치하고, 남측에는 탕정테크노컴플렉스로 전기·전자 업종의 연관 산업단지를 배치하였다.

남북과 동서로 연결되는 녹지축이 만나는 역사 앞은 대규모 녹지공간인 중앙공원을 조성하여 신도시의 상징공간으로 삼았다. 공원과 각 시설은 보행 및 자전거를 통해 연결되도록 하였으며, 고속철도 역사이용의 편리성을 위해 역사주변에 대규모 광장을 계획하였다. 역사 주변은 도심기능이 입지하므로 중층과 고층의 아파트 및 주상복합용도로 개발하였다. 구릉지와 하천변은 저층의 아파트 및 연립주택을 배치하여 경관조망과 바람길을 확보하였다.

5. 2020년대 도시

수도권 3기신도시

제19대 대통령 문재인 정부는 서울 강남지역과 수도권지역의 주택가격이 급상승하자 주택시장 안정을 위해 수도권 3기신도시 건설을 계획하였다. 서울 집중도를 분산시키고 강남을 대체할 수 있는 약 30만 가구의 주거지역을 조성하기 위한 것이다. 3기신도시의 입지는 서울 도심에서 반경 20km 내외로 2기신도시보다 가까운 곳도 있다. 이 때문에 2기신도시 주민들은 3기신도시 조성에 반발하기도 하였다. 3기신도시는 대규모택지지구로 조성하기 때문에 전형적인 베드타운이라 할 수 있다.

3기신도시는 규모에 따라 신도시와 대규모택지지구로 구분한다. 면적이 330만㎡ 이상인 신도시는 남양주 왕숙, 하남 교산, 인천 계양, 부천 대장, 고양 창릉, 광명 시흥, 의왕·안산, 화성 진안지구이다. 100만㎡ 이상인 대규모택지지구는 과천, 안산 장상, 인천 구월, 화성 봉담지구이다. 2018년 국토교통부가 수도권주택공급 확대방안을 발표하고, 2019년과 2020년 지구를 지정하고, 2021년 개발 및 실시계획인 지구계획을 수립하였다. 2022년 토지보상 등이 끝나면 2023년 착공하여 2025년 입주를 목표로 하고 있다.

교통대책으로는 서울로 이동하는 광역교통망이 제대로 갖추어지지 않았던 1기·2기 신도시와 달리 선교통 후입주를 원칙으로 하고 있다. 수도권광역급행철도(GTX), 전철노선을 확장하여 20분 이내 서울 도심에 접근하는 것

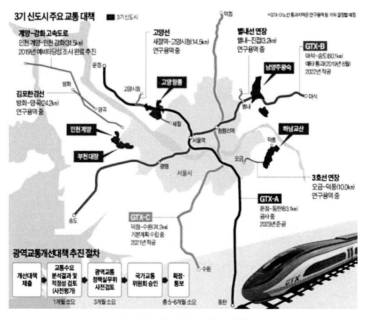

3기신도시 주요교통 대책

자료: 국토교통부

을 목표로 하고 있다. 철도교통 공백이 생기는 지역은 간선급행버스체계(BRT)를 연계하도록 계획하였다. 도로교통의 효율성을 높이기 위해 신도시까지 연결도로를 신설하거나 확장할 계획이다.

[표] 수도권 3기신도시 개요

	도시	위치	면적	호수	사업시행자
신도시	남양주 왕숙	진접읍 · 진건읍 · 양정동 일원	1,143만m² (343만 평)	6만6천 호	한국토지주택공사 남양주도시공사
	하남 교산	천현동 · 교산동 · 춘궁동 일원	649만m² (196만 평)	3만2천 호	한국토지주택공사 경기주택도시공사
	인천 계양	계양구 일원	335만m² (101만 평)	1만7천 호	한국토지주택공사 인천도시공사
	고양 창릉	창릉동 · 용두동 · 화전동 일원	813만m² (246만 평)	3만8천 호	한국토지주택공사 고양도시관리공사
	부천 대장	대장동 · 오정동 · 원종동 일원	343만m² (104만 평)	2만 호	한국토지주택공사 부천도시공사
	광명 · 시흥	광명시 · 시흥시 일원	1,271만m² (384만 평)	7만 호	한국토지주택공사
	의왕 · 군포 · 안산	의왕시 · 군포시 · 안산시 일원	586만m² (177만 평)	4만1천 호	한국토지주택공사
	화성 진안	진안동 · 반정동 · 반정동 기산동 일원	452만m² (137만 평)	2만9천 호	한국토지주택공사
대규모택지지구	과천	과천동 · 주암동 · 막계동 일원	155만m² (47만 평)	7천 호	한국토지주택공사 과천시 경기주택도시공사
	안산 장상	장상동 · 장하동 · 수암동 · 부곡동 · 양상동 일원	221만m² (67만 평)	1만3천 호	한국토지주택공사 경기주택도시공사 안산도시공사
	안산 신길2	신길동 일원	75만m² (28만 평)	7천 호	한국토지주택공사 안산도시공사

도시	위치	면적	호수	사업시행자
수원 당수2	당수동 일원	69만m^2 (21만 평)	5천 호	한국토지주택공사
용인 구성	보정동 일원	276만m^2 (84만 평)	1만1천 호	경기주택도시공사 용인도시공사
인천 구월2	남동구 구월동 · 남촌동 연수구 선학동 미추홀구 관교동 일원	220만m^2 (67만 평)	1만8천 호	인천도시공사
화성 봉담	봉담읍 상리 · 수연리 일원	229만m^2 (69만 평)	1만7천 호	한국토지주택공사

참고문헌

건설부·산업기지개발공사, ≪반월 신도시 재정비계획≫, 1985.

과천시사편찬위원회, ≪개발바람에서 도시화의 흐름까지≫, 2007.

_____, ≪과천시지≫, 2006.

김철수, ≪도시계획사≫, 기문당, 2005.

대한주택공사, ≪산본신도시개발사≫, 1997.

변병설·정경연, ≪도시계획론≫, 2022.

부천시, ≪부천중동지구 도시설계≫, 1992.

서울특별시, ≪서울육백년사≫, 1996.

성남문화원, <성남문화연구> 제28호, 2021.

성남시가편찬위원회, ≪성남시사≫, 2014.

손정목, <도시계획과 도시개발 40주년의 발자취>, 대한국토도시계획학회, 1989.

안산시사편찬위원회, ≪안산시사 자료집≫, 2011.

울산학연구센터, <울산학연구>, 울산학연구논총 제7호, 2012.

이주형, ≪도시형태론≫, 보성각, 1991.

한국토지공사, ≪분당신도시개발사≫, 1997.

_____, ≪일산신도시개발사≫, 1997.

_____, ≪평촌신도시개발사≫, 1997.

LH 토지주택박물관, ≪주택도시역사관≫, 2022.

홈페이지

구미시청, 명품도시구미 (www.gumi.go.kr)

국가기록원 (www.archives.go.kr)

국토교통부 (www.molit.go.kr)

국토교통부, 혁신도시 (www.innocity.molit.go.kr)

나무위키 (www.namu.wiki)

네이버케스트 (navercast.naver.com), 아파트문화사.

도시포털, 도시정보 (www.city.go.kr)

부산시청, 시대별 부산역사 (www.busan.go.kr/prehistoric)

부산영화체험박물관 블로그 (blog.busanbom.kr)

서울시청, 서울육백년사 (seoul600.seoul.go.kr)

세종특별자치시 (www.sejong.go.kr)

성남시청, 성남시사(40년사) (www.seongnam.go.kr)

안산시청, 안산시사 (www.ansan.go.kr)

울산광역시청, 울산역사 (www.ulsan.go.kr)

인천광역시, 인천역사 (www.incheon.go.kr)

창원시청, 창원역사 (www.changwon.go.kr)

포항시청, 포항시사 (www.pohang.go.kr)

3기신도시 (www.3기신도시.kr)

색인

저자약력

정경연

인하대학교대학원 도시계획학 박사

현 인하대학교 정책대학원 초빙교수

현 세종사이버대학교 건축도시계획학과/부동산경매중개학과 강사

전 숭실사이버대학교 부동산학과 강사

전 환경부 그린뉴딜 도시 물순환전문가 정책포럼 위원

전 환경부 그린시티 평가위원

전 국토교통부 도시대상 평가위원

전 인천광역시 인재개발원 강사

전 사단법인 정통풍수지리학회 이사장

변병설

서울대학교 환경대학원 도시계획학 석사

미국 University of Pennsylvania 도시계획학 박사

현 인하대학교 행정학과 교수 / 대학원 도시계획과 학과장

현 인하대학교 정책대학원 원장

현 유엔지속가능발전교육인천센터 센터장

현 대한민국건강도시학술위원회 위원

현 환경부 그린시티 총괄책임자

전 대한국토도시계획학회 도시환경위원회 위원장

전 서울특별시, 인천광역시 도시계획위원회 위원

전 한국환경정책학회 회장

한국도시의 역사

초판발행	2022년 9월 5일
지은이	정경연 · 변병설
펴낸이	안종만 · 안상준
편 집	양수정
기획/마케팅	손준호
표지디자인	이영경
제 작	고철민 · 조영환
펴낸곳	(주)**박영사**
	서울특별시 금천구 가산디지털2로 53, 210호(가산동, 한라시그마밸리)
	등록 1959. 3. 11. 제300-1959-1호(倫)
전 화	02)733-6771
f a x	02)736-4818
e-mail	pys@pybook.co.kr
homepage	www.pybook.co.kr
ISBN	979-11-303-1506-5 93350

정 가   25,000원